人力资源开发与河南省经济增长

RENLIZIYUAN KAIFA

YU HENANSHENG JINGJI ZENGZHANG

本书获得河南省高等学校哲学社会科学创新人才项目、中国博士后科学基金面上项目、河南省留学人员科研择优资助项目资助

王长林 著

中国财经出版传媒集团

经济科学出版社

Economic Science Press

图书在版编目（CIP）数据

人力资源开发与河南省经济增长/王长林著.--北京：经济科学出版社，2021.10
ISBN 978-7-5218-2612-8

Ⅰ.①人… Ⅱ.①王… Ⅲ.①人力资源开发-研究-河南②地方经济-经济增长-研究-河南 Ⅳ.①C964.2②F127.61

中国版本图书馆 CIP 数据核字（2021）第 113259 号

责任编辑：王柳松
责任校对：王肖楠
责任印制：王世伟

人力资源开发与河南省经济增长

王长林 著

经济科学出版社出版、发行 新华书店经销
社址：北京市海淀区阜成路甲 28 号 邮编：100142
总编部电话：010-88191217 发行部电话：010-88191522
网址：www.esp.com.cn
电子邮箱：eps_bj@163.com
天猫网店：经济科学出版社旗舰店
网址：http://jjkxcbs.tmall.com
北京季蜂印刷有限公司印装
710×1000 16 开 18 印张 300 000 字
2021 年 10 月第 1 版 2021 年 10 月第 1 次印刷
ISBN 978-7-5218-2612-8 定价：59.00 元
（图书出现印装问题，本社负责调换。电话：010-88191510）
（版权所有 侵权必究 打击盗版 举报热线：010-88191661
QQ：2242791300 营销中心电话：010-88191537
电子邮箱：dbts@esp.com.cn）

推荐序

　　王长林是中国人事科学研究院出站博士后，在博士后研究期间，跟着我主要开展区域人力资源开发的研究工作。欣闻王长林博士的专著《人力资源开发与河南省经济增长》即将出版，我倍感欣慰。该书是在他博士后出站报告基础上拓展而成的，集中呈现了其近年来在区域人力资源开发方面的思考和总结。

　　当前，河南省叠加中原崛起和黄河流域高质量发展的双重机遇，河南省委把实施"创新驱动、科教兴省、人才强省"战略作为"十大战略"之首。河南省是人口大省，但还不是人才强省。探索如何将"人口红利"转化为"人才红利"，既对河南省在中部地区乃至全国赢得人才主动权具有现实意义，也对包括河南省在内的中西部等欠发达地区如何开发人力资源具有借鉴作用。王长林的专著，正是对这一理论问题与现实问题的关切和回应。

　　该书主要利用官方统计数据，第一次全景式地反映了河南省近20年来人力资源开发的全貌。它纵向分析了2000～2018年河南省人力资源及其工作的具体状况，又横向对比了河南与山西、安徽、江西、湖北、湖南及其省会城市的相关人力资源情况；还侧重阐述了河南省六地市（郑州、洛阳、新乡、开封、焦作、许昌）的基本情况；在此基础上，提出了一系列对策建议。从总体上看，该书的选题立足河南省实际工作，逻辑体系较为严密，数据资料较为翔实，观点认识也较为妥当。在其出站时，答辩委员会全体专家一致认为，这是一份质量较高的研究报告，对河南省人力资源开发工作应有一定参考价值，考核评级为优等。

　　答辩完成后，王长林又对研究报告进行了扩充完善和文字打磨，特别是归纳总结了我国珠江三角洲、长江三角洲和京津冀地区招才引智的主要工作实践，从政策层面为河南省招才引智工作提供了有价值的参考。同时，鉴于新兴技术的广泛使用，克服了人力资源开发受时间、空间限制的局限性，该书还从人力资源共享视角探讨了优化河南省人力资源配置的可行性，为河南省人力资源在更大范围、更高效率上实现优化配置提供了参考。

　　王长林同志这本专著的选题，是我在他初入站时就确定了的。作为他的合作导师，知道他为写这本专著下了很大功夫，也倾注了对乡梓的一片深情。当前，河南省正在大力实施"创新驱动、科教兴省、人才强省"战略，王长林的专著在此背景下正式出版，可以说恰逢其时。我相信，该书的出版，不但可为河南省人力资源开发的研究者们提供思路借鉴，也可为相关实践工作者们提供一份有益的参考读物。

中国人事科学研究院院长、研究员

2021 年 5 月

前　言

　　人才资源是推动科技创新和提高区域经济竞争力的第一资源。近年来，河南省加大招才引智力度，进一步聚集人才资源并释放了人才红利，使人力资源优势加速转变为人力资本优势，为产业转型升级和经济高质量发展注入了新活力。然而，河南省是人力资源大省，但还不是人才强省。探索如何将1亿人口资源从人口红利转化为人才红利，既对河南省在中部地区乃至全国赢得人才主动权有现实意义，也对中西部等欠发达地区如何开发人力资源具有借鉴作用。遗憾的是，据我所知，到目前为止，还没有从宏观层面对2000年以来河南省人力资源开发及其工作进行系统分析的文献，其中尚未解决的问题主要包括四个方面：一是河南省人力资源及其工作的基本状况；二是与中部其他五省（山西、安徽、江西、湖北、湖南）相比，河南省人力资源及其工作的优势和不足；三是量化分析河南省人力资源开发情况对经济增长的影响，包括城市人才竞争力、人才强省测度、年度产业人才需求预测等；四是从招才引智政策实践和人才共享理论上探讨解决河南省高层次人才不足的方法。弄清以上四个问题，将为河南省对全省人力资源的形成、开发、配置、使用等诸多环节进行科学规划及精准开展人力资源工作提供科学指导，为建设人才强省和助力河南省在中部崛起中更加出彩提供理论支撑。

　　为此，首先，本书以2019年《中国统计年鉴》《河南统计年鉴》，以及相关省份（城市）统计年鉴数据为主，以2018年相关地区统计公报等数据为辅，通过定量研究法，纵向分析了2000～2018年河南省人力资源及其工作的具体状况，横向对比了河南与山西、安徽、江西、湖北、湖南及其省会城市的相关情况以及河南省六地市（郑州、洛阳、开封、新乡、焦作、许昌）的基本情况；其次，在此基础上，本书构建了区域城市人才竞争力指标体系，分别评价了河南省各地市、中部六省及其省会城市的人才竞争力；构建了人才强省测度指标体系，分析了河南省人才强省的实施情况；通过计量经济模型，预测了河南省 2000~2025 年三次产业的年度人才需求情况；定量研究了河南省人力资本（2000~2018 年）对经济增长的影响作用；最后，本书通过定性分析，总结、归纳了国内主要经济区域招才引智的实践、人才政策及其对河南省的启示；从人才共享角度，初步探讨了解决高层次人才短缺的方法，归纳、总结了河南省人力资源及其工作存在的主要问题，并针对性地提出了相应的改进措施。本书的理论贡献在于，为后续研究区域人力资源开发，特别是河南省人力资源及其工作提供了分析框架、基本思路和基础资料；本书的实践价值在于，从人力资源开发（挖掘源头活水）和人才共享（借助他山之石）两个方面分别探讨了人力资源优化配置的路径，对河南省相关部门制定人力资源开发政策和开展人力资源管理工作具有一定参考价值。

王长林

2021 年 5 月

目　录

绪　论

人力资源是经济社会发展的第一资源，是一个国家或地区提升整体竞争力的战略性资源。尤其是当前世界进入数字经济时代，各国纷纷在高科技领域提前布局，极力抢占未来经济社会发展的制高点。人力资源作为第一资源，如何对人力资源合理开发和利用，将直接影响一个国家或地区的经济竞争力，影响其经济和社会的可持续发展。已有研究表明，人力资源开发对经济增长呈现倍数效应。例如，1900～1957 年，美国物质资本投资增长 4.5 倍，经济增长 3.55 倍；但人力资本增长 3.5 倍，经济增长却高达 17.55 倍（徐斌、马金，2000）。河南省是人力资源大省，但还不是人力资源强省。在构建新发展格局的背景下，如何将人口红利转化为人才红利，河南省需要不断在人力资源的合理开发和利用上下功夫。因为河南省要在中部崛起中实现奋勇当先、实现黄河流域生态环境保护和经济高质量发展，必须依靠人才这个"第一资源"的强力支撑。

从广义上来讲，区域人力资源是指，一个国家或地区在一定时期内拥有的可以开发利用的人口资源总量，即一个地区的人口总数。从狭义上来讲，区域人力资源开发则是对人口资源进行科学的规划、配置和利用，具体来说是指，对一个国家或地区的人力资源状况及其发展情况进行合理投资和科学利用，是发掘人力资本存量价值，提升人力资本质量，充分发挥人力资源在经济、社会、文化等方面价值的各种活动（周银珍、鲁耀斌，2008）。这些活动包括，人力资源基础（如人口）以及人力资源工作等，如教育培训、科技研发、医疗卫生、社会保障等。如果没有特别说明，本书所提到的人力资源开发均是指广义的人力资源开发，是发掘人力资源价值的各种活动的总称。

人口问题自始至终都是一个国家和地区经济与社会发展中的全局性、基础性、战略性问题。人口总量的大小和人口素质的高低，会对一个国家或地区的经济发展产生广泛而深刻的影响。截至 2019 年底，河南省总人口 10952 万人，是目前中国户籍人口数量最多的省（区市）；常住人口9605万人，仅次于广东省和山东省。河南省拥有超过1亿的户籍人口，是中国人力资源大省，其人口总量巨大是其发展经济的显著优势，但河南省还不是人力资源强省，如何把人口数量优势转化为人力资源（人才）优势，实现由人力资源大省向人才强省转变，是摆在河南省面前的一大难题。

正是在这一背景下，本书拟对"人力资源开发与河南省经济增长"展开研究，希望摸清河南省人力资源及其工作的基本状况；同时，与中部其他五省的人力资源及其工作情况进行对比，以便分析形势、找出差距、精准定位，为建设河南省人才强省和经济高质量发展提供智力支持，为实现河南省在中部崛起中奋勇当先和助推新时代中原更加出彩提供理论支撑。

本书主要采用2001～2019年相关区域统计年鉴和2018年统计公报的数据，采用描述性统计、定量评价、计量分析、政策分析等方法和工具，多角度、全方位、立体化地展示了河南省近20年的人力资源及其工作状况。其主要内容包括九个方面：一是分析了河南省人力资源的基本情况；二是分析了河南省人力资源工作的基本情况，包括河南省的教育、科技、卫生和社会服务机构、文化和体育、社会保障工作；三是对比分析了中部六省（河南、湖北、湖南、安徽、江西和山西）、中部六省的省会城市（郑州、武汉、合肥、长沙、南昌和太原）、河南省六地市（郑州、新乡、许昌、开封、焦作和洛阳）的人力资源及其工作；四是评估了中部六省的省会城市、河南省部分地市的人才竞争力情况；五是评估了河南省人才强省政策实施情况；六是预测了河南省未来五年三次产业的年度人才需求情况；七是定量分析了河南省人力资源开发对经济增长的具体影响；八是国内主要地区（珠三角地区、长三角地区、京津冀地区和中部地区）招才引智的实践和启示；九是从理论上初步探讨了解决河南省高层次人才不足的方法，归纳了河南省人力资源开发面临的挑战，提出了改进河南省人力资源及其工作的政策建议。

本书的理论价值在于，为今后研究区域人力资源开发提供了一种宏观视角和分析框架，特别是为研究河南省人力资源及其工作提供了基础资料；其实践价值在于，初步理清了河南省近20年人力资源及其工作概况，对比分析了2018年河南省人力资源工作在中部六省中的优势和不足，为河南省相关部门制定人力资源管理政策、实施人才强省战略提供了理论基础。

第一章　河南省人力资源与经济发展状况

近年来，河南省经济发展总体平稳，稳中有进。人口总量增速放缓，就业局势保持稳定，城乡居民可支配收入逐年增长。本章主要从人力资源状况、就业与工资、国民经济发展和人民生活水平四个方面分析 2000～2018 年河南省人力资源和经济发展状况。如无特殊说明，本章的资料来源是《河南统计年鉴 2019》《中国统计年鉴 2019》以及 2000～2020 年的中华人民共和国国民经济和社会发展统计公报、河南省国民经济和社会发展统计公报。

第一节　人力资源基本状况分析

一、人力资源总量

长期以来，河南省的户籍人口（总人口）长期稳居全国第一，人力资源非常丰富，劳动力比较充足，这有利于河南省人力资本的储备以及经济快速发展。2018 年末，河南省总人口 10906 万人，比 2017 年增加 53 万人，约占全国总人口的 7.8%；河南省常住人口 9605 万人，比 2017 年末增加 46 万人，约占全国总人口的 6.9%，排在广东省、山东省之后，居全国第三位。

从图 1-1 可以看出，2000～2018 年，河南省总人口数量逐渐增加，而且，速度比较稳定。2018 年末，河南省总人口数比 2005 年增加了 1418 万人，增长 14.95%。改革开放后，河南省经济得到快速发展，乡村人口加速向城镇转移，反映出河南省城镇化进程加快的趋势。

由图 1-2 可以看出，全国在 2010 年首次实现城镇人口总数超过农村人口总数。河南省城镇化进程相对缓慢，在 2017 年才实现城镇人口总数超过农村人口总数（见图 1－1）。从 2000 年开始，河南省城镇人口数量在稳步增加，递增速度相对平稳，呈线性缓慢增长。截至 2018 年底，河南省城镇人口为5639 万，比 2000 年增加了 3438 万人，城镇化率也从 23.20% 增加到 51.71%（全国是 59.58%）。与此同时，农村人口在逐渐递减，大量农村劳动力转移到城市，推动了城镇化进程和河南省经济的发展。

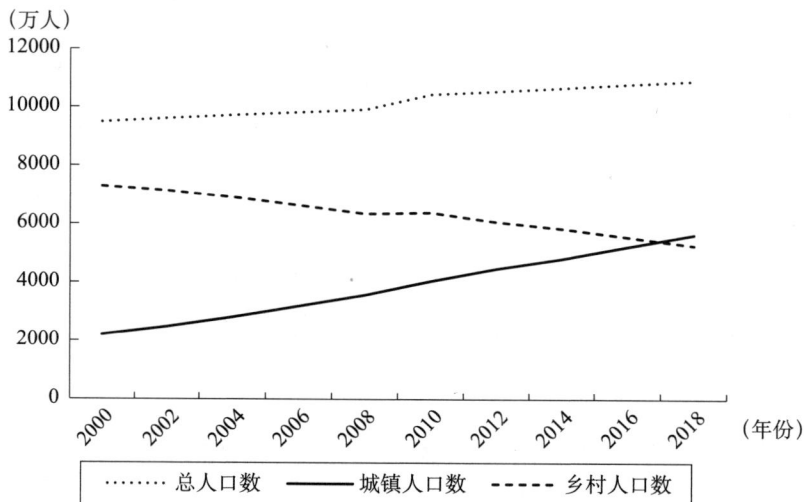

图 1－1　2000～2018 年河南省总人口状况

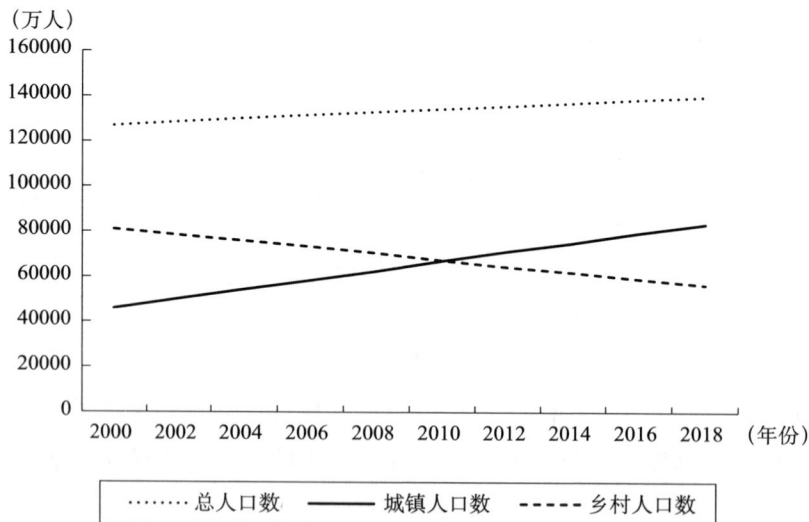

图 1－2　2000～2018 年中国总人口状况

从表 1 - 1 可以看出，2000～2018 年河南省总人口中，男女数量一直呈现出逐年增加的趋势。2018 年，河南省的男性数量相比 2000 年增长 738 万人，女性数量相比 2000 年增长 680 万人。

表 1 - 1　　　　　　　2000～2018 年河南省男女人口数量及其比例

年份	人口数（万人）	男性（万人）	女性（万人）	性别比（女 = 100）（%）
2000	9488	4895	4593	106.6
2001	9555	4915	4640	105.9
2002	9613	4946	4667	105.9
2003	9667	4980	4687	106.3
2004	9717	5000	4717	106.0
2005	9768	5045	4723	106.8
2006	9820	5074	4746	106.9
2007	9869	5100	4769	106.9
2008	9918	5125	4793	106.9
2009	9967	5150	4817	106.9
2010	10437	5407	5030	107.5
2011	10489	5417	5072	106.8
2012	10543	5456	5087	107.2
2013	10601	5487	5114	107.3
2014	10662	5523	5139	107.5
2015	10722	5552	5170	107.4
2016	10788	5576	5212	107.0
2017	10853	5607	5246	106.9
2018	10906	5633	5273	106.8

从表 1 - 1、表 1 - 2 可以看出，自 2000～2018 年，河南省性别比和中国性别比大体上呈现出上升趋势。河南省男女人口数量之间相差 300 万～400 万人，性别比总体稳定在约 107.0%。2010 年和 2014 年性别比甚至达到 107.5%，并且，一直高于警戒线。2018 年降到 106.8%，国家同期水平为 104.6%，但仍高于全国平均水平，表明河南省男女比例失调的问题相对严重。中国传统文化"重男轻女"思想的存在，是造成男多女少、性别比例失调的重要原因。近年来，随着全面二孩政策的实施以及老百姓生育观念的逐步转

变，男女比例失调的现象有所缓解，但仍不可轻视，因为总体性别比仍处于警戒线附近。

表1-2　　　　　　2000～2018年中国男女人口数量及其比例

年份	人口数（万人）	男性（万人）	女性（万人）	性别比（女=100）（%）
2000	126743	65437	61306	106.7
2001	127627	65672	61955	106.0
2002	128453	66115	62338	106.1
2003	129227	66556	62671	106.2
2004	129988	66976	63012	106.3
2005	130756	67375	63381	106.3
2006	131448	67728	63720	106.3
2007	132129	68048	64081	106.2
2008	132802	68357	64445	106.1
2009	133450	68647	64803	105.9
2010	134091	68748	65343	105.2
2011	134735	69068	65667	105.2
2012	135404	69395	66009	105.1
2013	136072	69728	66344	105.1
2014	136782	70079	66703	105.1
2015	137462	70414	67048	105.0
2016	138271	70815	67456	105.0
2017	139008	71137	67871	104.8
2018	139538	71351	68187	104.6

二、人口自然变动情况

表1-3呈现的是2000～2018年河南省与中国人口自然增长率变动情况。在2000～2018年，河南省人口自然增长率有升有降，但总体上一直保持在4.90‰以上。河南省人口自然增长率分两个阶段：第一阶段呈现下降趋势，由2000年的7.14‰降至2011年的4.94‰；第二阶段是波动阶段，2016年的人口自然增长率为近14年最高，达到6.15‰。然而，2018年人口自然增长率又跌落到4.92‰，但仍高于同期全国平均水平。

从表1-3中看出，在人口出生率方面，河南省在2013～2018年超过全国水平；在人口死亡率方面，河南省与全国水平基本上相差无几。在人口自然增长率方面，近三年来，河南省呈现逐年下降的趋势，但整体降幅低于全国水平。

表 1-3　　　　　2000~2018 年河南省与全国人口自然变动情况　　　　单位：‰

年份	人口出生率		人口死亡率		人口自然增长率	
	河南省	全国	河南省	全国	河南省	全国
2000	13.07	14.03	5.93	6.45	7.14	7.58
2001	13.20	13.38	6.26	6.43	6.94	6.95
2002	12.41	12.86	6.38	6.41	6.03	6.45
2003	12.10	12.41	6.46	6.40	5.64	6.01
2004	11.67	12.29	6.47	6.42	5.20	5.87
2005	11.55	12.40	6.30	6.51	5.25	5.89
2006	11.59	12.09	6.27	6.81	5.32	5.28
2007	11.30	12.10	6.30	6.93	4.90	5.17
2008	11.42	12.14	6.45	7.06	4.97	5.08
2009	11.45	11.95	6.46	7.08	4.99	4.87
2010	11.52	11.90	6.57	7.11	4.95	4.79
2011	11.56	11.93	6.62	7.14	4.94	4.79
2012	11.87	12.10	6.71	7.15	5.16	4.95
2013	12.27	12.08	6.76	7.16	5.51	4.92
2014	12.80	12.37	7.02	7.16	5.78	5.21
2015	12.70	12.07	7.05	7.11	5.65	4.96
2016	13.26	12.95	7.11	7.09	6.15	5.86
2017	12.95	12.43	6.97	7.11	5.98	5.32
2018	11.72	10.94	6.80	7.13	4.92	3.81

进一步分析发现，河南省 2018 年人口自然增长率为 4.92‰，比 2016 年降低了 1.23‰。造成这一现象的原因可能是，2016 年中国全面放开二孩政策，在 2016 年、2017 年河南省人口出生率增加较快。但到 2018 年，又迅速下降到 5.00‰ 以下。按当前育龄妇女数量、结构和生育水平测算，今后一段时期，河南省每年出生人口数量将会继续减少，尽管这一现象与全国人口发展趋势相同，但需要引起河南省相关部门重视。

三、常住人口情况

近年来，河南省常住人口持续攀升。由图 1-3 可知，2005 年，河南省常住人口 9380 万，2018 年常住人口 9605 万，比 2005 年增加 225 万人。从河南省总人口来看，2005 年总人口 9488 万，2018 年总人口 10906 万。我们用总人口减去常住人口，得出人口流失数量。虽然河南省常住人口在不断增长，但人口流失的数量也在不断增长，从 2005 年的 108 万人，上升到 2018 年的 1301 万人。随着经济发展和河南省米字型高铁的逐渐形成，人员在地区间的流动更加便捷。具有区位优势和经济优势的城市，对人口的吸引力会更强。河南省经济发展长期处于不平衡状态，城乡差距较大，城市间发展也很不均衡。在人口总量和可再生资源逐渐减少的双重压力下，如何吸引和留住人才以便实现经济可持续发展，是河南省当前和今后需要长期关注的现实问题。

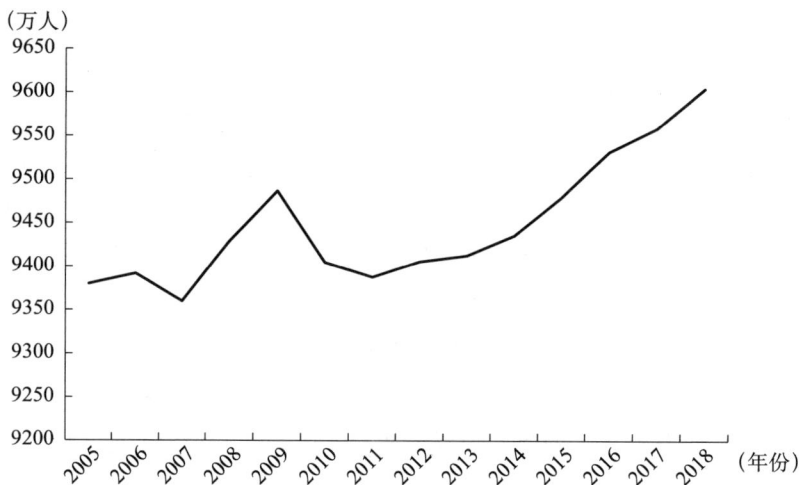

图 1-3 2005~2018 年河南省常住人口总数

四、人口年龄结构

（一）常住人口年龄结构

表 1-4 反映了 2005~2018 年河南省人口系数、图 1-4 反映了 2005~2018 年河南省人口结构。2005~2018 年，河南省人口老少比例一直处于 30%以上水平，老少人口系数比例呈现逐年上升趋势，2005~2018 年老少比例增长速度整体呈现加速趋势，且一直高于全国水平。

表 1 - 4		2005～2018 年河南省人口系数		单位：%
年份	少儿	老年	老少比	
			河南省	全国
2005	21. 1	8. 2	38. 9	38. 8
2006	20. 8	8. 1	38. 8	38. 3
2007	20. 4	7. 6	37. 1	37. 9
2008	19. 9	7. 8	39. 2	37. 4
2009	19. 3	8. 8	39. 1	36. 9
2010	21. 0	8. 4	39. 8	34. 2
2011	21. 1	8. 6	40. 7	34. 4
2012	21. 2	8. 8	41. 5	34. 9
2013	21. 1	9. 1	42. 9	35. 3
2014	21. 2	9. 4	44. 2	36. 2
2015	21. 2	9. 6	45. 4	37. 0
2016	21. 3	9. 9	46. 3	37. 9
2017	21. 4	10. 2	47. 6	39. 2
2018	21. 5	10. 6	49. 5	40. 4

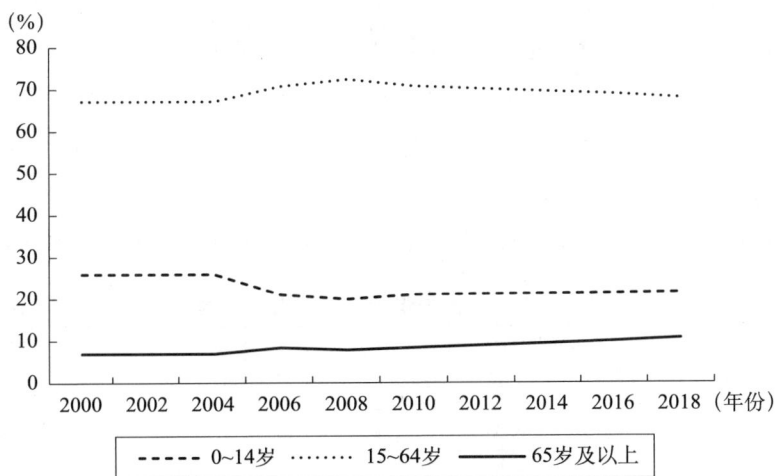

图 1 - 4　2000～2018 年河南省常住人口年龄结构

　　人口抚养比也称为人口负担系数，是指人口总体中非劳动年龄人口数与劳动年龄人口数之比。2018 年，国家总抚养比为 40.4%，少儿抚养比为 23.7%（河南省为 31.7%），老年抚养比为 16.8%（河南省为 15.6%），河南省高于全国平均水平。根据国际标准，少儿人口系数≤30%，老年人口系数≥7%，老少比≥30%，该地区即可认为已进入老龄化社会。2018 年末，河南省少儿人口系数为 21.50%，老年人口系数达到 10.60%，老少比达到 49.50%。河南省三项指标均大幅低于（高于）国际警戒线水平，属于典型的老龄化社会。

与 2005 年的老少比相比，2018 年老少比增长了 10.60%。与全国水平相比，河南省 0~14 岁人口比重高于全国 4.59%，15~64 岁人口比重低于全国 3.26%，64 岁及以上老年人口比重低于全国 1.33%。

总体来看，2013~2018 年，河南省老少比整体上呈现加速增长的趋势，河南省老龄化现象相对较为严重，存在有效劳动力供给不足的问题。人口老龄化引起一系列社会问题。例如，弱势群体数量增加、性别比例失调以及家庭负担日益加重。随着 2016 年全面放开二孩生育政策的实施，河南省人口老龄化造成的问题有一定缓解，但从长期来看，人口老龄化的压力不容小觑。

（二）人口年龄性别结构

在劳动市场中，由于性别不同，加上传统思想观念和道德束缚以及工作岗位的特点，劳动者据此匹配到不同的职业类型，担任不同性质的工作。因此，男女数量的不协调，会对不同职业发展产生不利的影响。由表 1-5 可以看出，随着时间的推移，河南省年轻一代男性数量在增加。2018 年，在河南省 65 岁以上的人口中，男性数量小于女性数量，性别比为 82.3%。在 20~24 岁年龄段中，男性数量超过女性数量，性别比为 110.2%；在 15~19 岁年龄段中，性别比呈上升趋势，达到 130.1%，此后，各阶段呈现渐渐回落的趋势。

表 1-5　　　　　2018 年河南省分年龄性别的人口结构　　　　　单位：%

年龄段	占常住人口比重	男	女	性别比
0~14 岁	21.5	11.7	9.7	120.6
15~19 岁	6.3	3.5	2.7	130.1
20~24 岁	5.0	2.6	2.4	110.2
25~29 岁	8.6	4.2	4.3	98.3
30~34 岁	6.7	3.3	3.4	95.5
35~39 岁	6.0	3.0	3.0	99.1
40~44 岁	6.4	3.2	3.2	98.7

年龄段	占常住人口比重	男	女	性别比
45~49 岁	8.5	4.2	4.3	97.4
50~54 岁	8.4	4.1	4.4	92.7
55~59 岁	5.9	2.9	3.1	93.1
60~64 岁	6.1	3.0	3.1	96.9
65 岁以上	10.6	5.0	5.6	82.3
合计	100.0	50.7	49.3	103.0

（三）受教育程度结构

一般来说，受教育程度对人力资本的发展有着积极的影响。随着受教育程度和学识程度的提高，人们对新科技的领悟力、理解力也会提高，而且，在思想上、生活中、工作中也可能具有更强的自尊心和进取心。表 1-6 反映了2018 年河南省分年龄段受教育程度的人口结构。

表 1-6　　　　　2018 年河南省分年龄段受教育程度的人口结构　　　　单位：%

年龄	未上过学	小学	初中	高中	大学专科	大学本科	研究生
6~9 岁	10.9	89.1	—	—	—	—	—
10~14 岁	0.8	51.0	46.5	1.8	—	—	—
15~19 岁	0.3	1.0	33.5	55.7	6.1	3.3	—
20~24 岁	0.3	1.4	35.9	31.0	18.5	12.3	0.6
25~29 岁	0.3	2.0	48.4	29.1	12.7	6.6	0.8
30~34 岁	0.4	3.2	54.0	25.6	10.5	5.6	0.6
35~39 岁	0.6	5.0	57.6	23.3	8.1	4.8	0.5
40~44 岁	1.0	9.3	61.1	19.5	5.9	2.9	0.2
45~49 岁	1.5	14.8	62.3	15.6	3.7	2.0	0.1
50~54 岁	2.8	23.0	58.0	12.5	2.4	1.2	0.1
55~59 岁	4.2	26.7	50.7	15.3	2.1	1.0	0.1
60~64 岁	9.3	37.5	40.8	10.3	1.5	0.6	0.0
65 岁及以上	24.7	44.8	24.0	4.9	1.1	0.5	0.0
合计	5.6	25.6	43.5	17.3	5.0	2.7	0.2

注："—"表示数据缺失。

由表 1-6 可知，河南省受教育程度在不断提高。在年轻人群中，这个比例在不断增加。在 25~29 岁年龄段，研究生比例最高，占比达到 0.8%。合计初中学历的占比达到43.5%，专科、本科生和研究生学历的人口占比分别为5%、2.7%和0.2%。

（四）婚姻结构

男女双方在组成家庭后，所有家庭成员会在家庭总收入预算约束下，共同最大化家庭的效用水平。稳定的婚姻对家庭和社会经济发展都具有积极作用。表1-7是2018年河南省分年龄婚姻结构人口结构，在所有的适婚年龄有配偶的比例仍是占大多数，占到74.9%。从总体上来看，有配偶人口比例大致呈"峰型"，45~49岁有配偶人口的比例最高，达到94.9%。

表1-7　　　　　　　　2018年河南省分年龄婚姻结构人口结构　　　　　　单位：%

年龄	未婚	有配偶	离婚	丧偶
15~19岁	98.7	1.3	0.0	0.0
20~24岁	79.3	20.4	0.3	0.0
25~29岁	32.9	65.9	1.2	0.1
30~34岁	10.5	87.0	2.2	0.2
35~39岁	3.7	93.1	2.7	0.5
40~44岁	2.1	94.5	2.5	0.9
45~49岁	1.4	94.9	2.1	1.6
50~54岁	1.1	94.2	1.6	3.1
55~59岁	1.0	92.5	1.4	5.1
60~64岁	1.3	88.7	1.1	8.9
65岁及以上	1.7	69.9	0.8	27.6
合计	17.6	74.9	1.4	6.1

另外，在25~34岁年龄段群体中，未婚率占比较高；在30~44岁年龄段中，离婚率较高。近年来，晚婚晚育率和离婚率较高，对人口增长和经济发展带来了一定的消极影响，应引起相关部门重视。

（五）育龄妇女

生育对女性职业发展的影响是毋庸置疑的，就业是安民之策，是个人实现自我价值的有效途径。女性也是劳动力市场的重要来源，但由于传统文化对男女社会角色认知的不同，导致女性在就业时面临一定程度上的偏见。与女性就业问题息息相关的另一个主题便是生育。研究发现，女性就职的单位类型、性别角色观念、养育成本、孩子的年龄、子女看护等，都会造成女性职业中断并对女性就业状况产生不同程度的影响。表1-8是2018年河南省育龄妇女分年龄段生育状况。育龄妇女的平均生育率是42.37‰，且多集中于二孩上，这与"二孩政策"放开有关。我国育龄妇女主要的生育年龄区间处于25~29岁，该阶段是女性职场中的关键期，对女性生育意愿影响较大。

表1-8　　　　　　　　　2018年河南省育龄妇女分年龄段生育状况

年龄 （岁）	平均育龄人数 （人）	生育率 （‰）	一孩 （‰）	二孩 （‰）	三孩及以上 （‰）
15~19	36569	8.46	7.22	1.15	0.08
20~24	30914	78.97	49.81	27.09	2.07
25~29	56583	104.86	43.44	51.34	10.09
30~34	47369	64.60	15.22	38.13	11.25
35~39	41252	26.69	4.13	15.97	6.59
40~44	43249	9.10	2.05	4.55	2.50
45~49	61960	3.74	1.47	1.57	0.69
总计	317896	42.37	16.78	20.58	5.01

第二节　就业人员与工资水平

一、城乡就业人口分布

就业是最大的民生，关系千家万户老百姓的生活。近年来，中国坚持实施就业优先战略和更加积极的就业政策，推动实现更高质量就业和更充分就业。河南省是人口大省，就业压力较大。近年来，河南省政府多次出台相关文件，积极采取各种促进就业的措施，取得了较好的成效。表1-9是2000~2018年河南省城乡就业人口分布情况。

表 1-9　　　　　　2000～2018 年河南省城乡就业人口分布情况　　　　单位：万人

年份	城镇	乡村
2000	860.00	4712.00
2001	829.00	4688.00
2002	831.00	4691.00
2003	841.16	4695.00
2004	869.00	4718.00
2005	910.00	4752.00
2006	941.79	4777.00
2007	958.00	4815.00
2008	976.32	4859.13
2009	1067.12	4881.66
2010	1126.89	4914.67
2011	1286.69	4911.16
2012	1382.50	4905.00
2013	1535.17	4851.41
2014	1713.21	4806.82
2015	1839.00	4798.00
2016	1923.88	4802.51
2017	1959.72	4807.14
2018	2017.00	4675.00

　　由表 1-9 可知，从绝对数来看，河南省城镇就业人口从 2000 年的 860 万，上升到 2018 年的 2017 万，增长了 1157 万。乡村就业人口从 2000 年的 4712 万下降到 2018 年的 4675 万，下降了 37 万。据国家统计局数据显示，2018 年末，中国常住人口城镇化率达到 59.58%，户籍人口城镇化率也达到 43.37%。与此同时，2018 年末，河南省常住人口城镇化率为 51.71%，城镇化率增幅位居全国第一，但在全国整体排名中仍然较为靠后。

　　图 1-5 是 2000～2018 年河南省城乡就业人口分布情况。从时间趋势来看，河南省的城镇就业人口稳中有升，乡村就业人口稳中有降，但幅度都相对较小。从绝对数和时间趋势的变化情况表明，近年来，河南省城镇化水平的提高及一系列刺激就业的措施促进了城镇就业人口数量的增长。近 20 年来，变

化幅度较小，主要原因还在于河南省是农业大省，城乡发展较为不均衡，未来需要进一步加快城镇化进程，实施更加积极的就业政策。

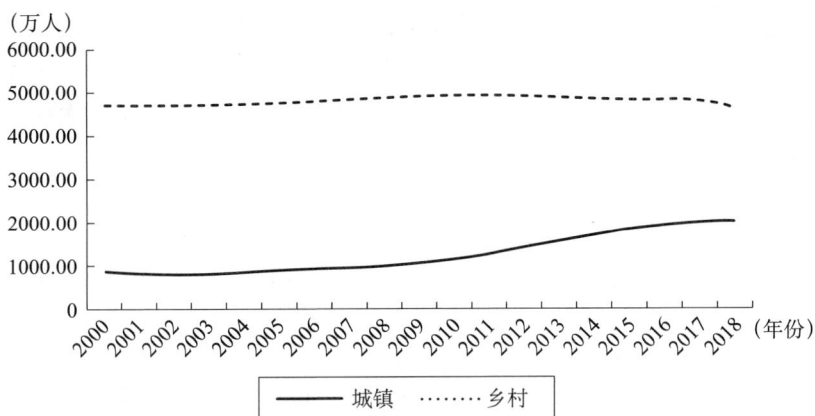

图1-5　2000～2018年河南省城乡就业人口分布状况时间趋势

图1-6反映了2014～2018年河南省农村劳动力转移就业总人数及年度新增人数情况。2014～2018年，河南省的农村劳动力转移就业总人数逐年攀升，虽然年度新增人数有缓慢下降趋势，但总人数仍处于缓慢提升态势。这说明，河南省的城镇化水平正在不断加快，越来越多的农村就业人口转而成为城镇就业人口。

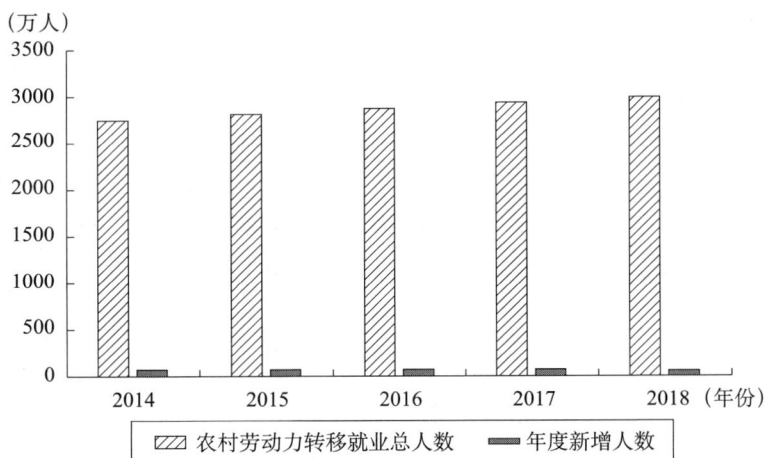

图1-6　2014～2018年河南省农村劳动力转移就业总人数及年度新增人数情况

二、二次产业、三次产业就业人口分布

就业人口结构在一定程度上反映了经济结构的状况。表1－10是2000～
2018年河南省三次产业就业人口分布情况。从绝对数来看，第一产业的就业
人数逐年显著下降，第二产业的就业人数在波动中上升，第三产业的就业人数
逐年显著上升。

表1－10　　　　　2000～2018年河南省三次产业就业人口分布情况

年份	第一产业 （万人）	所占比重 （%）	第二产业 （万人）	所占比重 （%）	第三产业 （万人）	所占比重 （%）
2000	3564.00	63.96	977.00	17.53	1031.00	18.50
2001	3477.71	63.04	997.25	18.08	1041.63	18.88
2002	3398.00	61.54	1038.00	18.80	1086.00	19.67
2003	3331.86	60.19	1083.55	19.57	1120.26	20.24
2004	3246.00	58.10	1142.00	20.44	1200.00	21.48
2005	3139.00	55.44	1251.00	22.09	1272.00	22.47
2006	3050.00	53.33	1351.00	23.62	1318.00	23.05
2007	2920.00	50.58	1487.00	25.76	1366.00	23.66
2008	2847.31	48.80	1563.92	26.80	1424.22	24.41
2009	2764.86	46.48	1674.72	28.15	1509.20	25.37
2010	2712.00	44.89	1753.00	29.01	1577.00	26.10
2011	2670.45	43.09	1852.50	29.89	1674.90	27.03
2012	2628.01	41.80	1919.31	30.53	1740.18	27.68
2013	2562.60	40.12	2035.08	31.86	1788.90	28.01
2014	2651.74	40.67	1995.57	30.61	1872.72	28.72
2015	2587.00	39.00	2042.00	30.80	2007.00	30.20
2016	2582.92	38.40	2055.94	30.57	2087.53	31.03
2017	2494.27	36.86	2104.49	31.10	2168.10	32.04
2018	2366.29	35.40	2047.75	30.60	2277.96	34.00

图1－7是2000～2018年河南省三次产业就业人员构成情况时间趋势图。
从时间趋势来看，河南省的第一产业就业人口所占比重持续下降，第二产业就
业人口所占比重稳中有升，第三产业就业人口所占比重持续上升。

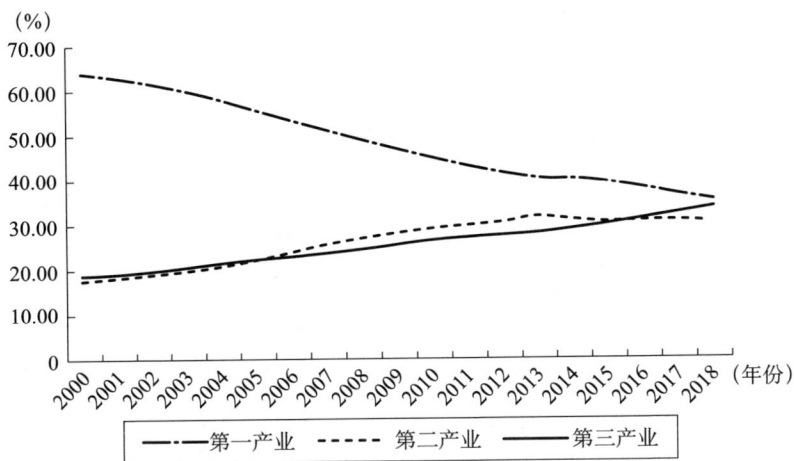

图 1 - 7　2000 ~ 2018 年河南省三次产业就业人员构成情况时间趋势

近年来,这些显著的变化与河南省积极调整产业结构的相关措施,是分不开的。未来河南省应该继续加大产业结构的调整力度,继续提高第三产业就业人口的比重,促进河南省产业结构的进一步优化,为实施积极的就业政策提供经济基础和保障。

三、城镇单位就业人员

表 1 - 11 是 2000 ~ 2018 年河南省城镇单位就业人员情况。从表 1 - 11 中可以看出,2006 ~ 2016 年城镇单位在岗职工大体呈现先降后升趋势,2016 年以后逐年下降。2018 年,在岗人口相比 2017 年减少 162.83 万,表明近年来就业压力加大。其他单位的就业人员数量也呈现波动上升趋势,这一趋势与国有单位就业人员和城镇集体单位就业人员的情况正好相反。这表明,就业人口从国有单位和城镇集体单位逐渐向其他单位转移。城镇集体单位就业人口下降幅度较大,从 2000 年的 143.22 万人下降到 2018 年的 21.49 万人。与此同时,其他单位的就业人口显著上升。

从分产业来看,河南省城镇单位第一产业的就业人口逐年下降,第二产业和第三产业的就业人口在波动中上升。这说明,河南省调整产业结构的措施在城镇单位的就业结构优化中发挥了积极作用。

表 1 – 11 　　　　　　2000～2018 年河南省城镇单位就业人员情况　　　单位：万人

年份	在岗职工	其他就业人员	国有单位	城镇集体单位	其他单位	第一产业	第二产业	第三产业
2000	718.00	15.95	463.70	143.22	127.03	5.00	320.58	408.40
2001	704.00	14.79	457.00	138.04	123.75	4.74	307.81	406.25
2002	694.00	16.27	427.10	126.89	156.28	4.78	277.93	427.56
2003	683.00	18.70	398.62	116.50	186.58	9.63	293.47	398.58
2004	677.00	18.90	408.78	96.09	191.03	9.06	286.88	399.96
2005	681.00	19.59	404.80	91.16	204.63	9.54	290.96	400.09
2006	692.00	19.25	401.57	85.90	223.78	8.80	301.54	400.91
2007	699.00	20.00	396.65	82.93	240.00	8.68	306.44	404.05
2008	692.00	22.41	390.95	68.30	255.16	7.95	305.01	401.45
2009	708.00	26.73	380.60	48.98	305.15	7.85	316.09	411.67
2010	723.29	28.39	389.11	50.41	312.16	7.12	326.22	418.33
2011	808.62	30.46	400.25	51.66	387.18	7.25	395.01	436.80
2012	849.62	31.56	409.25	50.85	421.08	5.83	429.33	446.02
2013	1023.38	52.61	369.84	46.09	660.06	5.19	589.28	481.52
2014	1057.55	51.35	367.92	43.35	697.62	5.09	608.58	495.22
2015	1076.67	49.18	366.34	38.98	720.54	2.53	608.68	514.65
2016	1096.13	48.86	366.83	34.19	743.97	2.08	607.99	534.92
2017	1083.29	46.06	361.59	28.04	739.72	1.83	589.58	537.94
2018	920.46	46.89	354.40	21.49	591.45	1.35	461.49	504.50

四、城镇单位就业人员平均工资

　　表 1 – 12 反映了 2000～2018 年河南省城镇单位就业人员平均工资情况。从该表可以看出，近 20 年来，无论是国有单位还是集体单位或是其他单位，职工平均工资都有了较大幅度的提升。这与河南省经济发展水平的快速跃升有着非常大的关系。近年来，河南省经济发展水平不断提高，地区生产总值稳居全国第五位，有力地保障了城镇单位就业人员平均工资的稳步增长。

表1-12　　　　　　2000～2018年河南省城镇单位就业人员平均工资　　　　单位：元

年份	国有单位	城镇集体单位	股份合作单位	联营单位	有限责任公司	股份有限公司	港澳台商投资单位	外商投资单位	其他
2000	7408	4840	5640	5084	6910	7515	9267	7997	5521
2001	8518	5669	5685	5661	7811	8077	9596	9070	5512
2002	9791	6607	7208	6370	9148	10003	10482	9992	7507
2003	11280	7828	9285	8482	10789	11862	12091	13363	8718
2004	12562	8582	9586	9211	12150	13629	14278	14045	9864
2005	14740	10248	11722	10386	14796	14986	14937	15437	10886
2006	17702	12377	13075	12247	17051	17034	17710	17452	14811
2007	22044	15674	17581	13370	19728	21771	20133	21371	17488
2008	26222	16873	21493	17581	24012	24740	23315	25237	18435
2009	28503	18006	26731	20665	25701	29628	25153	27120	22135
2010	31470	20385	29928	25245	28775	32377	27257	29620	25087
2011	35386	24220	32982	32881	33136	34884	31948	32674	28909
2012	39344	27682	36536	33885	36386	38581	36814	36053	31329
2013	42270	33135	41673	34299	34323	41388	42801	36985	32572
2014	46604	37601	49356	38770	38334	44432	46005	39721	37188
2015	49978	41511	52724	46112	41188	47676	50235	42546	45290
2016	56609	45608	60727	53879	43560	53519	52300	46116	45946
2017	65958	51882	69275	59803	47586	59685	55195	49448	52433
2018	73330	57617	77381	96181	53626	69184	57775	61550	58620

五、城镇单位职工工资

表1-13是2000～2018年河南省城镇单位职工平均工资情况。从绝对数来看，国有单位、城镇单位以及其他单位的平均工资，都有了极大幅度的提升。一般来说，职工平均工资的提升除了受通货膨胀因素影响之外，还与当地的经济发展水平存在密切的联系。城镇单位职工平均工资的提高，从侧面反映了河南省经济发展水平的不断提升。

表 1-13　　　　　　2000～2018 年河南省城镇单位职工平均工资情况　　　　单位：元

年份	国有单位	城镇单位	其他单位
2000	7453	4913	7212
2001	8573	5726	7889
2002	9864	6664	9335
2003	11397	7894	11160
2004	12701	8686	12588
2005	14877	10383	14852
2006	17886	12483	17088
2007	22345	15850	20333
2008	26536	17118	24189
2009	28914	18352	26817
2010	31924	20769	29770
2011	35894	24397	33719
2012	39948	28103	37145
2013	42831	33954	36765
2014	47258	38288	40435
2015	50662	42058	43633
2016	57333	46168	46451
2017	66685	52788	50676
2018	74649	58339	57824

从总体上看，2000～2018 年河南省城镇单位职工平均工资情况的时间趋势表现出的特征为，国有单位的职工平均工资上涨幅度最大，城镇单位和其他单位的平均工资上涨幅度相差不大。这说明，国有单位的工资待遇水平与其他单位的工资待遇水平存在不小的差距，而且，呈现逐步扩大的趋势。这一现象应该引起相关部门的注意。如何缩小城乡差距，缩小不同就业人群间的收入差距，让广大人民共享经济社会的发展成果，是当前和今后重点需要考虑的问题。

六、城镇私营单位人员平均工资

图 1-8 是 2011～2018 年河南省城镇私营单位就业人员平均工资时间趋势图，《河南统计年鉴》从 2011 年开始提供该数据。由图 1-8 可以看出，城镇私营单位就业人员平均工资呈现直线上涨趋势。说明近年来河南省民营经济发展较快，这与河南省营商环境得到很大改善关系密切，在一定程度上促进了城镇私营单位就业人员平均工资的提高。

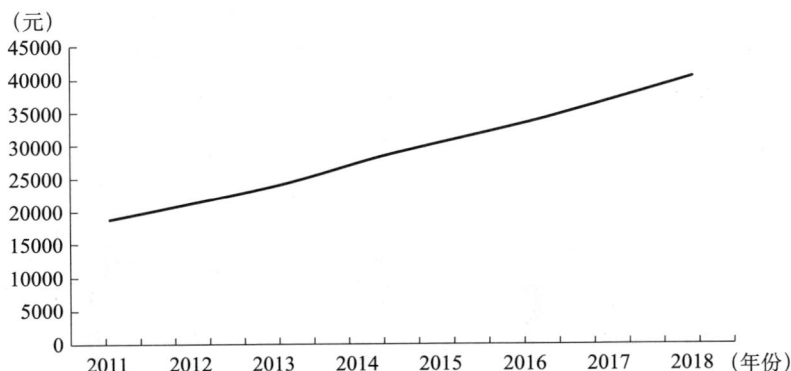

图1-8 2011~2018年河南省城镇私营单位就业人员平均工资时间趋势

七、城镇登记失业人数及失业率

表1-14反映了2010~2018年河南省城镇登记失业人数及失业率情况。从表1-14中可以看出，虽然2018年比2010年河南省的城镇登记失业人数增长了近10万人，但城镇登记失业率却一直稳定在约3.00%。河南省城镇3.00%的失业率远远低于7.00%的国际失业率警戒线，这说明，河南省城镇失业率从整体上保持在一个相对安全的状态上。同时，据中华人民共和国人力资源和社会保障部发布的数据显示，2018年中国城镇失业率为4.90%，河南省城镇失业率远低于国家城镇失业率水平，这与近年来河南省经济总量持续攀升，经济增速始终保持在较高水平密不可分。

表1-14　　　　2010~2018年河南省城镇登记失业人数及失业率情况

年份	城镇登记失业人数（万人）	登记失业率（%）
2010	38.20	3.38
2012	38.27	3.10
2013	40.19	3.10
2014	40.01	2.97
2015	42.46	3.00
2016	43.58	3.00
2017	40.67	2.76
2018	48.60	3.02

注：《河南统计年鉴（2019）》缺失2011年的数据。

图1-9反映了2010~2018年河南省城镇登记失业人数及登记失业率时间

趋势变化。从图1-9中可以看出，河南省的城镇登记失业人数以及登记失业率一直保持在较为稳定的水平。近年来，稳定的城镇失业率水平反映了政府在促进就业方面的积极作为及河南省经济发展保持相对稳定的状态。

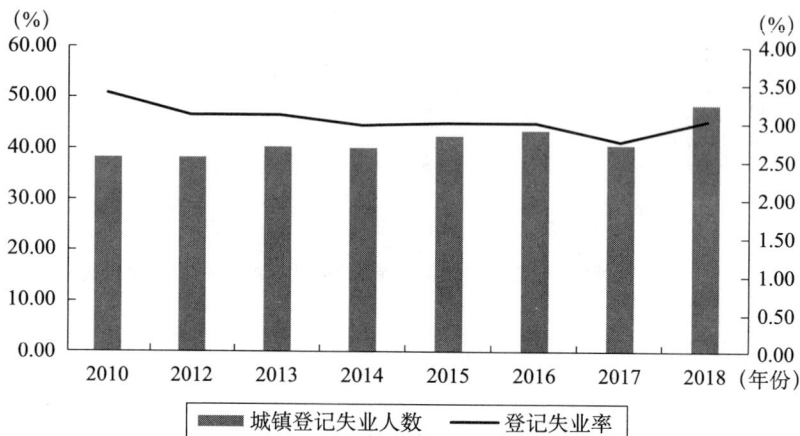

图1-9 2010~2018年河南省城镇登记失业人数及登记失业率时间趋势

注：2011年数据缺失。

第三节 国民经济发展状况

一、生产总值

表1-15显示了2000~2018年河南省地区生产总值基本情况。该表显示，近20年来，河南省经济总量持续增长，综合实力显著增强。经表中计算可知，2000~2018年，河南省地区生产总值年均增长10.10%。2018年，河南省的地区生产总值为48055.86亿元，与2017年相比大约增长了7.00%，实现了7.00%~7.50%的年度预期增长目标，且高于全国平均增长速度。

表1-15 2000~2018年河南省地区生产总值基本情况

年份	地区生产总值（亿元）	第一产业（亿元）	第二产业（亿元）	第三产业（亿元）	人均地区生产总值（元）
2000	5052.99	1161.58	2294.15	1597.26	5450

续表

年份	地区生产总值（亿元）	第一产业（亿元）	第二产业（亿元）	第三产业（亿元）	人均地区生产总值（元）
2001	5533.01	1234.34	2510.45	1788.22	5959
2002	6035.48	1288.36	2768.75	1978.37	6487
2003	6867.70	1198.70	3310.14	2358.86	7376
2004	8579.42	1649.29	4200.39	2729.74	9228
2005	10621.56	1844.04	5510.12	3267.40	11383
2006	12412.86	1869.82	6693.46	3849.58	13225
2007	15064.73	2156.69	8203.37	4704.67	16067
2008	18068.47	2575.82	10132.48	5360.17	19233
2009	19547.60	2665.66	10816.54	6065.40	20668
2010	23157.64	3127.14	12930.83	7099.67	24516
2011	27007.46	3349.25	14978.99	8679.22	28742
2012	29681.79	3577.15	16063.24	10041.40	31586
2013	32278.04	3827.20	16942.15	11508.69	34304
2014	35026.99	3988.22	18041.82	12996.95	37166
2015	37084.20	4015.56	18156.04	14912.60	39209
2016	40249.23	4063.65	19275.82	16909.76	42341
2017	44552.83	4139.29	21105.52	19308.02	46674
2018	48055.86	4289.38	22034.83	21731.65	50152

河南省的地区生产总值增长率在 2000 ~ 2010 年波动幅度较大（见图 1 - 10），主要是受到金融危机的影响，在 2007 ~ 2009 年显著下降，近年来较为稳定，保持在 7% ~ 8%。从表 1 - 15 可知，人均地区生产总值从 2000 年的 5450 元增长到 2018 年的 50152 元，增长 8.2 倍。农业综合生产能力不断提高，2018 年河南省第一产业增加值为 4289.38 亿元，是 2000 年的 3.69 倍，原因在于河南省认真贯彻执行中央各项支农惠农政策，不断加大支持"三农"力度，农业生产活力得到进一步激发。工业经济快速增长，2018 年河南省第二产业增加值为 22034.83 亿元，比 2000 年增长 8.6 倍，通过建立现代企业制度、加大投入、调整结构、推动企业技术进步，积极实施工业强省战略，河南省工业经济活力不断增强，逐步走上了持续快速发展的新轨道。服务业不断发展，2018 年，河南省第三产业增加值为 21731.65 亿元，比 2000 年增长了 12.6 倍，现代服务业发展迅速。

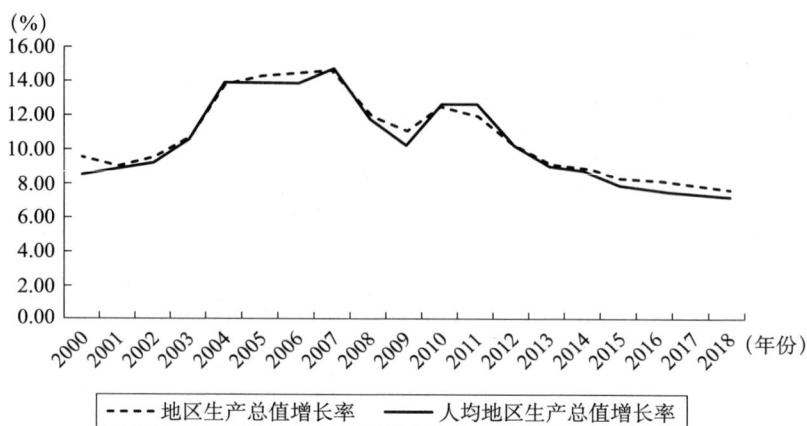

图1－10　2000～2018年河南省人均地区生产总值增长率趋势

二、生产总值产业构成

表1－16反映了2000～2018年河南省地区生产总值三次产业构成基本情况。2000年，河南省三次产业结构为23.0:45.4:31.6。2018年，河南省三次产业结构比例为8.9:45.9:45.2。这表明，河南省经济结构不断优化调整，资本加速向第三产业集聚。第三产业市场主体的主导地位进一步凸显，市场主体的"三、二、一"产业格局基本形成。从近年来河南省发展的实际情况来看，农业基础地位进一步巩固，制造业优势突出，传统产业和新兴服务业融合发展，产业转型升级潜力巨大，为新动能转化提供了良好条件。

表1－16　　2000～2018年河南省地区生产总值三次产业构成基本情况　　单位：%

年份	第一产业	第二产业	第三产业	地区生产总值
2000	23.0	45.4	31.6	100.0
2001	22.3	45.4	32.3	100.0
2002	21.3	45.9	32.8	100.0
2003	17.5	48.2	34.3	100.0
2004	19.2	49.0	31.8	100.0
2005	17.4	51.9	30.8	100.0
2006	15.1	53.9	31.0	100.0
2007	14.3	54.5	31.2	100.0
2008	14.3	56.1	29.7	100.0

续表

年份	第一产业	第二产业	第三产业	地区生产总值
2009	13.6	55.3	31.0	100.0
2010	13.5	55.8	30.7	100.0
2011	12.4	55.5	32.1	100.0
2012	12.1	54.1	33.8	100.0
2013	11.9	52.5	35.7	100.0
2014	11.4	51.5	37.1	100.0
2015	10.8	49.0	40.2	100.0
2016	10.1	47.9	42.0	100.0
2017	9.3	47.4	43.3	100.0
2018	8.9	45.9	45.2	100.0

图1-11反映了2000~2018年河南省地区生产总值三次产业结构变动趋势。从图1-11中可以明显看出，第一产业在河南省地区生产总值中的比重逐年下降，第三产业占比逐年上升，到2018年已达到河南省地区生产总值的45.20%，但还没有实现第三产业在国民经济中占比第一。

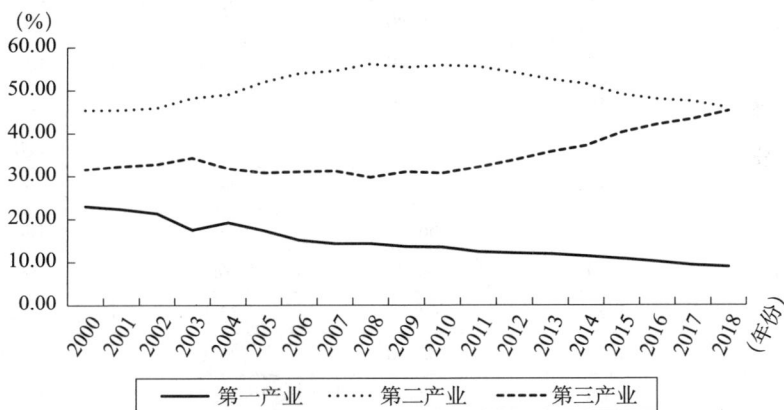

图1-11　2000~2018年河南省地区生产总值三次产业结构变动趋势

从国家层面来看，2018年三次产业结构比为7.20:40.70:52.20，部分发达地区的服务业占比也较高。例如，北京市的第三产业占比达到81.00%，上海市的第三产业占比达到69.90%，广东省的第三产业占比也达到了54.20%。从发达国家的经验来看，第三产业在国民经济中的比重一般都超过70.00%，说明河南省第三产业占比不但大幅度落后于国内发达地区，也大幅度落后于国家平均水平。从整体上来看，河南省经济转型压力较大，服务业发展潜力非常巨大。

三、三次产业贡献率

产业贡献率是指，各产业增加值增量与 GDP 增量之比。表 1 - 17 显示了 2000～2018 年河南省三次产业贡献率。2000 年，河南省三次产业贡献率为 10. 20:62. 60:27. 20，第二产业处于主导地位，但从 2016 年之后，第三产业的贡献率已经超过了第二产业。2018 年，河南省三次产业贡献率为 4. 37:45. 60:49. 97，第三产业对经济增长的贡献超过其他两个产业，成为河南省经济增长的第一动力。2018 年，以旅游娱乐业、批发零售业、餐饮服务业和金融业为支柱的现代服务业增加值占河南省地区生产总值的比重达 48. 00%，同比提高 0. 70%。

表 1 - 17　　　　　　2000～2018 年河南省三次产业贡献率　　　　单位：%

年份	第一产业	第二产业	第三产业	地区生产总值
2000	10. 20	62. 60	27. 20	100. 00
2001	14. 00	49. 70	36. 30	100. 00
2002	10. 60	55. 80	33. 60	100. 00
2003	− 5. 00	74. 60	30. 40	100. 00
2004	17. 50	58. 40	24. 10	100. 00
2005	9. 70	62. 23	28. 07	100. 00
2006	8. 89	64. 24	26. 87	100. 00
2007	4. 19	66. 89	28. 91	100. 00
2008	6. 79	66. 92	26. 29	100. 00
2009	5. 26	64. 85	29. 90	100. 00
2010	4. 74	68. 30	26. 96	100. 00
2011	4. 09	63. 94	31. 98	100. 00
2012	5. 43	65. 28	29. 29	100. 00
2013	5. 43	58. 42	36. 15	100. 00
2014	5. 14	62. 76	32. 09	100. 00
2015	5. 75	54. 84	39. 41	100. 00
2016	5. 63	43. 59	50. 77	100. 00
2017	5. 77	44. 60	49. 63	100. 00
2018	4. 37	45. 60	49. 97	100. 00

图 1 – 12 显示了 2000～2018 年河南省三次产业贡献率变动趋势。到 2018 年，第三产业在河南省地区生产总值中的比重已超越第一产业、第二产业的比重，反映出河南省经济结构调整效果显著。

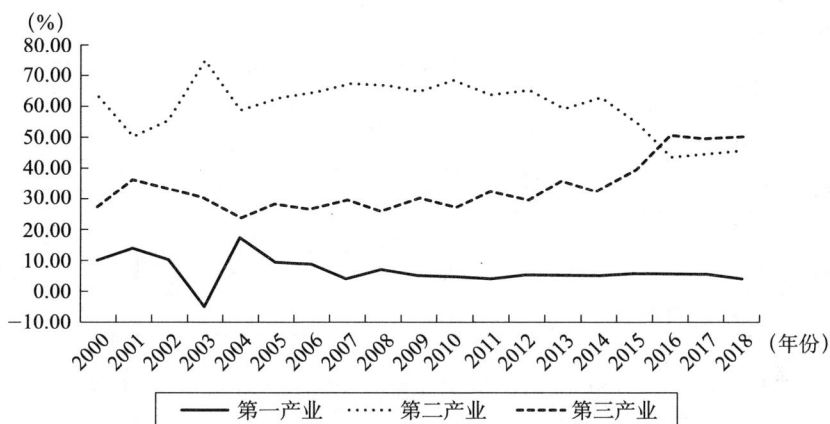

图 1 – 12 2000～2018 年河南省三次产业贡献率变动趋势

四、三次产业对地区生产总值的拉动

产业拉动是指，国内生产总值（GDP）增长速度与各产业贡献率的乘积。表 1 – 18 显示了 2000～2018 年河南省三次产业对地区生产总值的拉动。从表 1 – 18 中可以看出，第一产业的拉动作用逐年减小，而第三产业的拉动作用逐年增加。

表 1 – 18　　　　2000～2018 年河南省三次产业对地区生产总值的拉动　　　　单位：%

年份	第一产业	第二产业	第三产业	地区生产总值
2000	1.00	5.90	2.60	9.50
2001	1.30	4.50	3.30	9.00
2002	1.00	5.30	3.20	9.50
2003	– 0.50	8.00	3.20	10.70
2004	2.40	8.00	3.30	13.70
2005	1.39	8.90	4.01	14.30
2006	1.29	9.31	3.90	14.50
2007	0.61	9.77	4.22	14.60
2008	0.81	8.03	3.15	12.00

续表

年份	第一产业	第二产业	第三产业	地区生产总值
2009	0.58	7.13	3.29	11.00
2010	0.59	8.47	3.34	12.40
2011	0.49	7.67	3.84	12.00
2012	0.55	6.66	2.99	10.20
2013	0.50	5.37	3.33	9.20
2014	0.46	5.59	2.86	8.90
2015	0.48	4.55	3.27	8.30
2016	0.40	3.57	4.16	8.20
2017	0.40	3.48	3.87	7.80
2018	0.33	3.47	3.80	7.60

图 1 - 13 显示了 2000～2018 年河南省三次产业对地区生产总值拉动的变化趋势。从总体上来看，第三产业对河南省地区生产总值的拉动作用越来越显著。

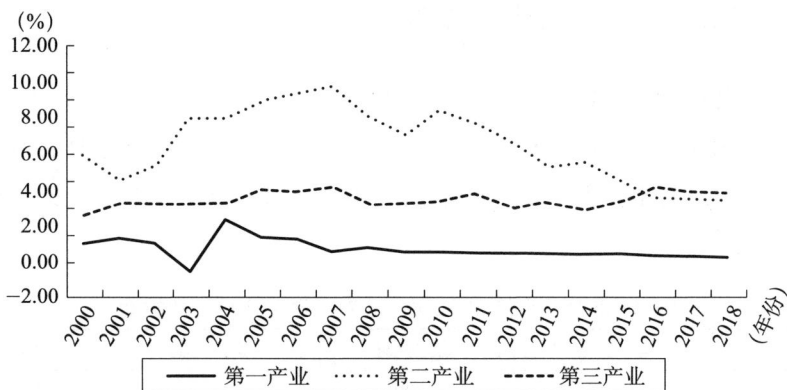

图 1 - 13　2000～2018 年河南省三次产业对地区生产总值拉动的变化趋势

五、全员劳动生产率

全员劳动生产率等于国内生产总值（GDP）除以平均就业人数。表 1 - 19 显示了 2000～2018 年河南省三次产业全员劳动生产率的基本情况。从整体上来看，三次产业的全员劳动生产率都呈现上升趋势。

表 1 - 19　　　　　　　　2000～2018 年河南省三次产业全员劳动生产率　　单位：元/人·年

年份	全员劳动生产率	第一产业	第二产业	第三产业
2000	9377	3382	24282	15827
2001	9980	3506	25432	17256
2002	10935	3748	27208	18597
2003	12422	3562	31205	21383
2004	15427	5152	37747	23139
2005	18884	5926	46295	25812
2006	21813	6194	51984	28827
2007	26218	7391	58728	33718
2008	31131	9122	67676	36661
2009	33177	9716	68545	39008
2010	38625	11659	77797	42971
2011	44130	12713	86350	49308
2012	47544	13795	89274	53824
2013	50932	14746	85696	65224
2014	54276	15296	89525	70988
2015	56376	15330	89926	76880
2016	60242	15721	94066	82602
2017	66037	16305	101458	90741
2018	71411	17650	106135	97757

图 1 - 14 显示了 2000～2018 年河南省三次产业全员劳动生产率变化趋势。由图 1 - 14 可以看出，第一产业的全员劳动生产率较为稳定，而第二产业、第三产业的全员劳动生产率则呈现明显的逐年上升趋势，且第三产业有赶超第二产业的趋势。

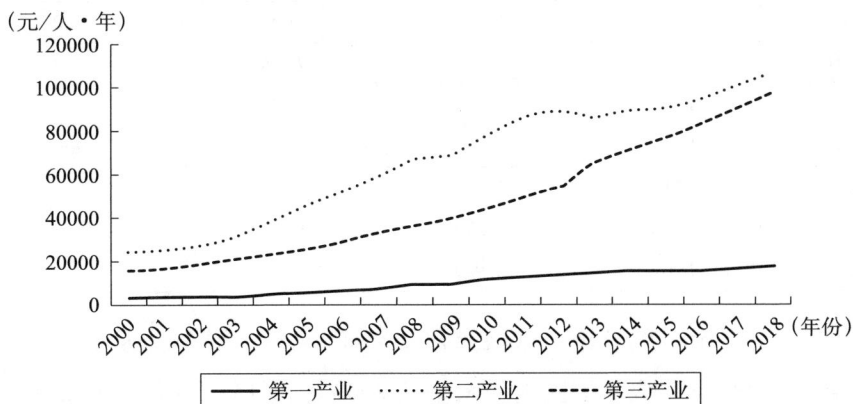

图 1 - 14　2000～2018 年河南省三次产业全员劳动生产率变化趋势

六、居民消费水平

消费是拉动经济增长的"三驾马车"之一，消费需求作为构建内循环的重要抓手，其持续增长和结构不断优化是推动经济平稳、较快增长的坚实基础。在长期二元经济结构特征的大背景下，我国城乡居民消费水平及消费结构的差异相对明显，且差距逐渐扩大。表1－20反映了2000～2018年河南省居民消费水平。

表1－20　　　　　2000～2018年河南省居民消费水平

年份	居民消费水平（元）			城乡居民消费水平对比（农村＝1）
	全体居民	城镇	农村	
2000	2215	5090	1551	3.3
2001	2381	5562	1647	3.4
2002	2553	5986	1734	3.5
2003	3083	6585	1819	3.6
2004	3625	7394	2156	3.4
2005	4092	8145	2372	3.4
2006	4530	8810	2556	3.4
2007	5141	9743	2833	3.4
2008	5877	10797	3208	3.4
2009	6607	11884	3528	3.4
2010	7837	13958	4061	3.4
2011	9171	15616	4929	3.2
2012	10380	17104	5608	3.0
2013	11820	18921	6438	2.9
2014	13078	20111	7439	2.7
2015	14507	21821	8271	2.6
2016	16043	23454	9291	2.5
2017	17842	25593	10294	2.5
2018	15169	20989	10392	2.0

从表1－20中可以看出，城镇居民消费水平从2000年的5090元增长到2018年的20989元，农村居民消费水平从2000年的1551元增长到2018年的10392元。尽管农村居民消费水平在不断增长，但与城镇居民消费水平的差距

依然在加大。2017 年，河南省城镇居民消费支出约为农村居民消费支出的 2.5 倍，消费差距从 2000 年的 3539 元增加到 2017 年的 15299 元。但比较明显的是，2018 年城镇居民可支配收入水平大幅下降，具体原因还有待进一步深入分析。

图 1 - 15 反映了 2000 ~ 2018 年河南省居民消费水平。河南省农村居民消费支出水平逐步增长，但无论是总量上还是速度上的增长水平都远低于城镇居民的增长水平。因此，为保持经济增长活力，需要在扩大内需的环境下，大幅度提高农村居民的消费水平。

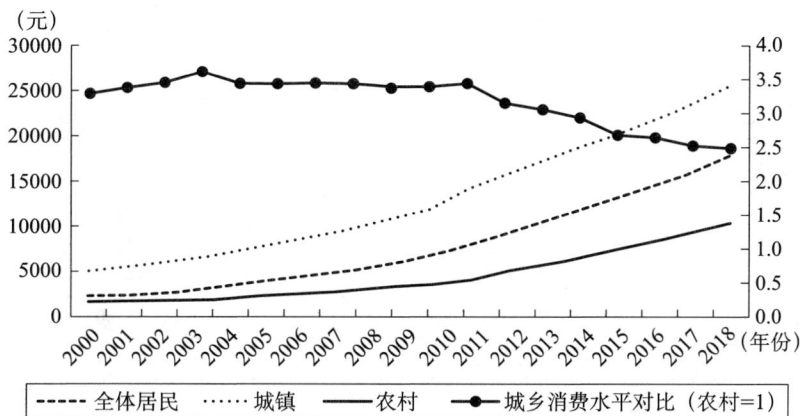

图 1 - 15　2000 ~ 2018 年河南省居民消费水平

七、一般公共预算收支

一般公共预算是对以税收为主体的财政收入，安排用于保障和改善民生、推动经济社会发展、维持国家机构正常运转等方面的收支预算。表 1 - 21 反映了 2000 ~ 2018 年河南省一般公共预算收支情况。从表 1 - 21 中可以看出，河南省一般公共预算收入由 2000 年的 246.47 亿元增长至 2018 年的 3766.02 亿元。增长 14.27 倍，一般公共预算收入年均增长 13.4%，表明河南省综合财力越来越强，有力地保障了经济社会发展。河南省一般公共预算支出由 2000 年的 445.53 亿元增长至 2018 年的 9217.73 亿元，增长 19.68 倍，一般公共预算支出突破 9000 亿元大关，连续三年每年迈上 1 个千亿元台阶。河南省全省一般公共预算支出主要包括教育、科学技术、社保就业等方面。支出总额前四名的项目分别为教育、社会保障和就业、农林水、医疗卫生。教育、社会保障和就业一直都是河南省一般公共预算支出的重点。

表1-21　　　　　2000~2018年河南省一般公共预算收支　　　　单位：亿元

年份	一般公共预算收入	一般公共预算支出
2000	246.47	445.53
2001	267.75	508.58
2002	296.72	629.18
2003	338.05	716.60
2004	428.78	879.96
2005	537.65	1116.04
2006	679.17	1440.09
2007	862.08	1870.61
2008	1008.90	2281.61
2009	1126.06	2905.76
2010	1381.32	3416.14
2011	1721.76	4248.82
2012	2040.33	5006.40
2013	2415.45	5582.31
2014	2739.26	6028.69
2015	3016.05	6799.35
2016	3153.48	7453.74
2017	3407.22	8215.52
2018	3766.02	9217.73

第四节　人民生活情况

一、城乡居民家庭人均收支

从表1-22可以看出，2000~2018年河南省城乡居民家庭人均收支情况。在收入方面，城镇居民家庭人均可支配收入水平一直高于农村居民家庭人均可支配收入水平，且两者之间差距逐年增大；在支出方面，城镇居民家庭人均生活消费支出水平一直高于农村居民家庭人均生活消费支出水平，且两者之间的差距呈逐年递增的趋势，其中，城镇居民支出和农村居民支出的差距略小于城镇居民收入与农村居民收入的差距。

表 1 - 22　　　　　　2000～2018 年河南省城乡居民家庭人均收支　　　　单位：元

年份	城镇居民家庭人均收支		农村居民家庭人均收支	
	可支配收入	生活消费支出	可支配收入	生活消费支出
2000	4766.26	3830.71	1985.82	1315.83
2001	5267.42	4110.17	2097.86	1375.60
2002	6245.40	4504.68	2215.74	1451.51
2003	6926.12	4941.60	2235.68	1508.67
2004	7704.90	5294.19	2553.15	1664.09
2005	8667.97	6038.02	2870.58	1891.57
2006	9810.26	6685.18	3261.03	2229.28
2007	11477.05	7826.72	3851.60	2676.41
2008	13231.11	8837.46	4454.24	3044.21
2009	14371.56	9566.99	4806.95	3388.47
2010	15930.26	10838.49	5523.73	3682.21
2011	18194.80	12336.47	6604.03	4319.95
2012	20442.62	13732.96	7524.94	5032.14
2013	22398.03	14821.98	8475.34	5627.73
2014	24391.45	15726.12	9416.10	6438.12
2014 新口径	23672.00	16184.00	9966.07	7277.21
2015	25575.61	17154.30	10852.86	7887.45
2016	27232.92	18087.79	11696.74	8586.59
2017	29557.86	19422.27	12719.18	9211.52
2018	31874.19	20989.15	13830.74	10392.01

注：①指数以上年为 100，按可比价格计算。②2014 年以后，为实施城乡一体化调查的数据（新口径），2013 年以前，农村居民人均可支配收入为纯收入口径（以下河南省的相关表格与此相同）。

从图 1 - 16 可以看出，2000～2018 年河南省城乡居民家庭人均可支配收入指数的波动情况。在时间轴上，城镇居民家庭人均可支配收入指数一直高于 105 的水平线，且由波动剧烈转向平缓，但 2008 年前，该指数波动较大。农村居民家庭人均可支配收入指数在 2008 年前后超过城镇居民家庭人均可支配收入指数水平，且一直处于较大幅度波动的状态。

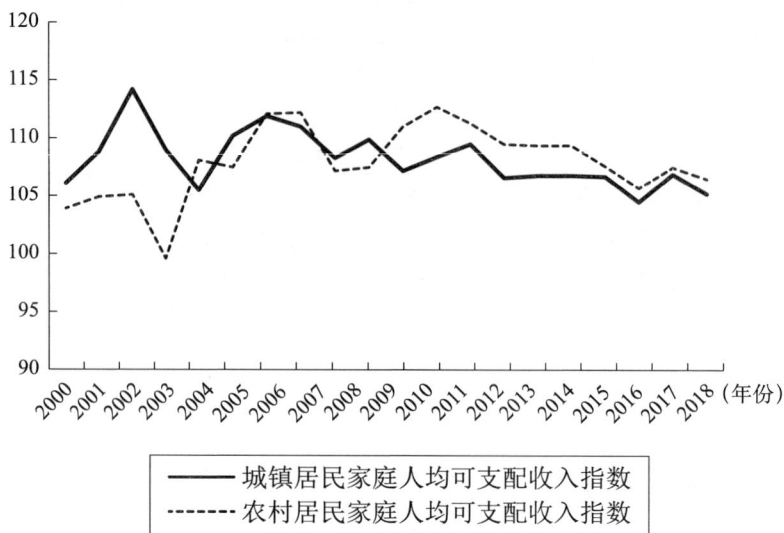

图 1-16　2000~2018 年河南省城乡居民家庭人均可支配收入指数

2018 年，全国居民人均可支配收入为 28228 元。按常住地分，城镇居民人均可支配收入为 39251 元，农村居民人均可支配收入为 14617 元。这说明，在可支配收入方面，河南省无论是城镇居民还是农村居民，都与国家平均水平存在较大差距（2018 年国民经济和社会发展统计公报）。

近年来，河南省城、乡居民消费支出也出现持续增长，2018 年，分别达到 20989.19 元和 10392.01 元。同时期，全国居民人均消费支出为 19853 元。按常住地分，城镇居民人均消费支出为 26112 元，农村居民人均消费支出为 12124 元。河南省城乡居民消费支出水平与全国平均水平存在较大差距。从总体上来看，河南省在增加城乡居民收入方面，今后可能还需要继续采取更积极的措施。

二、家庭人均收入、支出及结构

图 1-17 反映了 2018 年河南省家庭人均收入结构分布的情况。在 2018 年河南省家庭人均收入结构中，工资性收入占比最大，比值为 50.4%；之后是经营净收入和转移净收入占比几乎无差别；占比最小的是财产净收入，比值为 7.0%。从全国居民来看，居民工资性收入占收入比为 56.1%；而经营净收

入、转移净收入和财产净收入分别占比 17.2%、18.3% 和 8.4%。

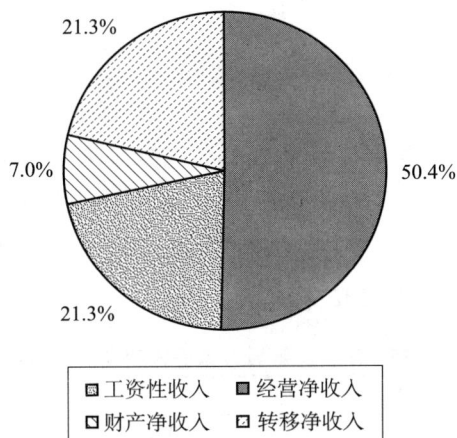

图 1 - 17 2018 年河南省家庭人均收入结构分布

表 1 - 23 显示了 2018 年河南省家庭人均消费支出结构分布情况。其中，占比最多的是食品烟酒支出，占比为 26.1%，居住支出占比为 23.2%，交通通信支出占比为 12.1%，教育文化娱乐支出占比为 11.7%，医疗保健支出占比为 10.2%，衣着支出占比、生活用品及服务支出占比分别为 7.7% 和 6.9%，其他用品和服务支出占比为 2.1%。

表 1 - 23   2018 年河南省家庭人均消费支出结构分布情况   单位：%

指标	国家层面	河南省
食品烟酒	28.4	26.1
居住	23.4	23.2
交通通信	15.5	12.1
教育文化娱乐	11.2	11.7
医疗保健	8.5	10.2
衣着	6.5	7.7
生活用品及服务	6.2	6.9
其他用品和服务	0.3	2.1

从国家层面看，2018 年居民人均食品烟酒消费支出的比重为 28.4%；人均居住消费支出的比重为 23.4%；人均交通通信消费支出的比重为 15.5%；人均教育文化娱乐消费支出的比重为 11.2%；人均医疗保健消费支出的比重

为 8.5%；人均衣着消费支出的比重为 6.5% 及服务消费支出人均生活用品的比重为 6.2%。

三、城镇居民家庭人口及居住情况

表 1–24 反映了 2018 年河南省城镇居民家庭人口及居住情况。在人口及就业情况方面，期内住户常住人口为 3.2 人，户均就业人数为 1.748001339 人。在住房情况方面，人均现住房总建筑面积为 40.8878464 平方米，人均期末拥有房屋面积为 44.13001292 平方米。

表 1–24　　　　2018 年河南省城镇居民家庭人口及居住情况

指　　标	指标水平
人口及就业情况	
期内住户常住人口数（人）	3.2
户均就业人数（人）	1.748001339
住房情况	
现有住房总建筑面积（平方米/人）	40.8878464
期末拥有房屋面积（平方米/人）	44.13001292

表 1–25 反映了 2018 年河南省城镇居民家庭现有住房房屋来源结构情况。其中，购买商品房占比最大，高达 44.00%；自建住房占比较大，达到 32.70%；拆迁安置房、购买保障性住房租赁私房等占比较小。

表 1–25　　　　2018 年河南省城镇居民家庭现有住房房屋来源结构

现有住房房屋来源结构	占比（%）
自建住房	32.70
购买商品房	44.00
购买房改住房	11.00
拆迁安置房	3.30
购买保障性住房	4.00
租赁私房	2.50
其他	2.50

四、城镇居民家庭人均收支及结构

从总量上来看，高收入户在工资性收入、经营净收入、财产净收入和转移净收入上都处于最高水平。不同层次的收入户在工资性收入、经营净收入、财产净收入和转移净收入上存在明显差异。在工资性收入上相差 3 倍多，虽然高低收入户之间的差距达到 26121.80 元；但在经营净收入与财产净收入上差距最小。其中，在所有收入家庭中收入占比最大的是工资性收入，平均值为 56.60%，占比最小的是财产净收入，平均值为 9.90%。但是，低收入户工资性收入占比、中低收入户工资性收入占比分别为 68.50% 和 63.90%，高于中高收入户的 55.9%、高收入户的 49.5%；低收入户和中低收入户财产净收入占比分别是 8.3% 和 9.1%，也明显低于中高收入户的 10.5%、高收入户的 10.2%。在所有收入家庭中，支出占比最大的是消费支出，平均值为 76.6%，占比最小的是财产性支出，平均值为 0.4%。但各个收入阶层的家庭支出占比情况区别不大。

五、居民消费价格指数

2018 年，河南省居民消费价格指数城乡情况。在河南省层面，医疗保健价格指数最高（106.1），之后是教育与文化娱乐指数（103），其他各类指数差别较小。在城市层面，医疗保健价格指数依然居于高位，且指数水平为 108.1，高于河南省层面。在农村层面，教育文化和娱乐的价格指数达到 104.1，医疗保健价格指数达到 103.2。

第二章　河南省人力资源工作基本状况

人力资源工作是指，宏观层面上与人力资源开发相关的政府工作，主要包括教育事业、科技发展、卫生和社会服务机构、文化与体育事业、社会保障事业五个方面的工作。本章的资料来源是《河南统计年鉴2019》《中国统计年鉴2019》以及2000~2018年的中华人民共和国国民经济和社会发展统计公报、2000~2018年河南省国民经济和社会发展统计公报。

第一节　教育发展情况

教育发展水平在一定程度上决定了一个国家或地区人力资源的知识存量和人口的整体素质，是一个国家或地区兴旺发达的基石，是经济增长的重要影响因素。纵观世界发达国家或地区，其教育必定发达。教育是人力资本积累的关键要素，是推动科技创新和经济持续健康发展的重要因素。河南省要想实现经济的高质量发展，教育是基础，科技和人才是关键。本章通过分析河南省教育发展现状，寻求促进教育发展的方式路径，为河南省经济高质量发展提供智力支持。

一、各级各类学校数量和专任教师数量

河南省小学学校数从2000年的41269所下降到2018年的18622所（见表2-1），共减少了22647所，下降了54.9%。与之不同的是，小学教师数由45.93万人上升到50.02万人，共上升了4.09万人。河南省普通中学学校数从2000年的6217所下降到2018年的5371所，共减少了846所。与之不同的是，普通中学教师数由30.86万人上升到49.24万人，共上升了18.38万人。职业

中学学校数从 2000 年的 609 所下降到 2018 年的 289 所，共减少了 320 所，下降了 2.11%。同期，职业中学教师数由 2.49 万人下降到 2.43 万人，共下降了 1.02%。普通高等学校从 2000 年的 52 所上升到 2018 年的 140 所，共增加了 88 所，上升 169.2%。与之不同的是，普通高等学校教师数由 2.02 万人上升到 11.54 万人，共上升了 9.52 万人，上升了 471.3%。

表 2 - 1 　　　　2000～2018 年河南省级各级各类学校数和专任教师数　　单位：万人

年份	小学		普通中学		职业中学		普通高等学校	
	学校数	教师数	学校数	教师数	学校数	教师数	学校数	教师数
2000	41269	45.93	6217	30.86	609	2.49	52	2.02
2001	39825	47.56	6384	32.90	520	2.35	64	2.46
2002	37729	49.62	6399	35.06	484	2.39	66	2.85
2003	36379	48.85	6363	35.88	462	2.21	71	3.33
2004	34164	47.85	6229	36.55	442	2.23	82	4.18
2005	33026	47.55	6207	37.30	455	2.29	83	4.63
2006	31410	47.82	6045	37.64	515	2.68	84	5.29
2007	30677	48.30	5864	37.88	552	2.76	82	5.88
2008	30214	48.53	5718	37.89	584	2.91	84	6.49
2009	29420	48.91	5571	38.30	589	3.16	89	7.15
2010	28603	49.04	5441	38.10	563	3.25	107	7.75
2011	27793	49.58	5388	38.65	452	3.20	117	8.20
2012	27452	49.69	5336	38.97	409	3.08	120	8.60
2013	26086	49.45	5326	38.80	381	2.76	127	9.09
2014	25578	46.99	5340	41.83	367	2.66	129	9.51
2015	24673	47.21	5335	42.87	356	2.66	129	9.80
2016	22822	47.42	5349	43.63	324	2.58	129	10.27
2017	20372	48.86	5328	46.21	314	2.50	134	10.84
2018	18622	50.02	5371	49.24	289	2.43	140	11.54

中小学学校大规模下降的原因主要有两点：一是适龄儿童减少。由于严格执行了计划生育，河南省人口出生率维持在较低水平，导致入学儿童大幅减少；二是"撤点并校"，导致农村办学点大规模减少。从 2001 年开始在全国实施大规模的"撤点并校"，导致很多村镇的中小学撤销合并，中小学教学点呈现向镇、区、市合并集中的趋势。1997～2010 年，全国减少小学 371470 所，

其中，农村小学减少302099所，占全国小学总减少量的81.3%。

尽管通过科学合理地调整中小学布局的方式实行集中教学，有利于教育资源的整合和提高农村教学质量。但不可否认的是，也带来了一系列社会问题。例如，家长陪读成本高，增加了家庭经济负担；寄宿制会加大学生安全隐患，加剧农村学生的成长道德风险；更为重要的是，大批家长向城镇转移，加剧了乡村的衰落。

在职业教育方面，河南省政府及企业都做出了相应地努力。一方面，国务院在《关于加快发展现代职业教育的意见》中指出，到2020年，中等职业学校和高等职业院校（以下统称职业院校）调整到500所左右，重点建设10所示范性应用技术类型本科院校、100所品牌示范职业院校和200所特色职业院校，重点建设30个左右省级品牌示范专业（群）和50个左右省级特色专业（群）；另一方面，自2003年以来，河南省先后组建了农业、建筑、旅游等14个省级行业性职教集团，以及信阳市、南阳市、开封市、襄城县4个区域性职教集团。这些对河南职业教育的发展起到了明显的推动作用。

从现实来看，河南省职业教育一直处于全国发展前列。河南省的专项报告显示，截至2019年6月，河南省共有职业院校519所、在校生247.07万人，职业教育总体规模和校均规模均居全国第一。河南省采取四项举措促进职业教育发展：一是加大对职业教育院校的经费投入。例如，河南省财政在2017~2019年筹措经费10.1亿元，支持111所中职学校全面提升信息化水平和加强实训基地建设；每年投入1.5亿元，支持"双师型"教师培训工作。二是完善职业教育体系，优化职业教育布局。从2016年开始，通过撤销、合并、划转、共建等形式，将职业中学由875所整合至414所，校均规模由1502人提高至3172人，居全国首位，是全国校均规模的两倍。三是适度扩大高职教育办学规模。2017~2019年，河南省新增高职院校10所，2018年，高等职业学校在校生达到100万人，占河南省高等学校在校生的46.7%。四是创新招录方式，扩大招生生源。积极组织应届、往届高中毕业生和中职学校毕业生、退役军人、新型职业农民等群体报考高职院校。

二、各年级学历教育学生情况

表2-2是2000~2018年河南省各级学历教育学生情况。小学在校生人数

保持在 1000 万人左右，大约占 60%；河南省普通中学在校生约为 600 万人，约占 30%。自 2008 年以来，河南省普通高等学校在校生人数逐年增加，2018 年普通高等学校在校生人数更是达到 214.08 万人，比 2000 年增加了 7.16 倍。然而，其比重不大，小于 10%。

表 2－2　　　　　　　2000～2018 年河南省各级学历教育学生情况　　　　单位：万人

年份	小学			普通中学			普通高等学校		
	学校招生数	在校学生数	学校毕业生数	学校招生数	在校学生数	学校毕业生数	学校招生数	在校学生数	学校毕业生数
2000	171.11	1130.63	225.57	246.46	638.14	162.16	11.69	26.24	4.17
2001	163.32	1070.73	220.41	246.96	683.38	176.44	14.01	36.91	4.61
2002	185.77	1104.59	202.55	253.93	733.35	203.04	16.61	46.80	7.12
2003	164.35	1058.61	204.18	253.19	750.51	225.16	19.02	55.72	10.90
2004	162.49	1014.06	203.54	257.45	759.42	240.69	25.74	70.28	13.43
2005	169.44	986.84	191.90	259.58	758.35	252.02	27.76	85.19	16.52
2006	176.86	997.09	166.71	233.85	742.26	245.24	33.77	97.41	20.21
2007	183.22	1018.71	160.19	231.49	719.83	254.20	35.52	109.52	26.72
2008	186.92	1036.60	168.90	233.55	691.46	258.05	44.51	125.02	30.25
2009	184.51	1052.03	165.75	225.18	675.45	233.36	45.74	136.88	33.1
2010	187.76	1070.53	165.35	221.66	661.66	225.35	47.83	145.67	38.25
2011	193.44	1092.90	167.61	226.25	657.48	222.00	47.14	150.01	43.30
2012	190.97	1079.20	170.44	224.73	646.42	213.82	49.82	155.90	43.53
2013	181.06	939.98	164.48	203.82	574.28	203.46	50.84	161.83	45.02
2014	159.44	928.60	140.81	202.99	588.91	174.94	51.43	167.97	44.53
2015	169.30	937.05	140.55	206.21	599.12	184.67	55.92	176.69	46.58
2016	173.16	965.59	144.16	213.66	615.43	192.81	60.60	187.48	48.69
2017	172.38	982.06	150.31	220.42	634.65	195.43	63.57	200.47	50.41
2018	173.56	994.60	160.70	232.52	661.94	199.71	70.87	214.08	55.99

三、各级各类学校、教职工和专任教师情况

表 2－3 显示了 2018 年河南省各级各类学校、教职工和专任教师情况。高等教育每所学校平均教职工数为 749 人；中等教育平均教职工数为 101 人；特殊教育平均教职工数超过初等教育人数，校均为 29 人，排名第三；学前教育

每所学校的平均教职工人数为 17 人。

表 2 - 3　　　**2018 年河南省各级各类学校、教职工和专任教师情况**

项目	学校数 （所）	教职工人数 （人）	女性 （人）	专任教师 （人）	女性 （人）	每所学校平均 教职工数（人）
高等教育	208	155912	76973	116777	59515	749
中等教育	6132	618591	371158	540885	335919	101
初等教育	19665	531539	374463	501788	359475	27
工读学校	3	63	27	55	25	21
特殊教育	149	4383	3132	3997	2966	29
学前教育	22128	367742	338527	214494	212204	17

四、各类学校专任教师分学历的人数与构成

表 2 - 4 显示了 2018 年河南省各级各类学校专任教师分学历的人数与构成。高学历水平的学校，专任教师学历水平高。在河南省的高等学校教师中，主要是由硕士毕业生和本科毕业生组成，其中，40.1% 由硕士毕业生组成，42.9% 由本科毕业生组成。在高中教师中，大学本科及以上占 98.2%；普通中等专业学校教师主要由本科毕业生组成，占 81.1%；在初中教师中，主要由大学本科毕业生组成；幼儿园教师则主要由专科生组成。此外，高中教师学历水平高于普通中等专业学校教师，大学本科及以上占比为 98.2%，这个比例略低于普通高等学校教师的 98.7%，高于普通中等专业学校的 94.2%，即高中教师学历水平高于普通中等专业学校。

表 2 - 4　　　**2018 年河南省各级各类学校专任教师分学历的人数与构成**

学历	专任教师 （人）	构成 （%）	学历	专任教师 （人）	构成 （%）
普通高等学校教师	115353	100.0	大学本科毕业及以上	128790	98.2
博士	18069	15.7	大学专科毕业	2253	1.7
硕士	46251	40.1	高中阶段毕业及以下	59	0.1
本科毕业	49496	42.9	小学教师	547153	100.0
专科及以下	1537	1.3	大学专科毕业及以上	524807	95.9
高中教师	131102	100.0	高中阶段毕业	22345	4.1

续表

学历	专任教师（人）	构成（%）	学历	专任教师（人）	构成（%）
普通中等专业学校教师	14803	100.0	大学专科毕业	62866	20.0
博士	38	0.2	高中阶段毕业	988	0.3
硕士	1904	12.9	幼儿园教师	214494	100.0
本科毕业	12007	81.1	大学专科毕业及以上	156997	73.2
专科及以下	854	5.8	高中阶段毕业	51361	23.9
初中教师	314329	100.0	高中阶段毕业以下	6136	2.9
大学本科毕业及以上	250475	79.7			

五、高等教育阶段学生情况

表 2-5 反映了 2018 年河南省高等教育阶段学生情况。由表 2-5 可以看出，在校本科生较多，但研究生总人数较少，尤其是博士研究生招生人数仅为796 人，毕业人数仅为 388 人，这与全国情况相比，差距比较大。

表 2-5　　　　　　　**2018 年河南省高等教育阶段学生情况**　　　　　　单位：人

项目	招生数	在校生数	毕业生数
高等教育	969702	2675838	738953
研究生	20043	50999	13556
博士	796	2749	388
硕士	19247	48250	13168
普通本专科	708677	2140780	559882
本科	329729	1140778	262013
专科	378948	1000002	297869
成人本专科	181660	338626	122966
本科	93926	184605	60910
专科	87734	154021	62056
其他高等学历教育	59322	145433	42549
在职人员攻读硕士学位	—	5811	—
网络本专科生	59322	139622	42549
本科	20606	53393	16859
专科	38716	86229	25690

注："—"表示数据缺失。

2018 年，全国研究生招生 85.80 万人，其中，全日制招生 73.93 万人。招收博士生 9.55 万人，招收硕士生 76.25 万人。在学研究生 273.13 万人，其中，在学博士生 38.95 万人，在学硕士生 234.17 万人。毕业研究生 60.44 万人，其中，毕业博士生 6.07 万人，毕业硕士生 54.36 万人。普通本专科招生 790.99 万人；在校生 2831.03 万人，毕业生 753.31 万人。成人本专科招生 273.31 万人，在校生 590.99 万人，毕业生 217.74 万人。全国高等教育自学考试学历教育报考 544.69 万人次，取得毕业证书 48.72 万人。

六、教育投入水平

教育投入水平反映了一个地区对教育的重视程度，是反映某一国家或地区某一时间段人力资本存量以及人力资本水平的最重要指标。政府对公共教育的投资有着重要影响，能对教育市场失灵的现象加以矫正，对教育投资方向进行指导，鼓励社会上的其他组织积极参与教育活动，从而实现社会教育资源的优化配置。一般来说，教育投入水平反映了政府在一定时期内的公共教育经费投入。教育投入水平越高的地区，总体发展能力和发展潜力越大，其主要衡量的指标是教育经费占地区生产总值的百分比、教育经费占全国教育经费的比例、人均教科文卫支出。

表 2-6 呈现了 2007~2018 年河南省财政教育支出状况。从表 2-6 中可以看出，这些年来，河南省的财政教育支出逐年增加。虽然地方财政支出绝对额在增加，但增速小于财政总支出增速。

表 2-6　　　　　　　　2007~2018 年河南省财政教育支出状况

年份	地方财政教育支出（亿元）	占地方财政一般公共预算支出的比重（%）
2007	366.12	19.57
2008	444.03	19.46
2009	526.14	18.11
2010	609.37	17.84
2011	857.14	20.17
2012	1106.51	22.10
2013	1171.52	21.19
2014	1201.38	21.52

续表

年份	地方财政教育支出（亿元）	占地方财政一般公共预算支出的比重（%）
2015	1271.00	18.69
2016	1343.76	18.03
2017	1493.11	18.17
2018	1664.67	18.06

2018 年，全国教育经费总投入为 46135 亿元，比 2017 年增长 8.39%。其中，国家财政性教育经费为 36990 亿元（主要包括一般公共预算安排的教育经费，政府性基金预算安排的教育经费，企业办学中的企业拨款，校办产业和社会服务收入用于教育的经费等），占国内生产总值的比重为 4.11%。

七、分学科教育情况

（一）分学科研究生数

硕士专业学位研究生招生规模持续扩大，专业学位一般指有专门职业要求的研究生教育学位，区别于侧重理论和研究的学术型学位，主要培养有特定职业背景的高级专门人才。目前，中国主要在硕士层次设置专业学位，从 2009 年个别专业招收硕士专业学位开始，经批准已经在工商管理、公共管理、教育、法律等十多个学科，举办专业硕士学位教育。从 2018 年的数据来看，专业型学位与学术型学位的在校生数和毕业生数大致相同，但专业学位的招生总数已经远超学术型学位，是学术型学位的 1.34 倍。国务院学位委员会、教育部印发的《专业学位研究生教育发展方案（2020~2025）》指出，到 2025 年，以国家重大战略、关键领域和社会重大需求为重点，增设一批硕士、博士专业学位类别，将硕士专业学位研究生招生规模扩大到硕士研究生招生总规模的 2/3 左右，大幅增加博士专业学位研究生招生数量，进一步创新专业学位研究生培养模式。这意味着，专业硕士学位研究生招生规模将会持续扩大。

2018 年，在河南省，工学、医学和管理学类研究生占比最大（见表 2-7）。从 2018 年的在校生数和毕业生数来看，工学、医学和管理学排名前三，中国是制造业大国，拥有 39 个工业大类，191 个工业中类，525 个工业小类，成为全世界唯一拥有联合国产业分类中全部工业门类的国家，河南省在中国工业十大强省中排名第六。

表2-7 2018年河南省分学科研究生数 单位：人

项目	招生数			在校生数			毕业生数		
	总数	硕士	博士	总数	硕士	博士	总数	硕士	博士
分学科研究生数（总计）	20043	19247	796	50999	48250	2749	13556	13168	388
学术型学位	8567	7818	749	24439	21737	2702	6914	6526	388
专业学位	11476	11429	47	26560	26513	47	6642	6642	—
哲学	84	84	—	268	268	—	94	94	—
经济学	408	397	11	1027	993	34	349	337	12
法学	944	914	30	2608	2501	107	756	742	14
教育学	2196	2177	19	5058	5017	41	1436	1427	9
文学	809	780	29	1995	1904	91	617	596	21
历史学	289	263	26	796	689	107	201	175	26
理学	1645	1468	177	4639	4078	561	1420	1326	94
工学	4998	4756	242	13060	12164	896	3546	3449	97
农学	1316	1258	58	3032	2777	255	815	791	24
医学	4018	3854	164	10030	9519	511	2324	2241	83
军事学	—	—	—	—	—	—	—	—	—
管理学	2784	2744	40	7015	6869	146	1573	1565	8
艺术学	552	552	—	1471	1471	—	425	425	—

注："—"表示数据缺失。

（二）分学科本科生数

本科生教育分为普通本科、成人本科以及网络本科三类（见表2-8）。

表2-8 2018年河南省分学科本科生数 单位：人

项目	普通本科			成人本科			网络本科		
	招生数	在校学生数	毕业生数	招生数	在校学生数	毕业生数	招生数	在校学生数	毕业生数
总计	329729	1140778	262013	93926	184605	60910	20606	53393	16859
#师范	35247	125900	32141	17289	28224	9351	—	—	—
哲学	141	441	96	—	—	—	—	—	—
经济学	17404	60111	13210	1390	2373	979	826	2461	806
法学	11285	38246	9520	3472	6070	2035	1045	2756	952

续表

项目	普通本科			成人本科			网络本科		
	招生数	在校学生数	毕业生数	招生数	在校学生数	毕业生数	招生数	在校学生数	毕业生数
教育学	16747	52346	12306	9759	15448	4511	858	2077	544
文学	27233	95052	22433	7328	13081	4945	875	2428	775
#外语	14731	49660	10750	1728	3036	1108	206	585	172
历史学	1564	5656	1316	73	137	2	—	—	—
理学	18534	70200	16349	3173	5410	1850	66	390	219
工学	110750	375980	78912	19400	34122	12843	5550	13902	4180
农学	7126	25453	5301	976	2070	1003	—	—	—
医学	22929	85798	19695	29025	72556	22452	6420	16549	5520
管理学	63365	213979	53010	18826	32400	9798	4966	12830	3863
艺术学	32651	117516	29865	504	938	492	—	—	—

注："—"表示数据缺失。

普通本科学科进入普及化阶段，学科类别多样化。根据通常标准，在高等教育的规模扩大到15%时，高等教育的精英教育性质基本上不会改变。当超过15%时，高等教育系统的性质开始转向大众化，大众化的规模可以达到适龄人口的50%。当超过50%时，高等教育开始快速迈向普及化阶段。2019年，中国高等教育毛入学率为51.6%，高等教育正式从大众化阶段进入普及化阶段。2018年，普通本科招生近33万人，其中，工学招生数目最多，占比为33.6%；第二类招生数目最多的为管理学，占比为19.2%；第三类招生数目最多的为医学、文学、师范及艺术等科目，占比大致相同。与研究生相比，普通本科的学科类别更加多元化。

成人本科与网络本科学科类别更接近实践。在成人本科中，哲学学科不招收学生，历史、经济学科的学生比例也大幅下降。更加实用的医学、管理学、师范类比重有所上升。在网络本科中，哲学、历史、农学、艺术及师范类也不招生。医学和管理学的学生比例上升。

（三）分学科专科生数和分学科中等职业学生数

目前，河南省专科教育以及中等职业教育学科分类主要集中在热门行业。

由表 2-9 可以看出，2018 年河南省专科教育主要集中在财经商贸大类、医药卫生大类、电子信息大类以及教育与体育大类。

表 2-9 　　　　　　　　　　2018 年河南省分学科专科生数 　　　　　　　单位：人

项目	普通专科			成人专科			网络专科		
	招生数	在校学生数	毕业生数	招生数	在校学生数	毕业生数	招生数	在校学生数	毕业生数
总计	378948	1000002	297869	87734	154021	62056	38716	86229	25690
#师范	32334	91608	26463	22561	35429	12066	—	—	—
农林牧渔大类	4338	11426	3481	838	1453	927			
资源环境与安全大类	4263	9109	2698	496	1000	920			
能源动力与材料大类	2964	8160	2938	492	1439	584	453	1728	762
土木建筑大类	25656	68679	25457	6571	11109	5945	4860	11074	4418
水利大类	1010	3008	1107	122	486	253	—	—	—
装备制造大类	41711	109769	34969	5997	10132	4085	3209	6860	2056
生物与化工大类	1556	4181	2036	229	291	145	—	—	—
轻工纺织大类	1057	2585	1209	—	—	62	—	—	—
食品药品与粮食大类	5201	12803	4262	179	276	131			
交通运输大类	17001	46940	11781	1210	3923	2418			
电子信息大类	57953	138126	31584	5578	8637	2667	3906	7676	1422
医药卫生大类	59586	166068	47287	8576	20645	9625	4098	10277	3955
财经商贸大类	66756	184700	61850	25118	41938	16248	15906	32423	9008
旅游大类	12566	32693	9706	456	768	206	545	1163	281
文化艺术大类	23067	54892	14472	111	307	417	72	169	96
新闻传播大类	3128	8278	2115	21	27	—	—	—	—
教育与体育大类	43024	117495	33957	26214	42463	14305	1198	4577	890
公安与司法大类	5285	14385	5089	858	1640	795	729	3142	1170
公共管理与服务大类	2826	6705	1871	4668	7487	2323	3740	7140	1632

注："—"表示数据缺失。

由表 2-10 可以看出，河南省的中等职业教育主要集中在信息技术类、农林牧渔类、加工制造类、医药卫生类及财经商贸类。

表 2 - 10　　　　　　**2018 年河南省分学科中等职业学生数**　　　　　　单位：人

项目	招生数	在校生数	毕业生人数	
			毕业生数	获得职业资格证书人数
总计	625601	1636004	526333	296116
农林牧渔类	120727	205777	36982	23043
资源环境类	2073	9845	10007	6741
能源与新能源类	2336	10165	5045	185
土木水利类	17219	46298	14633	8283
加工制造类	85470	250349	97530	59153
石油化工类	2844	8436	2948	1375
轻纺食品类	11438	27917	10032	6862
交通运输类	22177	51053	14146	7865
信息技术类	142000	416841	142439	86113
医药卫生类	52648	152311	47632	11846
休闲保健类	2690	5112	340	226
财经商贸类	43607	122302	44509	26825
旅游服务类	24046	63182	16639	10001
文化艺术类	35193	103535	31463	17420
体育与健身	8534	21952	5566	4667
教育类	38524	97800	29905	18678
司法服务类	3087	12906	6296	1804
公共管理与服务类	5884	18765	6686	3269
其他	5104	11458	3535	1760

第二节　科技发展情况

创新是引领发展的第一动力，是建设现代化经济体系的战略支撑。在现代经济发展过程中，科技始终扮演着极其重要的角色，对经济增长具有明显的正相关关系（徐飞、梁帅、王剑锋，2014）。据统计，在西方发达国家，科技对经济增长的贡献率已由 20 世纪初的 5% ～ 20% 上升到 21 世纪初的 60% ～ 80%，而中国科技创新贡献率为 40% 左右。人才是科技创新的关键，是国家或地区赢得竞争优势的核心因素。为此，不同国家或地区都在大力培育和吸引科技人才。对河南省而言，加强科技人才队伍建设，加快培养和引进科技人才，特别是大师级、科技创新领军人才，能加快科技创新步伐，进一步推动河南省在中部的快速崛起和黄河流域高质量发展。

一、研究生情况

河南省研究生人数情况，如图 2-1 所示。近年来，硕士研究生的数量不断增长，经计算，2010~2011 年的增幅为 6%，2010~2018 年增长了近 66%；博士生 2016~2018 年增幅约为 17%。从总体上来讲，河南省研究生教育与高等教育大省相比差距巨大，尤其是博士生教育，与经济大省地位极不匹配。当前，河南省科技人才队伍，在数量和质量上都不能很好地满足经济社会发展需求，特别是大师级、领军型、国际化的高端科技人才严重不足，已成为制约河南省经济和社会发展的短板。河南省院士总量较少，截至 2020 年 5 月，在郑州市的院士 17 名，不足西安市的 1/3、成都市的 1/2。

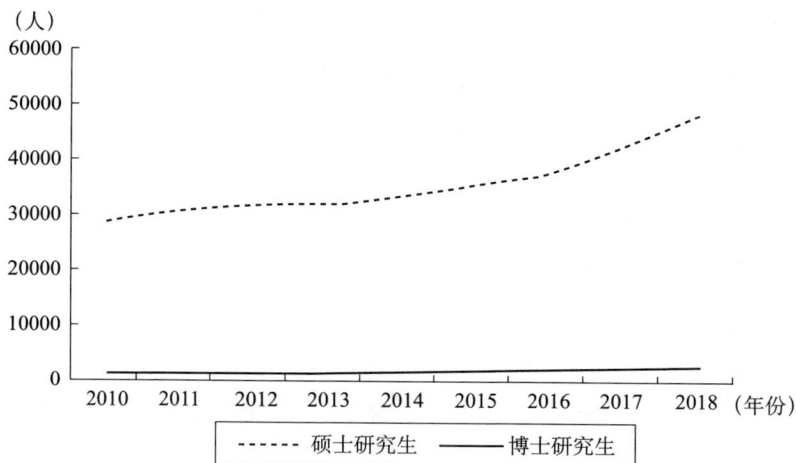

图 2-1　2010~2018 年河南省研究生人数情况

二、研究与试验发展活动情况

表 2-11 是 2000~2018 年河南省研究与试验发展（R&D）活动情况，从有 R&D 活动的单位数、R&D 人员、R&D 经费内部支出、R&D 经费外部支出、R&D 项目数、R&D 机构数六个指标的绝对数来看，都呈现稳定上升的趋势，

显示了河南省对 R&D 活动的重视与支持。

表 2 – 11　　　　2000 ~ 2018 年河南省研究与试验发展（R&D）活动情况

年份	有 R&D 活动的单位数（个）	R&D 人员（人）	R&D 经费内部支出（万元）	R&D 经费外部支出（万元）	R&D 项目数（项）	R&D 机构数（个）
2000	1017	—	248024.0	15050.0	7904	1331
2001	985	—	283091.0	24064.0	8100	1122
2002	982	—	293151.0	31148.0	8470	1151
2003	989	—	341910.0	24664.0	9293	1173
2004	1090	—	423560.0	24573.0	12105	1423
2005	1107	—	556090.0	39913.0	16069	1498
2006	1109	—	798414.0	47729.0	18904	1432
2007	1169	—	1011302.0	59761.0	24395	1531
2008	1286	—	1240890.0	55061.0	27349	1727
2009	1636	—	1747599.0	96107.0	22347	1821
2010	1555	144408	2113773.0	89253.0	24050	1798
2011	1585	167386	2644922.0	109950.0	28422	1817
2012	1720	185116	3107803.0	124398.6	30319	1870
2013	2051	216269	3553486.0	109470.0	33015	2064
2014	2473	232105	4000098.7	91021.1	36449	2203
2015	2850	241171	4350429.7	92040.2	39956	2543
2016	3112	249876	4941879.7	117269.9	41513	2953
2017	4112	266427	5820538.1	146023.0	49904	3327
2018	3956	256175	6715193.1	171764.2	53480	2781

注："—"表示数据缺失。

2018 年，全国共投入 R&D 经费 19677.9 亿元，R&D 经费投入强度为 2.19%（R&D 经费投入与国内生产总值之比）。超过全国平均水平的省（市）有 6 个，分别为北京、上海、广东、江苏、天津和浙江，其中，北京市高达 6.17%。河南省投入 R&D 经费 6715193.1 元，投入强度为 1.4%，全国排第 17 位，在中部六省中仅高于山西。

科技投入不仅是衡量一个地方科技实力的重要指标，也是科技创新的必要保障。R&D 经费支出额是指，统计年度内各执行单位实际用于基础研究、应用研究和试验发展的经费支出，也是各国评价科技投入、科技活动规模和强度的通用指标。R&D 活动主要包括基础研究、应用研究和试验发展。三个阶段经费的合理配置，是优化 R&D 系统运行和提高 R&D 绩效的前提。

图 2 – 2 是 2000～2018 年河南省 R&D 经费支出情况时间趋势图，从图中可以看出，无论是 R&D 经费内部支出还是 R&D 经费外部支出，都呈现上升态势，尤其是 R&D 经费内部支出，几乎呈现持续增长态势。从近几年的发展来看，R&D 经费是支撑河南省科技进步最关键的因素，突出表现在支持建立高水平的研发平台，引进高水平的科技创新领军人才，开展大规模、高水平的科技创新活动等。因此，充足的 R&D 经费，能有力地提高科研项目的先进程度和科学技术的发展水平。

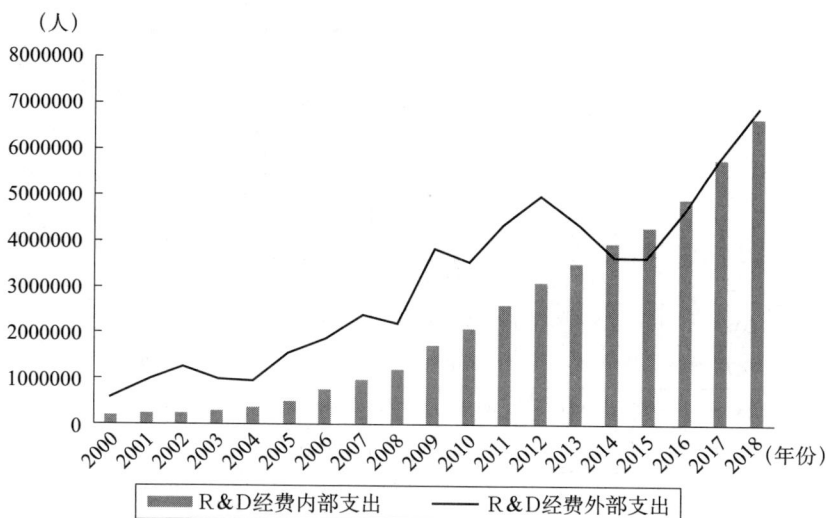

图 2 – 2　2000～2018 年河南省 R&D 经费支出情况时间趋势

三、专利申请量及专利授权量

一般来说，专利申请量以及专利授权量是衡量科技产出的重要指标。专利申请量可以有效地反映一个地区的科技产出状况和科技人员研究情况。表 2 – 12 是 2010～2018 年河南省专利申请量、专利授权量和发明专利拥有量的情况。从绝对数和时间趋势看，专利申请量、专利授权量以及发明专利拥有量都呈现出逐年上升态势，说明河南省科技产出情况和科技人员研究情况发展趋势向好。

表 2-12   **2010~2018 年河南省专利申请量、专利授权量和**

发明专利拥有量   单位：项

年份	专利申请量	专利授权量	发明专利拥有量
2010	25149	16539	4501
2011	34076	19259	6129
2012	43442	26833	8683
2013	55920	29482	11249
2014	62434	33366	13535
2015	74373	47766	17571
2016	94669	49145	22601
2017	119243	55407	28615
2018	154381	82318	33524

    图 2-3 更加直观地反映出 2010~2018 年河南省专利申请量、专利授权量和发明专利拥有量情况。河南省与全国和其他地区相比，仍有较大差距。2018年，全国发明专利申请量为 154.2 万项，发明专利授权量为 43.2 万项，每万人口发明专利拥有量达到 11.5 项。每万人口发明专利拥有量排名前 3 位的省（市）依次为北京市（111.2 项）、上海市（47.5 项）、江苏省（26.5 项）。河南省仅为 3.72 项，远低于安徽省的 9.8 项。

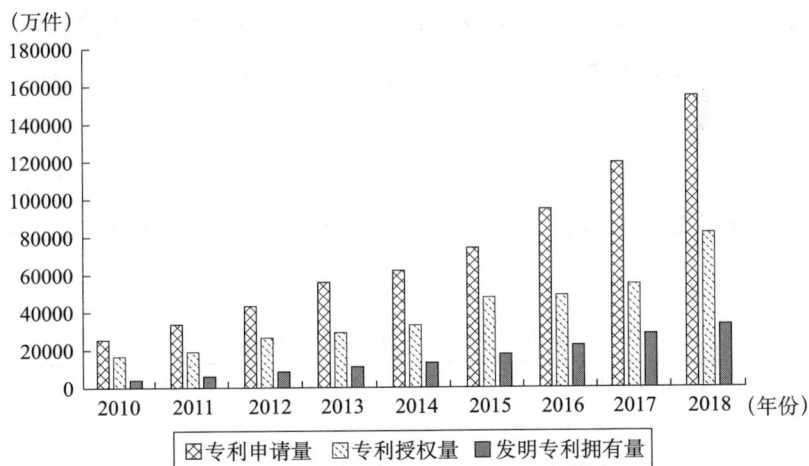

图 2-3   **2010~2018 年河南省专利申请量、专利授权量和发明专利拥有量**

四、规模以上企业创新活动情况

创新是一个企业生存、发展的灵魂，是企业取得市场竞争优势的第一动力。一般来说，一个优秀的企业通常是非常重视创新的企业。唯有如此，才能在激烈的市场竞争中把握主动权，成为基业长青的企业。一个地区经济发展的质量，在很大程度上取决于拥有高科技企业的数量。表2-13是2016~2018年河南省规模以上企业创新活动情况。从表中可以看出，这三年中，开展创新活动的企业数占调查企业数的比例以及实现创新的企业数占调查企业数的比例都在逐年上升，显示了河南省的企业越来越重视创新。

表2-13　　　　　　　2016~2018年河南省规模以上企业创新活动情况

年份	调查企业数（个）	开展创新活动的企业数（个）	所占比例（%）	实现创新的企业数（个）	所占比例（%）
2016	42750	13103	30.65	12615	29.51
2017	43326	13609	31.41	12843	29.64
2018	39615	13481	34.03	12862	32.47

五、技术市场成交合同情况

表2-14为2013~2018年河南省技术市场成交合同情况、图2-4反映了2013~2018年河南省技术市场成交合同情况及时间趋势。从绝对数和时间趋势来看，合同数逐年上升，技术市场成交额也在逐年上升。技术市场成交额是指，登记合同成交总额中，明确规定属于技术交易的金额，其反映了科技创新能力的市场实现。这说明，河南省科技创新成果的市场转化能力正在不断提高。河南省技术交易额为935400万元，在中部六省中排名第四，位于第一的是湖北省。

表2-14　　　　　　　　2013~2018年河南省技术市场成交合同情况

年份	合同数（个）	成交额（万元）	技术交易额（万元）
2013	3799	413901	——
2014	2958	416415	——
2015	3497	455572	——
2016	4275	592419	——
2017	5877	769285	473600
2018	7298	1497380	935400

注："—"表示数据缺失。

截至 2018 年底，全国登记技术合同 411985 项，成交额 17697.42 万元，其中，技术交易额为 12911.53 万元。成交金额居前十位的省市依次为北京市、广东省、上海市、湖北省、江苏省、陕西省、四川省、山东省、天津市、浙江省。

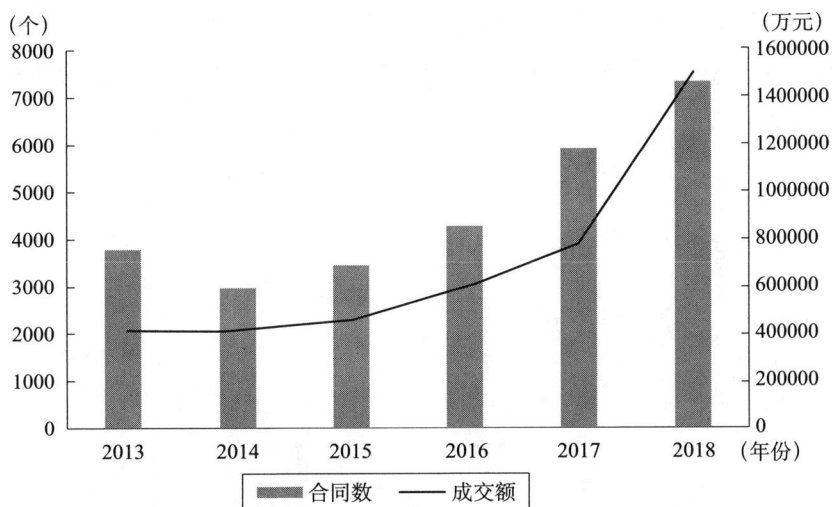

图 2-4 2013~2018 年河南省技术市场成交合同情况及时间趋势

六、软科学基本情况

表 2-15 是 2013~2018 年河南省软科学基本情况。从表中可以看出，2016~2018 年，河南省投入软科学研究经费一直维持在 600 万元，发表科学论文数量呈下降趋势，但获奖成果数量有较大提升。

表 2-15   2013~2018 年河南省软科学基本情况

年份	完成软科学课题（项）	正在进行的软科学课题（项）	投入软科学研究经费（万元）	投入软科学研究人力（人·年）	发表科学论文数量（篇）	获奖成果数量（项）
2013	858	1000	340	7000	1000	10
2014	1050	1200	340	7000	1000	10
2015	791	1160	600	7200	960	8
2016	1054	720	600	5000	980	7
2017	665	597	600	4430	602	47
2018	500	848	600	5880	485	39

七、一般公共预算支出中的科技支出

一般公共预算支出中的科技支出，反映了政府对于科技发展的重视程度。图 2 - 5 显示，2000~2018 年河南省一般公共预算支出中的科技支出情况，科技支出额呈现显著上升态势，但科技支出占一般公共预算支出的比重却一直徘徊在 1.50% 上下，这说明，近年来河南省在财政资金的投入方面对于科技支出并没有加大力度。

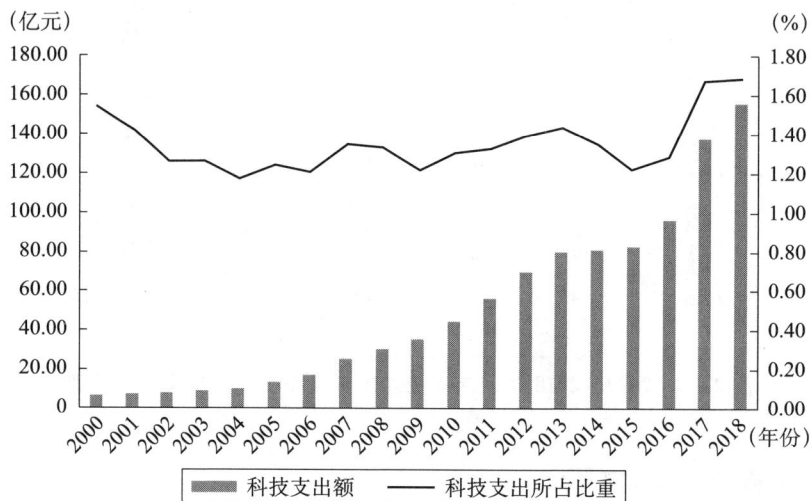

图 2 - 5　2000~2018 年河南省一般公共预算支出中的科技支出情况

第三节　卫生和社会服务机构情况

健康的改善也是人力资本积累的一种方式（Schultz，1961）。近现代日本在追赶美国的过程中完美地印证了这一理论，通过大力发展职业技能教育和提高医疗保健水平，日本显著改善了劳动人口的质量，维持了经济长期增长的潜质。因此，大力发展卫生事业，也是提高人力资本开发的一种有效方式。

一、卫生事业基本情况

表 2 - 16 是 2000~2018 年河南省卫生事业基本情况。其中，医疗卫生机

构数从 2000 年的 10764 个增长到 2018 年的 71352 个，增长近 6 倍。2014 ~
2018 年医疗卫生机构数基本稳定，保持在约 71000 个。卫生机构床位数和卫
生技术人员数持续增长，2009 ~ 2018 年年均增长 3 万张。截至 2018 年底，河
南省卫生技术人员数为 62.13 万人，占河南省总人口的 0.50%。2018 年，全
国每千人口医疗卫生机构床位数 6.03 张，河南省为 6.34 张，高于全国水平。

表 2 - 16　　　　　　　　2000 ~ 2018 年河南省卫生事业基本情况

年份	医疗卫生机构数（个）	卫生机构床位数（万张）	卫生技术人员数（万人）
2000	10764	19.86	26.84
2001	10719	19.99	27.18
2002	13291	19.73	26.48
2003	13621	20.37	27.87
2004	13821	20.90	28.42
2005	14554	21.40	28.92
2006	14629	22.52	30.07
2007	11888	23.95	29.79
2008	11683	26.83	30.99
2009	12157	30.24	34.64
2010	75741	32.76	37.28
2011	76201	34.92	39.52
2012	69222	39.39	42.88
2013	71464	42.98	46.91
2014	71157	45.93	49.45
2015	71397	48.96	51.96
2016	71273	52.16	54.67
2017	71089	55.90	58.05
2018	71352	60.85	62.13

从图 2 - 6 看，卫生机构床位数和卫生技术人员数每年增速稳定，两者
基本协同增长，卫生技术人员数与卫生机构床位数配比基本上吻合，两者比
例逐步接近 1∶1，说明医疗资源配置正在逐步调整以适应河南省人民对现
代医疗的需求。

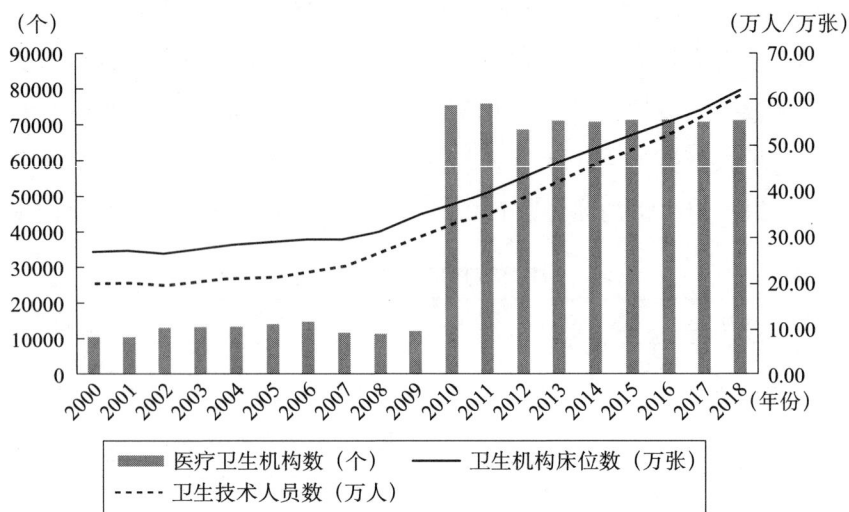

图 2 - 6　2000 ~ 2018 年河南省卫生事业基本情况

二、卫生总费用

卫生总费用是衡量一个地区卫生投入和卫生筹资状况的指标，体现了卫生事业发展与经济和社会发展之间的关系。表 2 - 17 是 2010 ~ 2018 年河南省卫生总费用。2018 年，全国卫生总费用预计达 57998.3 亿元，占 GDP 比重为 6.40%。2018 年，河南省卫生总费用占地区生产总值的比重为 6.13%，低于全国水平，但卫生总费用和人均卫生总费用比 2010 年约增长了 2 倍。

表 2 - 17　　　　　　　　2010 ~ 2018 年河南省卫生总费用

年份	卫生总费用（亿元）	人均卫生总费用（元）	卫生总费用占地区生产总值比重（%）
2010	1066.57	1134.04	4.62
2011	1259.40	1341.49	4.68
2012	1517.63	1613.47	5.13
2013	1686.51	1791.68	5.29
2014	1878.78	1991.07	5.38
2015	2258.50	2382.38	6.10
2016	2472.63	2594.03	6.11
2017	2747.67	2874.43	6.11
2018	3069.82	3169.76	6.13

图 2 - 7 显示，在 2010～2018 年河南省卫生费用基本情况，其中，2015 年河南省卫生总费用占河南省地区生产总值的比重增长明显。2015～2018 年的河南省卫生总费用占河南省地区生产总值比重表现平稳。2015～2018 年，河南省医疗卫生事业取得了较大进步，从千人床位数和医疗卫生占河南省地区生产总值比重来看，在常住人口接近 1 亿人的背景下，河南省取得了如此成绩，实属不易。

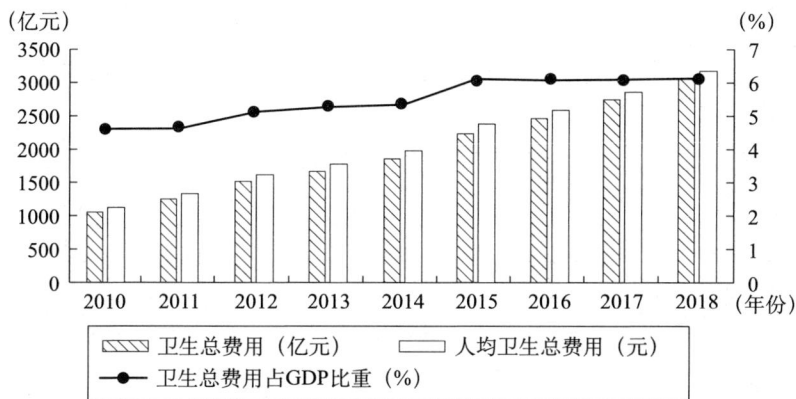

图 2 - 7　2010～2018 年河南省卫生费用基本情况

三、农村乡镇卫生院医疗服务情况

河南省是农业大省，农村人口较多，城镇化率相对较低。截至 2018 年，河南省拥有 4638 万农村常住人口，位居全国首位。河南省"三农"工作的重中之重就是要加强农村卫生健康服务，提升基层医疗卫生机构服务能力。乡镇卫生院在农村医疗卫生中发挥着重要作用，是农村三级医疗卫生网的核心，主要承担农村预防保健、基本医疗服务和公共卫生管理等职能。表 2 - 18 反映了 2000～2018 年河南省农村乡镇卫生院医疗服务情况。该表显示，诊疗人次逐年上升，从 2000 年的 4130 万人次增长到 2018 年的 10559 万人次，增长约 1.6 倍。2014～2018 年，出院者平均住院日约为 7.0 天，病床使用率从 2000 年 36.9% 提高到 2018 年的 63.1%，显示了农村医疗服务体系在农民医疗保健中日益发挥着重要作用。

表 2 – 18　　　　　　　2000～2018 年河南省农村乡镇卫生院医疗服务情况

年份	诊疗人次（万人次）	出院者平均住院日（日）	病床使用率（%）
2000	4130	5.0	36.9
2001	4398	4.5	36.3
2002	4150	4.3	36.7
2003	4054	5.1	37.6
2004	4165	5.1	36.5
2005	4205	5.0	38.4
2006	4616	4.9	42.1
2007	5357	7.4	54.5
2008	6077	4.6	64.9
2009	6230	5.2	63.4
2010	6473	5.4	64.1
2011	6914	6.0	62.6
2012	8130	6.3	65.1
2013	8935	6.9	61.7
2014	9649	7.0	62.1
2015	10471	7.1	62.6
2016	11244	7.2	62.1
2017	10636	6.8	63.3
2018	10559	7.0	63.1

　　图 2 – 8 是 2000～2018 年河南省农村乡镇卫生院医疗服务情况趋势图，反映了河南省农村乡镇卫生院医疗服务持续得到改善。

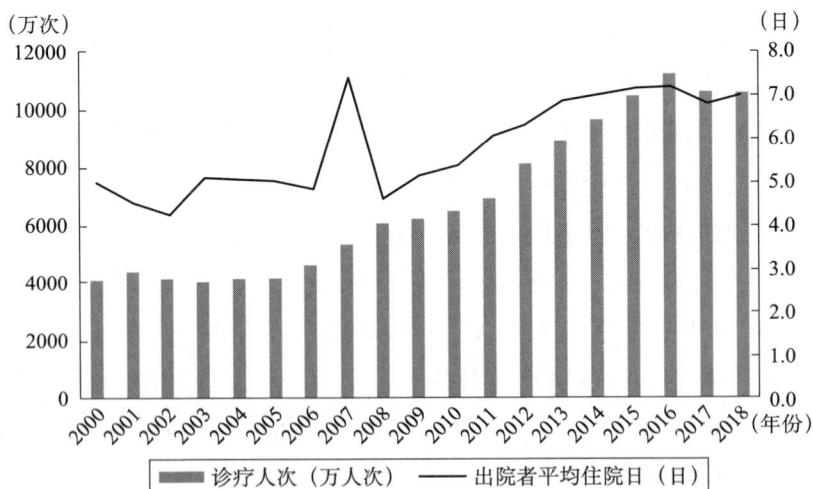

图 2 – 8　2000～2018 年河南省农村乡镇卫生院医疗服务情况趋势

四、妇女儿童卫生保健状况

妇女儿童卫生保健状况是公共卫生领域的重要组成部分，孕产妇保健工作的质量影响到母婴安全、出生人口素质、家庭幸福和人口素质。表 2-19 显示，河南省妇女婚前医学检查率大幅度提升，婴儿死亡率由 2005 年的 10.8‰下降到 2018 年的 3.8‰。5 岁以下儿童死亡率由 13.8‰下降到 2018 年的 5.3‰，孕产妇死亡率（1/10 万）由 2005 年的 44.8110 万人下降到 2018 年的 10.9110 万人。5 岁以下儿童中度、重度营养不良患病率在 2005 年 3.4% 的基础上，下降到 2018 年的 1.8%。

表 2-19　　　　　2005~2018 年河南省妇女儿童卫生保健状况

指　　标	2005 年	2010 年	2015 年	2016 年	2017 年	2018 年
婚前医学检查率（%）	1.1	4.9	70.6	71.0	74.2	76.5
城市	1.9	6.4	54.5	56.9	61.7	67.0
农村	0.5	4.1	77.7	77.7	80.5	81.1
婴儿死亡率（‰）	10.8	7.1	4.4	4.1	4.0	3.8
城市	10.0	5.5	3.5	3.0	2.7	2.1
农村	11.1	8.0	4.6	4.4	4.3	4.1
5 岁以下儿童死亡率（‰）	13.8	8.7	5.9	5.6	5.3	5.3
城市	10.7	6.4	4.4	3.8	3.4	2.5
农村	15.3	10.0	6.3	6.0	5.8	5.8
孕产妇死亡率（1/10 万）	44.8	15.2	10.5	10.7	10.4	10.9
城市	33.3	20.2	11.0	6.7	12.1	11.6
农村	49.3	13.2	10.2	12.2	9.5	10.0
河南省住院分娩率（%）	87.8	98.9	100.0	100.0	100.0	99.9
农村孕产妇住院分娩率（%）	85.0	98.7	100.0	100.0	100.0	99.8
产前检查率（%）	85.0	91.2	94.9	94.4	93.4	94.2
孕产妇系统管理率（%）	67.2	76.4	86.0	86.0	84.9	85.3
城市	67.6	80.0	86.0	86.0	86.5	85.3
农村	67.0	75.0	86.0	85.9	84.0	85.4
5 岁以下儿童中度、重度营养不良患病率（%）	3.4	2.0	1.6	1.7	1.5	1.8
城市	2.4	1.5	1.6	1.7	1.5	1.7
农村	4.0	2.2	1.6	1.7	1.4	1.9
7 岁以下儿童保健管理率（%）	70.2	76.7	86.6	87.9	87.7	88.2
城市	—	83.6	88.8	88.6	88.9	89.6
农村	—	74.0	85.6	87.6	87.0	87.5

五、社会服务机构基本情况

坚持和完善"共建共治共享"的社会治理制度，为社会服务机构的发展创造了新的机遇，也提出了新的挑战。随着社会治理理念的深入，包括社会服务机构在内的社会组织加快发展。让社会服务组织有效承接专业服务，有利于满足人民群众对社会工作的专业化、个性化的服务需求。基本社会服务主要包括社会救助、社会福利、社会养老服务、优抚安置等领域。表 2 - 20 反映了2018 年河南省社会服务机构基本情况。

表 2 - 20　　　　　2018 年河南省社会服务机构基本情况

指标名称	单位数（个）	职工人数（人）
社会工作		
提供住宿的社会服务机构	1525	17903
老年人与残疾人服务机构	1394	14532
#社会福利院	58	1202
智障与精神疾病服务机构	6	806
#社会福利医院	6	806
儿童福利救助服务机构	23	1032
#儿童福利机构	19	968
未成年人救助保护中心	4	64
其他提供住宿的服务机构	102	1533
#生活无着人员救助管理站	89	1111
不提供住宿的社会服务机构	6349	37083
#低保救助对象服务机构	47	386
福利彩票发行机构	39	406
社区服务机构和设施	6262	36210
其他社会服务机构	276	5894
婚姻服务机构	40	331
殡葬服务机构	236	5563
殡仪馆	112	3417
公墓	44	1121
殡葬管理单位	80	1025
其他事业单位	110	1008

六、残疾人事业基本情况

长期以来，社会对于残疾人群体存在误解和偏见，认为残疾人群体完全是社会的沉重负担。实际上，从现代人力资源管理角度来看，残疾人群体也被视为人力资源，同样是人力资源管理和开发的对象。有效开发残疾人群体的人力资源，推动残疾人实现充分就业，是解决残疾人社会保障问题的有效途径之一。表2-21显示，2018年，河南省共有640899名残疾人得到基本康复，涉及家庭数量众多。残疾人就业人数达到597242人。

表2-21	2018年河南省残疾人事业基本情况	单位：人
项目		人数
总体康复服务情况		
得到基本康复服务		640899
其中：得到辅助器具适配服务		252864
按残疾类别		
视力残疾人		64893
听力残疾人		31212
言语残疾人		3553
肢体残疾人		420964
智力残疾人		51088
精神残疾人		47233
多重残疾人		16895
0~17岁未持证残疾儿童		5061
按年龄		
0~6岁残疾儿童		13340
7~17岁残疾儿童		24945
18~59岁残疾人		328468
60岁及以上残疾人		274146
教育		
学前教育阶段		
接受残疾人事业专项彩票公益金助学项目资助		1536
高等教育阶段		
高等特殊教育机构录取残疾考生		386

续表

项目	人数
普通高等院校录取残疾考生	861
就业	
残疾人就业人数	597242
按比例就业	27192
集中就业	15668
个体就业	132615
社区就业	4314
公益性岗位就业	3624
辅助性就业	15834
居家就业	50159
从事农业种植就业	330428
灵活就业	17408
残联组织建设	
残疾人工作者数	7905

七、社会保障和就业支出

社会保障和就业支出是指，一般公共预算收支中的社会保障和就业支出。社会保障和就业支出、医疗卫生支出具有显著的经济增长效应。社会保障和就业支出是指，地方政府为满足辖区内群众的需求，在辖区社保和就业方面的支出，社会保障和就业支出对保障贫困者利益、缩小贫富差距、维护社会和谐稳定以及推动经济发展起着至关重要的作用。表 2－22 显示，河南省社会保障和就业支出额逐年增加，2007 年的支出额为 281.22 亿元，到 2018 年高达 1298.45 亿元，12 年增长了 3.6 倍。医疗卫生支出是民生工程支出，既有利于改善群众精神文化生活水平，又有利于提高群众素质。表 2－22 显示，河南省医疗卫生支出从 2007 年的 98.78 亿元增加到 2018 年的 928.95 亿元，12 年增长了 8.4 倍。从总体上看，社会保障和就业支出与医疗卫生支出占财政支出的比重总体上逐年上升，说明了河南省对社会保障和就业问题、医疗卫生的高度重视。

表 2 - 22　　2007 ~ 2018 年河南省社会保障和就业支出与医疗卫生支出基本情况

年份	一般公共预算支出（亿元）	
	社会保障和就业支出	医疗卫生支出
2007	281.22	98.78
2008	330.23	145.47
2009	403.62	223.15
2010	461.22	270.21
2011	547.96	361.48
2012	631.61	425.99
2013	731.41	492.48
2014	790.87	602.95
2015	945.83	717.74
2016	1067.40	778.01
2017	1160.23	836.66
2018	1298.45	928.95

第四节　文化和体育情况

发展文化事业是满足人民精神文化需求、保障人民文化权益的基本途径；体育是提高人民健康水平的重要途径，是满足人民群众对美好生活向往、促进人的全面发展的重要手段。大力发展文化体育事业，对开发人力资源具有积极作用。

一、文化文物机构及其人员情况

河南省有厚重的历史文化。近年来，河南省积极推进文化强省建设。表 2 - 23 显示了 2009 ~ 2018 年河南省文化文物机构数及其从业人员情况。其中，与 2016 年相比，2017 年文化机构增加 4234 个，文化从业人员增加 27057 人，增幅非常明显。自 2009 年以来，河南省的文化文物机构数大体呈现增长的趋势（除 2016 等个别年份略微下降）。其中，2017 年涨幅最大，随后出现下降趋势。

表2－23　　　　2009～2018年河南省文化文物机构数及其从业人员情况

年份	机构数（个）	从业人员（人）
2009	13324	102955
2010	13426	107802
2011	14141	109862
2012	14099	108450
2013	14056	107038
2014	15200	111480
2015	16012	119018
2016	15443	114892
2017	19677	141949
2018	19716	132552

二、艺术表演场馆基本情况

表2－24反映了2008～2018年河南省艺术表演场馆基本情况。从总体上来看，除个别年份以外，各年的机构数、从业人员数、演出场次和观众人次存在一定幅度的波动。演出场次在总量上呈现先下降、后上升的波动状况；观众人次在总量上呈现无规律的波动状态。2013年，河南省艺术表演机构数、从业人员数、演出场次、观众人次均达到或接近最低点。

表2－24　　　　2008～2018年河南省艺术表演场馆基本情况

年份	机构数（个）	从业人员数（人）	演出场次（千场次）	观众人次（千人次）
2008	155	4091	90.00	5475
2009	161	4091	26.45	4835
2010	150	3715	24.16	3613
2011	144	3370	13.08	3223
2012	145	3218	19.93	6110
2013	139	3065	9.59	2290
2014	140	3265	10.57	2206
2015	150	3692	19.26	2728
2016	150	3443	8.69	3044
2017	157	3148	6.30	3198
2018	155	3471	15.60	3090

三、艺术表演团体基本情况

表 2 - 25 列举了 2008 ~ 2018 年河南省艺术表演团体国内演出场次和河南省艺术表演团体国内演出观众人次情况，演出场次在总量上均呈现先下降、后上升的波动状况；观众人次在总量上呈现缓慢上升。2008 年，艺术表演团体机构数、艺术表演团体国内演出场次、艺术表演团体国内演出观众人次均达到最低点，之后开始缓慢上升。国内演出场次呈现先上升后下降的趋势，观众人次呈现上升趋势。2008 ~ 2018 年，艺术表演团体机构数总体上呈现上升趋势（除个别年份下降外）。

表 2 - 25 　　　　　　2008 ~ 2018 年河南省艺术表演团体基本情况

年份	艺术表演团体机构数（个）	从业人员数（人）	艺术表演团体国内演出场次（万场次）	艺术表演团体国内演出观众人次（千人次）
2008	200	10116	43.00	53987
2009	413	10116	103.01	81061
2010	371	10180	76.02	84058
2011	468	9666	128.57	74206
2012	364	8993	83.90	77508
2013	429	8320	260.60	91224
2014	598	20053	206.10	111102
2015	824	26668	355.95	194157
2016	1006	29462	462.47	119943
2017	1671	49300	646.61	150480
2018	2017	48338	392.10	153490

四、娱乐场所基本情况

因统计口径问题，将表 2 - 26 中的数据分两个阶段进行分析：第一阶段为 2008 ~ 2012 年，这期间机构数逐年增加，到 2012 年达到历史峰值 3632 个。从业人员数波动变化，2012 年比 2011 年增加约 1.5 倍，资产总计和营业收入在此期间也出现较大增幅。由于统计口径的变化，第二阶段从 2013 年开始，河南省娱乐场所无论从机构数、从业人员数、资产总计，还是营业收入都低于

2012 年水平，尤其是营业收入总体上呈现稳步下降趋势（除 2017 年增长外）。

表 2 - 26　　　　　　2008～2018 年河南省娱乐场所基本情况

年份	机构数（个）	从业人员数（人）	资产总计（万元）	营业收入（万元）
2008	582	11300	194540	129145
2009	606	11400	191055	117497
2010	632	14200	280001	145478
2011	661	11600	257680	153839
2012	3632	28700	335233	368933
2013	2117	23513	254672	173881
2014	2249	25936	293606	148953. 9
2015	1977	20231	250733	130979. 1
2016	1857	16651	254419	107244
2017	2198	18653	239790	126723
2018	2230	15458	230509	99069

注：2013 年之前，机构数以单位数统计，从业人员以万人为单位，资产总计以固定资产原价统计，营业收入以收入统计。

五、公共图书馆基本情况

表 2 - 27 显示了 2008～2018 年河南省公共图书馆基本情况。2008～2018 年，公共图书馆业各项指标整体上呈现出上升趋势，如公共图书馆业机构数、公共图书馆总藏量、公共图书馆总流通人次。与 2008 年相比，2018 年公共图书馆业机构数增加了 18 个，公共图书馆总藏量增加了 0.94 倍，公共图书馆总流通人次增加了 3.17 倍。

表 2 - 27　　　　　　2008～2018 年河南省公共图书馆基本情况

年份	公共图书馆业机构数（个）	公共图书馆总藏量（万册）	公共图书馆总流通人次（万人次）
2008	142	1632. 60	805. 00
2009	142	1724. 45	1010. 86
2010	142	1837. 21	1025. 74
2011	152	2121. 92	2062. 12
2012	156	2257. 22	1637. 67
2013	157	2218. 19	1785. 17
2014	157	2312. 33	1968. 08

续表

年份	公共图书馆业机构数 （个）	公共图书馆总藏量 （万册）	公共图书馆总流通人次 （万人次）
2015	158	2472.30	2233.16
2016	158	2645.81	2538.70
2017	158	2874.06	2950.86
2018	160	3168.70	3360.15

从总体上来看，公共图书馆业机构数呈现稳步上升趋势。

六、国家综合档案馆基本情况

表2-28显示，从2008年起，河南省国家综合档案馆的机构数维持在177个（2013年减少1个）。从库房面积来看，河南省国家综合档案馆的库房面积大体上呈逐年增加趋势，2018年的库房面积是2008年的将近两倍。从总体上来看，2016年之前的档案馆库房面积大体上呈现逐年增加趋势，随后，库房面积大体保持稳定。

表2-28　　　　　2008~2018年河南省国家综合档案馆基本情况

年份	机构数（个）	库房面积（平方米）
2008	177	225901
2009	177	230419
2010	177	281383
2011	177	269383
2012	177	292049
2013	176	353678
2014	177	362091
2015	177	378590
2016	177	407357
2017	177	406722
2018	177	406723

七、博物馆基本情况

表2-29反映了2008~2018年河南省博物馆基本情况。从表中可以看出，

博物馆机构数、博物馆从业人员数以及博物馆文物藏品数都在逐年上升。截至
2018 年，博物馆机构数增加了 239 个，博物馆从业人员数增加了 3340 人，博
物馆文物藏品数增加了 131273 件/套。从 2012 年开始，河南省博物馆文物藏
品数在各年间变化不大。

表 2 – 29　　　　　　　　2008 ~ 2018 年河南省博物馆基本情况

年份	博物馆机构数（个）	博物馆从业人员数（人）	博物馆文物藏品数（件/套）
2008	95	—	888100
2009	103	—	964800
2010	111	3619	725093
2011	159	4574	822274
2012	180	5199	888128
2013	222	5885	964804
2014	248	6265	917092
2015	248	6126	928893
2016	270	6209	935827
2017	334	6782	966764
2018	334	6959	1019373

注："—"表示数据缺失。

八、新闻出版业主要指标

表 2 – 30 显示了 2008 ~ 2018 年河南省新闻出版业主要指标的情况。2008 ~
2018 年，河南省新闻出版业的机构数和从业人员数都呈现先增加、再减少的趋
势，两者峰值均出现在 2013 年。

表 2 – 30　　　　　　　　2008 ~ 2018 年河南省新闻出版业主要指标的情况

年份	机构数（个）	从业人员数（人）
2008	15466	139424
2009	14894	134605
2010	15319	146835
2011	15637	162443
2012	16090	154411
2013	17459	167752
2014	13532	130020

续表

年份	机构数（个）	从业人员数（人）
2015	14624	140512
2016	12453	119653
2017	9892	124986
2018	10680	125078

图 2－9 显示了 2000～2018 年河南省新闻出版业图书、期刊、报纸出版种数变化情况。不同类型出版物的出版种数存在较大差别。图书新出版种数不断增加，拉动图书出版种数增加，而期刊出版种数和报纸出版种数基本保持不变。

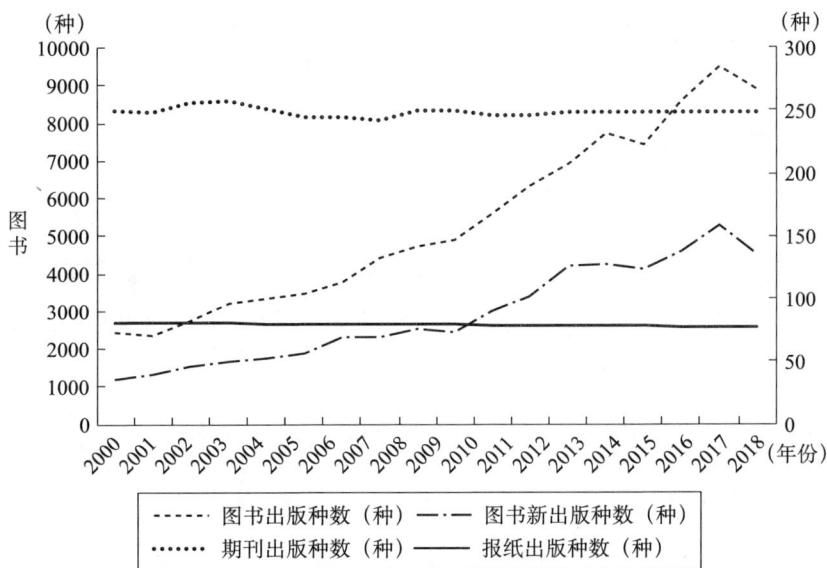

图 2－9　2000～2018 年河南省新闻出版业图书、期刊、报纸出版种数变化情况

注：图书出版种数用左边纵轴的单位，图书新出版种数、期刊出版种数、报纸出版和数用右边纵轴的单位。

九、音像制品及电子出版物情况

表 2－31 显示了 2008～2018 年河南省音像制品及电子出版物情况。从表中可以看出，音像制品出版种数和数量越来越少，与此相反，电子出版物的种数和数量呈先升后降的趋势。

表 2 − 31　　　　　　**2008 ~ 2018 年河南省音像制品及电子出版物情况**

年份	录像制品出版种数（种）	录像制品出版数量（万盒）	录音制品出版种数（种）	录音制品出版数量（万盒）	电子出版物出版种数（种）	电子出版物出版数量（万张）
2008	175	66.72	77	5.64	—	—
2009	174	84.07	38	6.49	—	—
2010	98	31.53	48	9.57	91	421.00
2011	246	207.66	57	69.61	65	402.50
2014	107	110.90	23	3.95	91	29.63
2015	137	43.79	3	0.55	180	553.00
2016	51	21.52	2	0.90	149	203.68
2017	63	6.56	4	1.66	133	210.13
2018	35	3.41	6	1.40	145	302.51

注：《河南统计年鉴（2019）》缺失 2012 年、2013 年的数据。"—"表示数据缺失。

十、广播电视业基本情况

表 2 − 32 反映了 2008 ~ 2018 年河南省广播电视业基本情况。2008 ~ 2018 年，河南省广播节目综合人口覆盖率和电视节目综合人口覆盖率都在逐步上升，接近于实现 100% 全覆盖。另外，公共广播节目套数和公共电视节目套数也在逐步丰富。

表 2 − 32　　　　　　**2008 ~ 2018 年河南省广播电视业基本情况**

年份	公共广播节目套数（套）	广播节目综合人口覆盖率（%）	公共电视节目套数（套）	电视节目综合人口覆盖率（%）
2008	147	—	165	—
2009	150	—	166	—
2010	150	97.3	166	97.4
2011	151	97.7	166	97.8
2012	151	97.9	166	97.9
2013	151	98.1	166	98.1
2014	152	98.2	167	98.3
2015	154	98.3	167	98.4
2016	154	98.4	167	98.6
2017	157	98.6	174	98.8
2018	158	99.0	174	99.0

注："—"表示数据缺失。

十一、运动员人数

表 2 - 33 显示了 2008～2018 年河南省等级运动员人数情况。2008～2018 年，河南省等级运动员总人数呈波动性变化。在 2012 年，等级运动员总人数达到峰值（4005 人），随后呈现下降态势，2014 年降幅超过 40%，随后，运动员数量基本保持稳定，河南省各年等级女性运动员人数大致占运动员总数的 1/3。

表 2 - 33　　　　　　　　2008～2018 年河南省等级运动员人数情况　　　　　　单位：人

年份	等级运动员总人数	等级女性运动员人数
2008	3132	1045
2009	3419	1189
2010	2640	812
2011	3387	1042
2012	4005	1293
2013	4000	1307
2014	2302	674
2015	2386	773
2016	2434	807
2017	2443	839
2018	2300	829

十二、体育彩票发行情况

表 2 - 34 反映了 2006～2018 年河南省体育彩票发行情况。从该表可以看出，体育彩票销售网点和体育彩票销售收入均呈现逐年上升趋势。体育彩票销售网点从 2006 年的 2884 个增长到 2018 年的 10608 个，增加约 2.7 倍。销售收入从 2006 年的 160770 万元增长到 2018 年的 1828002 万元，增长约 10.4 倍。

表 2 - 34　　　　　　　　2006～2018 年河南省体育彩票发行情况

年份	体育彩票销售网点（个）	体育彩票销售收入（万元）
2006	2884	160770
2007	4053	154160
2008	4425	238212

续表

年份	体育彩票销售网点（个）	体育彩票销售收入（万元）
2009	5005	277650
2010	5588	286122
2011	6016	388900
2012	6982	502862
2013	7947	616824
2014	8555	826226
2015	9153	1020710
2016	9474	1199500
2017	10221	1336539
2018	10608	1828002

十三、健身场地设施建设情况

由表 2 - 35 可知，2010 ~ 2018 年河南省各类健身场地设施数总体上呈现出较大波动，其中，2016 年达到历史最低点，与 2010 年相比下降65%。尽管 2018 年各类健身场地设施数有所回升，但其数量也不足 2010 年的 50%。

表 2 - 35　　　　**2010 ~ 2018 年河南省各类健身场地设施建设情况**　　　　单位：个

年份	各类健身场地设施数
2010	14248
2011	8005
2012	7328
2013	6650
2014	7162
2015	6393
2016	5055
2017	8120
2018	6388

十四、文化与体育支出

文化与体育支出是指，一般公共预算汇总的文化与体育支出。表 2 - 36 是 2007 ~ 2018 年河南省一般公共预算支出中的文化与体育支出情况。表 2 - 36

显示，文化和体育支出从 2007 年的 33.3781 亿元上升到 2018 年的 103.0384 亿元，占一般公共预算支出的比重约为 1.10% ~ 2.10%，但占一般公共预算支出的比重呈现下降趋势。

表 2 - 36　　2007 ~ 2018 年河南省一般公共预算支出中的文化与体育支出

年份	文化与体育支出 （亿元）	占一般公共预算支出的比重 （%）	比上年的增长率 （%）
2007	33.3781	1.78	—
2008	41.4610	1.82	24.22
2009	58.6649	2.02	41.49
2010	54.9922	1.61	- 6.26
2011	57.5413	1.35	4.64
2012	69.6300	1.39	21.01
2013	80.7800	1.45	16.01
2014	91.1600	1.51	12.85
2015	105.4000	1.55	15.62
2016	97.3261	1.31	- 7.66
2017	97.5200	1.19	0.20
2018	103.0384	1.12	5.66

注："—"表示数据缺失。

从表 2 - 36 可以看出，2007 ~ 2018 年河南省文化与体育支出的变化趋势。随着经济增长，文化与体育支出的绝对数大体上呈现增长态势，但其占一般公共预算支出的比重却呈现逐年下降趋势。

第五节　社会保障情况

社会保障有利于为劳动力人口和潜在的劳动力人口提供充分的医疗服务，对提高人口质量和劳动者效率，增加人均劳动产出具有重要作用。

一、法律援助工作情况

河南省的法律援助机构数和工作人员数都呈现波动上升的趋势（见表 2 - 37）。法律援助机构数从 2008 年的 179 个上升到 2018 年的 207 个，工作人员数从

980 人上升到 1054 人（见表 2 - 37）。从总体上来看，法律援助机构在 2011 年保持相对稳定，援助机构工作人员数变动不大，一直维持在 1000 人左右。

表 2 - 37　　　　　　　　2008 ~ 2018 年河南省法律援助工作情况

年份	法律援助机构数（个）	工作人员数（人）
2008	179	980
2009	181	989
2010	198	971
2011	207	999
2012	207	1043
2013	207	1040
2014	209	1023
2015	211	1023
2016	213	1061
2017	234	998
2018	207	1054

二、受理及处理劳动案件情况

表 2 - 38 显示了 2013 ~ 2018 年河南省劳动人事仲裁委员会受理案件及处理案件情况。从表 2 - 38 中可以看出，越来越多的专职律师加入法律服务工作，受援人数也呈现逐年上升趋势。此外，劳动人事仲裁委员会工作质量也大大提升，各年的劳动人事仲裁委员会当期立案受理案件总数和当期审结案件数总体上均呈现出增长态势，但期末累计未结案件数减少非常明显。

表 2 - 38　　　2013 ~ 2018 年河南省劳动人事仲裁委员会受理案件及处理案件情况

年份	法律服务工作情况		劳动人事仲裁委员会工作情况		
	专职律师数（人）	受援人数（人）	当期立案受理案件总数（件）	当期审结案件数（件）	期末累计未结案件数（件）
2013	11909	87163	21689	21083	1421
2014	12349	87043	21437	21209	1552
2015	12809	92855	23799	24639	712
2016	15459	104619	24273	24350	635
2017	16846	110997	23831	23851	615
2018	20361	115310	23055	23049	621

三、工会组织情况

表 2 - 39 显示了 2000 ~ 2018 年河南省工会组织情况。河南省工会基层组织数和工会专职工作人员数大体上都在不断上升，与 2000 年相比，2018 年，河南省工会基层组织数上升了 4.68 倍，工会专职工作人员数上升了 4.49 倍。

表 2 - 39　　　　　　2000 ~ 2018 年河南省工会组织情况

年份	工会基层组织数（万个）	工会专职工作人员数（万人）
2000	3.61	2.38
2001	4.86	2.83
2002	5.68	3.28
2003	5.23	3.55
2004	5.38	3.20
2005	6.14	3.06
2006	6.94	3.36
2007	8.15	4.10
2008	9.13	4.50
2009	10.30	5.09
2010	11.43	6.45
2011	14.89	10.35
2012	19.42	13.02
2013	20.43	13.52
2014	21.12	13.67
2015	21.44	13.13
2016	21.61	13.70
2017	21.49	13.72
2018	20.50	13.06

四、参加各类保险人数

表 2 - 40 显示了 2000 ~ 2018 年河南省参加各类保险人数。河南省参加基本养老保险、失业保险、医疗保险、工伤保险以及生育保险的人数大体上都在不断增加。其中，基本养老保险、医疗保险人数上升最为明显，2000 ~ 2018 年分别增长了约 10 倍和 35 倍。其中，2018 年基本养老保险国家参保率为 67.5%（9.42 亿人），河南省参保率为 65%（7089 万人）。

表 2 - 40   2000～2018 年河南省参加各类保险人数   单位：万人

年份	基本养老保险	失业保险	医疗保险	工伤保险	生育保险
2000	662.68	671.00	287.00	198.00	172.00
2001	639.05	676.00	456.40	245.00	207.00
2002	645.53	670.00	537.28	218.79	204.54
2003	659.25	679.97	567.93	210.61	199.29
2004	688.70	681.60	590.19	324.72	200.66
2005	716.17	681.90	640.70	404.00	228.30
2006	762.60	682.80	704.00	432.90	238.40
2007	804.68	684.65	726.03	452.32	254.02
2008	948.56	689.00	840.87	501.20	313.35
2009	1019.09	694.82	1970.13	521.02	379.76
2010	1079.33	696.46	2043.75	551.74	412.87
2011	4474.29	701.19	2122.26	655.54	460.69
2012	5990.31	735.50	2222.20	720.56	520.29
2013	6192.74	741.29	2297.20	773.09	569.60
2014	6275.34	773.30	2340.03	805.71	590.17
2015	6362.64	783.34	2344.90	856.68	609.46
2016	6643.76	788.07	2360.75	876.97	646.80
2017	6907.80	805.57	10410.70	900.88	692.73
2018	7089.00	819.91	10435.74	926.26	755.35

五、社会保险基金

表 2 - 41 显示了 2003～2018 年河南省社会保险基金收支情况。河南省社会保险基金收入、基金支出以及累计结余都在不断上升。与 2003 年相比，2018 年期末的基金收入、基金支出以及累计结余分别增长 16.0 倍、18.5 倍、18.5 倍。

表 2 - 41   2003～2018 年河南省社会保险基金收支情况   单位：亿元

年份	基金收入	基金支出	累计结余
2003	187.5	151.1	145.2
2004	216.1	166.9	195.8
2005	257.1	203.2	244.2
2006	298.5	239.2	303.3
2007	365.2	289.6	363.8
2008	540.6	445.5	496.2

续表

年份	基金收入	基金支出	累计结余
2009	558.1	462.7	595.6
2010	609.4	484.9	664.7
2011	723.6	581.3	806.7
2012	872.5	702.5	977.2
2013	1304.5	1043.2	1505.5
2014	1440.1	1210.8	1734.2
2015	1516.0	1310.7	1828.5
2016	1738.6	1473.9	2093.3
2017	2636.5	2365.2	2586.8
2018	3181.2	2939.5	2831.9

六、一般公共预算收支中的社保支出

表2-42显示了2007~2018年河南省一般公共预算收支中的社会保障和就业支出情况。从表2-42可以看出，社会保障和就业支出从2007年的281.22亿元，上升到2018年的1298.45亿元，占一般公共预算支出的比重约为14%。尽管社会保障和就业支出呈现逐年增加的趋势，但占一般公共预算支出的比重保持较为稳定，长期维持在14%左右。

表2-42　2007~2018年河南省一般公共预算收支中的社会保障和就业支出情况

年份	社会保障和就业支出 （亿元）	占一般公共预算支出的比重 （％）	比上年的增长率 （％）
2007	281.22	15	—
2008	330.23	14	17
2009	403.62	14	22
2010	461.22	14	14
2011	547.96	13	19
2012	631.61	13	15
2013	731.41	13	16
2014	790.87	13	8
2015	945.83	14	20
2016	1067.40	14	13
2017	1160.23	14	9
2018	1298.45	14	12

第三章　中部六省人力资源开发比较分析

中部六省指山西、安徽、江西、河南、湖北、湖南六个相邻省份。在促进中部崛起的背景下，将河南省人力资源开发情况与中部其他五省情况进行对比分析，有利于发现河南省人力资源及工作的优势与不足，为实现河南省在中部崛起中更加出彩提供理论支撑。除特殊说明外，本章的资料来源是《山西统计年鉴2019》《安徽统计年鉴2019》《河南统计年鉴2019》《江西统计年鉴2019》《湖北统计年鉴2019》《湖南统计年鉴2019》《中国统计年鉴2019》，以及《中华人民共和国2018年国民经济和社会发展统计公报》、2018年的山西省、安徽省、江西省、河南省、湖北省、湖南省的国民经济和社会发展统计公报。

第一节　人力资源发展状况对比分析

一、人力资源与经济发展状况

（一）中部六省人力资源状况

根据《国家统计年鉴》的相关数据显示，中部六省劳动力人口较为丰富，2018年其总人口占全国总人口的比重为28.4%。图3-1显示了中部六省总人口状况。河南省是人口大省，2018年河南省总人口达到1.09亿，在中部六省中最多，是排名第二的湖南省总人口的1.49倍，是排名最后的山西省的3.14倍。从城镇人口来看，河南省、湖北省、江西省以及山西省的城镇人口数超过农村人口数，而安徽省、湖南省的城镇人口数仍然低于农村人口数。

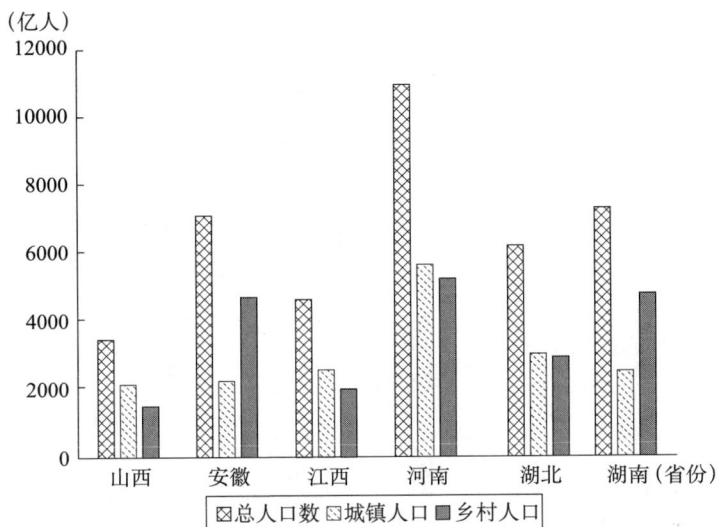

图 3-1 2018 年中部六省总人口状况

（二）中部六省男女人口数量

2018 年，中部六省都存在男女人口比例不协调的问题（见图 3-2）。总体来说，2018 年男性人口总量大于女性人口总量。河南省男性人口为 5633 万，女性人口为 5273 万，相差 360 万人，是中部六省中差距最大的省。湖南省男女性别差距在中部六省中排名第二，相差 265.86 万人，湖北省和江西省男女人口差距排名第三、第四，分别为 240 万人和 120 万人，安徽省和山西省人口数量差距最少，分别为 51.38 万人和 75.01 万人。

（三）中部人口自然变动情况

由图 3-3 可知，在人口出生率方面，除山西省为 9.63‰外，中部其他五省均高于 10.00‰，其中，最高的江西省为 13.43‰，河南省为 11.72‰，处于第四位。在人口死亡率方面，排在前三位的是湖南省、湖北省和河南省，分别为 7.08‰、7.00‰、6.80‰，最低的山西省为 5.32‰。中部六省的人口自然增长率最高的江西省，为 7.37‰，其他均低于 7.00‰，其中，河南省、湖北省和山西省的人口自然增长率低于 5.00‰，分别为 4.92‰、4.54‰和 4.31‰。

（万人）

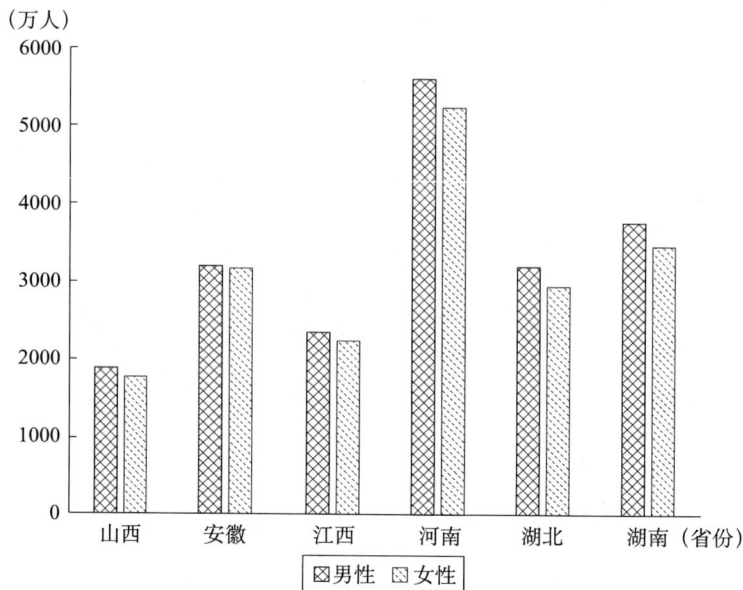

图 3 - 2　2018 年中部六省男女人口数量

（‰）

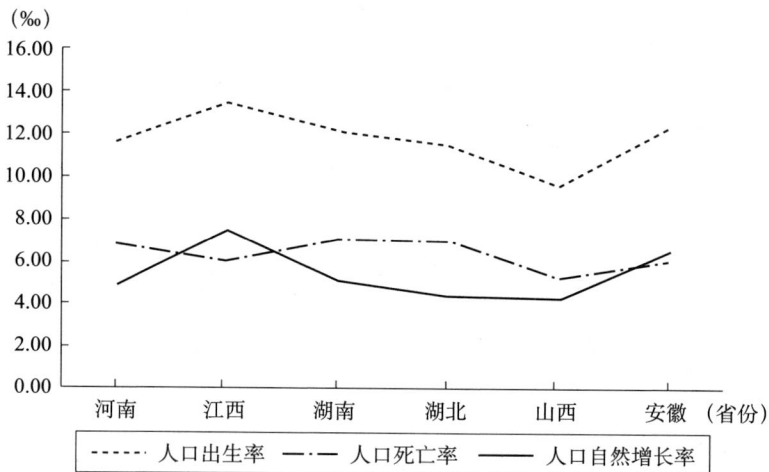

图 3 - 3　2018 年中部六省人口自然变动情况

（四）中部六省常住人口情况

图 3 - 4 反映了 2018 年中部六省常住人口情况。河南省有丰富的劳动力人口，常住人口数在中部六省中最多，为 9605 万人，比人口数量排名第二的湖南省多 2706 万人，比人口数量排名第六的山西省多 5887 万人。

（万人）

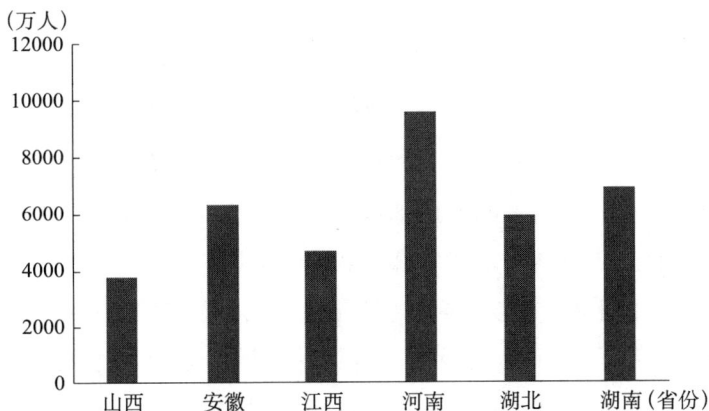

图 3-4　2018 年中部六省常住人口情况

二、就业人员与工资水平对比分析

（一）城乡就业人口分布情况对比

图 3-5 显示了 2018 年中部六省城乡就业人口分布情况。从图中可以看出，河南省的城镇就业人口在中部六省中排名第二，仅次于湖北省，且差距不大，河南省乡村就业人口在中部六省中排名第一，且比第二名安徽省多出 1675 万人。这与河南省的人口基数在中部六省中最大有很大关系。同时也表明，河南省城镇化水平相对较低，导致乡村就业人口的比重相对较大。

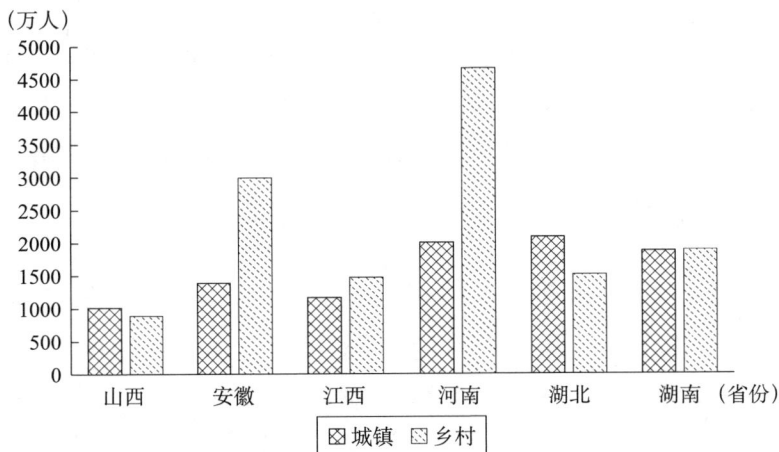

（万人）

图 3-5　2018 年中部六省城乡就业人口分布情况

（二）中部六省三次产业就业人口分布情况对比

表 3-1 反映了 2018 年中部六省三次产业就业人口分布情况。从绝对数来看，河南省无论是第一产业、第二产业还是第三产业的就业人数，在中部六省中都遥遥领先，这与河南省的人口基数最大有很大关系。从相对数来看，河南省第一产业就业人数所占比重在中部六省中排名第二，仅次于湖南省；第二产业就业人数所占比重在中部六省中排名第二，仅次于江西省；第三产业就业人数所占比重在中部六省中排名最低。这说明，河南省就业结构有待进一步完善，应通过加快城镇化转移农村劳动力人口。因此，河南省应该加大产业结构的优化力度，持续提高第三产业的比重，以此带动就业结构的进一步优化。

表 3-1　　　　　　　　　**2018 年中部六省三次产业就业人口分布情况**

省份	第一产业（万人）	所占比重（%）	第二产业（万人）	所占比重（%）	第三产业（万人）	所占比重（%）
山西	643.8	33.69	442.4	23.15	824.7	43.16
安徽	1353.6	30.87	1263.3	28.81	1768.4	40.33
江西	725.2	27.51	867.0	32.89	1043.9	39.60
河南	2366.0	35.36	2048.0	30.60	2278.0	34.04
湖北	1216.0	33.97	840.0	23.46	1524.0	42.57
湖南	1462.4	39.12	836.4	22.37	1439.8	38.51

（三）城镇单位就业人员情况对比分析

图 3-6 显示了 2018 年中部六省城镇单位就业人员情况。从图 3-6 中可以看出，在中部六省中，河南省的城镇单位就业人员最少，湖南省的城镇单位就业人员最多，两者相差近 900 万人。这说明，河南省的城镇化水平仍然较低。

（四）城镇单位就业人员平均工资对比分析

就业人员平均工资水平反映了一个地区的经济发展水平以及单位的福利待遇水平。图 3-7 反映了 2018 年中部六省城镇单位就业人员平均工资情况。从图中可以看出，在中部六省中，湖南省的城镇单位就业人员平均工资最高，河南省次之，山西省最低。这在一定程度上说明，城镇单位就业人员平均工资与经济发展水平以及职工人数相关。

（万人）

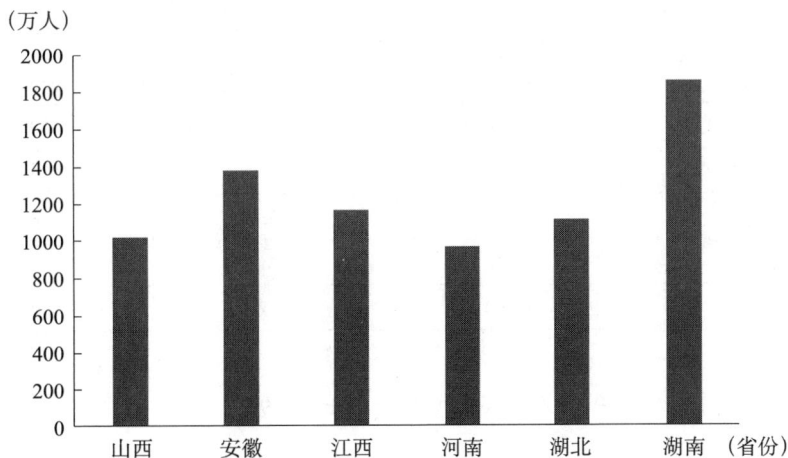

图 3 - 6　2018 年中部六省城镇单位就业人员情况

（元）

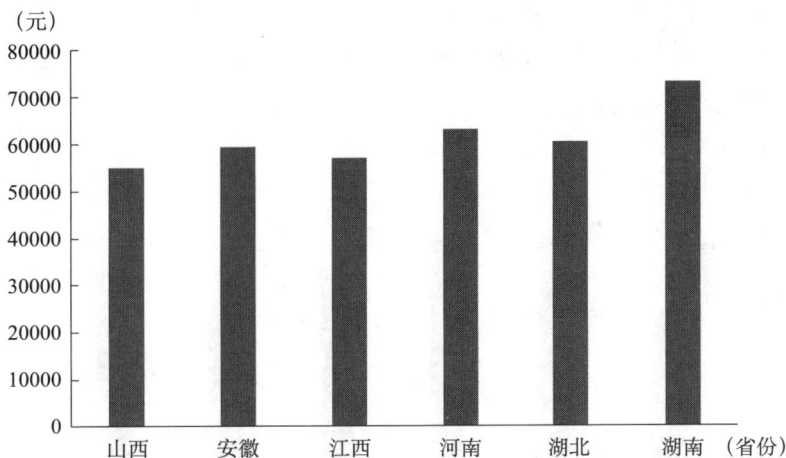

图 3 - 7　2018 年中部六省城镇单位就业人员平均工资情况

（五）中部六省城镇单位职工工资对比分析

表 3 - 2 体现了 2018 年中部六省城镇单位职工平均工资情况。从表中可以看出，河南省国有单位职工平均工资和其他单位职工平均工资在中部六省中都处于较低水平，城镇单位职工平均工资在中部六省中位于第二，仅次于安徽省。为吸引人才，河南省有必要提高国有单位以及其他单位的工资待遇。

表 3 - 2　　　　　2018 年中部六省城镇单位职工平均工资情况　　　　单位：元

省份	国有单位	城镇单位	其他单位
山西	66146	51594	66544
安徽	93210	63843	66089
江西	81872	58143	63654
河南	74649	58339	57824
湖北	85712	52514	70512
湖南	83190	51122	65991

（六）城镇私营单位人员平均工资对比分析

图 3 - 8 显示了 2018 年中部六省城镇私营单位人员平均工资情况。从图中可以看出，河南省城镇私营单位人员的平均工资在中部六省中处于中等水平，最高的安徽省为 44964 元，最低的山西省为 34535 元。城镇私营单位的平均工资不仅反映了一个地区的经济发展水平，也在一定程度上反映了当地私营经济的活跃度和营商环境的优劣。

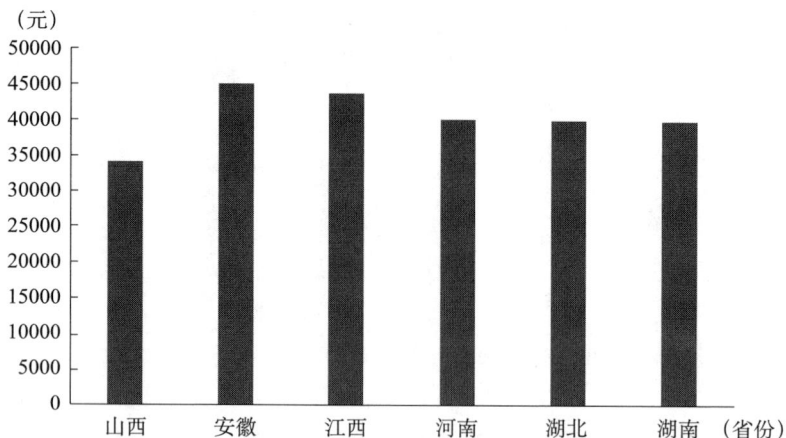

图 3 - 8　2018 年中部六省城镇私营单位人员平均工资情况

（七）城镇登记失业人数及失业率对比分析

表 3 - 3 反映了 2018 年中部六省城镇登记失业人数及登记失业率情况。河南省的城镇登记失业人数在中部六省中排名第一，为 48.60 万人，这主要是因

为河南省的人口基数较大。

表 3 - 3   **2018 年中部六省城镇登记失业人数及登记失业率情况**

省份	城镇登记失业人数（万人）	登记失业率（%）
山西	24.56	3.3
安徽	28.07	2.8
江西	35.11	3.4
河南	48.60	3.0
湖北	36.14	2.5
湖南	40.35	3.6

虽然河南省的城镇登记失业人数在中部六省中排名最高，但城镇登记失业率却并不高，处于中等水平，也低于全国平均水平。这说明，河南省作为人口大省和就业大省，在就业保障方面的工作还是值得肯定的。

三、国民经济发展状况对比分析

（一）地区生产总值

2018 年，中部六省占中国经济总量的 21.4%。从中部六省地区生产总值来看，见表 3 - 4，排名依次是河南省、湖北省、湖南省、安徽省、江西省和山西省。其中，河南省地区生产总值接近 50000 亿元，湖北省地区生产总值逼近 40000 亿元，位居中部六省"3 万亿俱乐部"成员之首。一般而言，一个地区的地区生产总值越高，财政收入越多，综合经济实力就会越强。

表 3 - 4   **2018 年中部六省地区生产总值对比情况**

省份	地区生产总值（亿元）	人均地区生产总值（元）
山西	16818.11	45328
安徽	30006.82	47712
江西	21984.78	47434
河南	48055.86	50152
湖北	39366.55	66616
湖南	36425.78	52949

2018 年，河南省地区生产总值排名全国第五，但其人均地区生产总值远低于全国水平，在中部六省中表现也不突出。从人均地区生产总值来看，排名依次是湖北省、湖南省、河南省、安徽省、江西省、山西省。

（二）地区生产总值产业构成

第一产业、第二产业和第三产业，是根据社会生产活动的历史发展对产业结构的划分，是国民经济中最重要的关系。目前，中国产业结构正在加速由工业主导向服务业主导转化，整体上处于工业化中后期阶段，由此导致第二产业增长放缓，第三产业比重逐步提升。表 3 - 5 显示了 2018 年中部六省地区生产总值三次产业构成对比。山西省第三产业在地区生产总值中占比最高（53.4%）；湖南省、安徽省、湖北省第三产业均超过第二产业；只有河南省、江西省第三产业未能超越第二产业，不过，都非常接近第二产业。但是，湖北省、湖南省的第三产业对经济增长的贡献，明显高于第一产业和第二产业。因此，河南省需要进一步调整三次产业结构，向纵深推进。

表 3 - 5　　　　　　2018 年中部六省地区生产总值三次产业构成对比

省份	第一产业	第二产业	第三产业	三次产业结构比（%）
山西	740.64	7089.19	8988.28	4.4:42.4:53.4
安徽	2638.01	13842.09	13526.72	7.8:41.4:50.8
江西	1877.33	10250.21	9857.23	8.6:46.6:44.8
河南	4289.38	22034.83	21731.65	8.9:45.9:45.2
湖北	3547.51	17088.95	18730.09	9.0:43.4:47.6
湖南	3083.59	14453.54	18888.65	8.5:39.7:51.8

（三）居民人均可支配收支

表 3 - 6 显示了 2018 年中部六省居民人均可支配收入和居民人均消费支出情况。其中，城镇居民人均可支配收入最高的湖南省为 36698 元，河南省为 31874 元排名第五；农村居民人均可支配收入最高的湖北省为 14978 元，最低的山西省为 11750 元；城镇居民人均消费支出最多的湖南省为 25064 元，最少的山西省为 19790 元；农村人均消费支出最多的湖北省为 13946 元，最少的山西省为 9172 元。

表 3 - 6　　　2018 年中部六省居民人均可支配收入和居民人均消费支出情况　单位：元

省份	居民人均可支配收入		居民人均消费支出	
	城镇	农村	城镇	农村
山西	31035	11750	19790	9172
安徽	34393	13996	21523	12748
江西	33819	14460	20760	10885
河南	31874	13831	20989	10392
湖北	34455	14978	23996	13946
湖南	36698	14093	25064	12721

（四）一般公共预算收支

中央财政在强化税收、农业、民生、生态建设和环境保护、基础设施建设等专项扶持的同时，不断加大对中部地区的一般性转移支付力度，促进中部地区增强基本公共服务提供能力。由于中央财政补助力度较大，加上各级政府的共同努力，中部六省财政保障能力明显增强。表 3 - 7 反映了 2018 年中部六省一般公共预算收支情况。河南省的一般公共预算收支在中部六省中处于领先位置，其中，一般公共预算收入为 3766.02 亿元，同比增长 10.5%。2018 年，河南省税收收入完成 2656.5 亿元，税收收入占一般公共预算收入的比重为 70.5%，同比提高 2.1%。

表 3 - 7　　　　　　　2018 年中部六省一般公共预算收支情况　　　　　单位：亿元

省份	一般公共预算收入	一般公共预算支出
山西	2292.69	4283.91
安徽	3048.67	6572.16
江西	2373.01	5667.53
河南	3766.02	9217.73
湖北	3307.08	7258.27
湖南	2860.84	7479.61

在一般公共预算收入中，排名依次是河南省、湖北省、安徽省、湖南省、江西省、山西省；在一般公共预算支出中，排名依次是河南省、湖南省、湖北

省、安徽省、江西省、山西省。

四、人民生活状况对比分析

(一) 中部六省城乡居民人均收支

表 3 – 8 显示了 2018 年中部六省城乡居民人均收支与全国平均水平比较情况。在居民人均可支配收入和居民人均消费支出方面，中部六省城镇居民的数据均低于全国平均水平，中部六省农村居民可支配收入（除湖北省外）低于全国平均水平，农村居民人均消费支出有三个省高于全国平均水平。从整体来看，中部六省城乡居民收支均有待提高，反映了其未来经济发展的潜力。

表 3 – 8   2018 年中部六省城乡居民人均收支与全国平均水平比较情况   单位：元

类别	居民人均可支配收入		居民人均消费支出	
	城镇	农村	城镇	农村
山西省	31035	11750	19790	9172
安徽省	34393	13996	21523	12748
江西省	33819	14460	20760	10885
河南省	31874	13831	20989	10392
湖北省	34455	14978	23996	13946
湖南省	36698	14093	25064	12721
全国	39251	14617	26112	12124

(二) 中部六省城乡居民人均收支状况

1. 中部六省城镇居民人均收支结构

表 3 – 9 显示，2018 年中部六省城镇居民人均可支配工资性收入，江西省最高，河南省最低；安徽省城镇居民人均可支配经营净收入最高，而湖南省城镇居民人均可支配财产净收入和城镇居民人均可支配转移净收入最高。在城镇居民人均教育文化娱乐消费支出方面，湖南省最高，安徽省最低，两者相差近 1600 元。

表3-9	2018年中部六省城镇居民人均收支状况				单位：元	
指标名称	山西省	安徽省	江西省	河南省	湖北省	湖南省
城镇居民人均可支配工资性收入	18572.44	20973.960	21451.080	18049.330	18997.080	20021.540
城镇居民人均可支配经营净收入	2574.255	5548.119	2824.210	4531.737	4796.602	5252.505
城镇居民人均可支配财产净收入	2286.122	2708.255	2950.538	3161.568	2953.881	3715.306
城镇居民人均可支配转移净收入	7601.990	5162.753	6593.564	6131.557	7707.063	7708.907
城镇居民人均食品烟酒消费支出	4702.648	6672.053	6232.558	5399.519	6737.534	6848.948
城镇居民人均衣着消费支出	1821.456	1661.079	1628.825	1705.043	1741.242	1823.452
城镇居民人均居住消费支出	4246.815	4909.875	4561.681	5020.977	5392.032	5060.910
城镇居民人均生活用品及服务消费支出	1219.451	1321.346	1493.735	1489.385	1572.947	1635.608
城镇居民人均交通通信消费支出	2497.387	2630.346	2537.632	2510.602	3103.213	3220.274
城镇居民人均教育文化娱乐消费支出	2638.243	2372.430	2490.546	2429.901	2694.586	3924.535
城镇居民人均医疗保健消费支出	2138.391	1419.323	1218.863	1925.182	2162.845	2034.450
城镇居民人均其他用品及服务消费支出	525.449	536.268	596.177	508.542	591.506	516.037

2. 中部六省农村居民人均收支结构

表3-10显示，2018年中部六省农村居民人均可支配工资性收入江西省最高，湖北省最低，两者相差近1300元。湖北省农村居民人均可支配经营净收入最多，安徽省农村居民人均可支配财产净收入最多，湖北省农村居民人均可支配转移净收入最多。在农村居民人均食品烟酒消费支出方面，安徽省最高，山西省最低，两者相差近1700元。在农村居民人均交通通信消费支出方面，湖北省最高，山西省最低。在农村居民人均教育文化娱乐消费支出方面，湖南省最高，江西省最低；在农村居民人均医疗保健消费支出方面，湖北省最

高，江西省最低，两者相差近一倍。

表 3 - 10　　　　　　　**2018 年中部六省农村居民人均收支及结构**　　　　　单位：元

指标名称	山西省	安徽省	江西省	河南省	湖北省	湖南省
农村居民人均可支配工资性收入	5735.751	5057.992	6120.982	5335.616	4886.791	5769.335
农村居民人均可支配经营净收入	3075.233	5411.485	5271.867	4790.713	6270.848	4785.687
农村居民人均可支配财产净收入	192.932	256.031	235.459	221.392	185.942	179.337
农村居民人均可支配转移净收入	2746.096	3270.515	2831.583	3483.023	3634.24	3358.152
农村居民人均食品烟酒消费支出	2539.774	4208.258	3402.999	2778.289	3928.217	3713.914
农村居民人均衣着消费支出	626.403	635.006	526.128	736.106	783.065	624.056
农村居民人均居住消费支出	2075.671	3013.251	3038.164	2273.679	2954.255	2920.636
农村居民人均生活用品及服务消费支出	443.692	772.450	607.240	697.477	852.224	756.789
农村居民人均交通通信消费支出	1106.916	1556.137	1214.686	1285.971	1933.051	1449.652
农村居民人均教育文化娱乐消费支出	1149.551	1271.115	1143.728	1226.846	1551.430	1678.589
农村居民人均医疗保健消费支出	1065.203	1036.653	783.780	1226.618	1588.034	1385.527
农村居民人均其他用品及服务消费支出	165.009	255.212	168.474	167.027	355.987	191.380

（三）中部六省各类价格指数

表 3 - 11 显示了 2018 年中部六省各类价格指数水平对比情况。从总体上来看，中部六省中河南省的居民消费价格指数最高，达到 102.2525；细分各类价格指数来看，城市居民消费价格指数、教育文化和娱乐类居民消费价格指数、其他用品和服务类居民消费价格指数，河南省指数水平最高，其中，医疗保健类居民消费价格指数为 106.0512，达到了河南省各类价格指数的最高水

平；安徽省居住类居民消费价格指数水平最低。

表 3-11　　　　　2018 年中部六省各类价格指数水平对比情况

指标名称	山西省	安徽省	江西省	河南省	湖北省	湖南省
居民消费价格指数	101.7931	101.9834	102.1081	102.2525	101.9498	101.9613
城市居民消费价格指数	101.8070	101.9598	102.0700	102.3862	101.9948	101.9496
农村居民消费价格指数	101.7588	102.0297	102.1853	102.0069	101.8409	101.9846
食品烟酒类居民消费价格指数	101.6600	102.1207	100.9957	101.5089	101.7965	100.8356
衣着类居民消费价格指数	100.4896	102.0466	100.1895	101.0811	100.8050	101.9234
居住类居民消费价格指数	102.3885	102.0983	102.5874	102.2007	102.5048	103.5971
生活用品及服务类居民消费价格指数	100.5921	101.7329	100.9770	101.6237	101.2917	101.305
交通和通信类居民消费价格指数	101.2120	101.0541	101.5591	102.2005	102.1804	102.7925
教育文化和娱乐类居民消费价格指数	101.8747	102.2171	102.5785	102.9742	101.4855	101.4883
医疗保健类居民消费价格指数	103.5712	102.8009	108.3113	106.0512	103.5202	102.4969
其他用品和服务类居民消费价格指数	101.3474	100.6025	100.7565	101.3909	100.5678	100.5631

第二节　人力资源工作情况对比分析

一、教育发展情况对比分析

（一）各级学校数和教师数

表 3-12 反映了 2018 年中部六省各类学校数和教师数，河南省各类学校数量在中部六省中均最多（除职业中学外）。

表 3-12 　　　　　　　　2018 年中部六省各类学校数和教师数

省份	小学		普通中学		职业中学		普通高等学校	
	学校数（所）	教师数（万人）	学校数（所）	教师数（万人）	学校数（所）	教师数（万人）	学校数（所）	专任教师数（万人）
山西	5445	16.80	2299	17.23	442	2.34	83	4.19
安徽	7908	24.93	3494	23.75	119	4.82	110	6.11
江西	7578	21.04	2640	22.35	78	1.30	102	5.74
河南	18622	50.02	5371	49.24	289	4.82	140	11.54
湖北	5396	19.39	2597	24.84	270	1.99	128	8.34
湖南	7335	23.90	3957	32.50	472	2.90	109	7.27

尽管河南省高校数量在中部六省位列第一，但高校办学声誉有待进一步提升。2018 年，全国高校开始"双一流"建设，首批获批"双一流"建设高校137 所，北京市 34 所。中部六省获批数量分别为，湖北省 7 所、湖南省 4 所、安徽省 3 所、河南省 2 所（B 类和学科各 1 所）、山西省 1 所、江西省 1 所。

表 3-13 显示了 2014～2018 年中部六省普通高校教师人均负担学生人数。从总体上来看，河南省教师人均负担较重，高于全国水平，在中部六省中也较高。

表 3-13 　　　　2014～2018 年中部六省普通高校教师人均负担学生人数 　　　单位：人

年份	全国	山西省	安徽省	江西省	河南省	湖北省	湖南省
2014	16.78	16.80	17.45	16.03	18.80	16.12	16.01
2015	17.05	17.59	17.73	16.51	18.71	16.78	17.11
2016	17.07	18.04	18.44	17.11	18.02	15.63	17.06
2017	17.52	18.28	18.52	18.03	18.32	17.44	18.37
2018	17.56	17.62	18.21	18.06	18.43	18.17	18.11

（二）各级各类学校学生情况

表 3-14 反映了 2018 年中部六省各级各类学校学生人数情况。据表 3-14 计算可得，2018 年，河南省小学在校学生数占总在校人数的 53.13%，比全国平均水平约高 3.00%；普通中学在校生人数占总在校人数的 35.39%，与全国平均水平基本持平；普通高等院校在校生人数占总在校人数的 11.44%，比全国平均水平低 3.00%。与湖北省、安徽省等中部省份比，河南省小学在校生人数占河南省学生总人数相对较高，而普通高等院校在校生人数占河南省学生总人数则偏低。

表 3 – 14　　　　　　　　　2018 年中部六省各级各类学校学生人数　　　　　　单位：万人

省份	小学			普通中学			普通高等学校		
	学校招生数	在校学生数	学校毕业生数	学校招生数	在校学生数	学校毕业生数	学校招生数	在校学生数	学校毕业生数
山西	40.09	228.50	40.15	60.05	181.69	58.61	22.39	76.56	21.66
安徽		456.84			316.64		33.59	113.91	33.52
江西	70.19	421.22	73.16	108.52	307.83	88.10	32.36	105.44	31.10
河南	169.44	986.84	191.90	259.58	758.22	252.02	27.76	85.19	16.52
湖北	67.22	366.58	55.25	83.45	241.13	72.85	42.66	143.59	37.48
湖南	93.05	521.98	83.23	124.94	358.01	108.94	19.00	72.38	16.42

（三）教育投入水平分析

教育投入水平反映了一个国家或地区对教育的重视程度，是反映某一国家或地区某一时间段人力资本存量以及人力资本水平的最重要指标，其主要衡量的指标是教育经费占国内生产总值（地区生产总值）的份额。一般而言，教育投入指数越高的国家或地区，总体发展能力、发展潜力越大。

图 3 – 9 呈现了 2018 年中部六省地方财政教育经费支出状况。2018 年，在中部六省中比较来看，河南省的地方财政教育支出高于中部其他五省，显示出

（亿元）

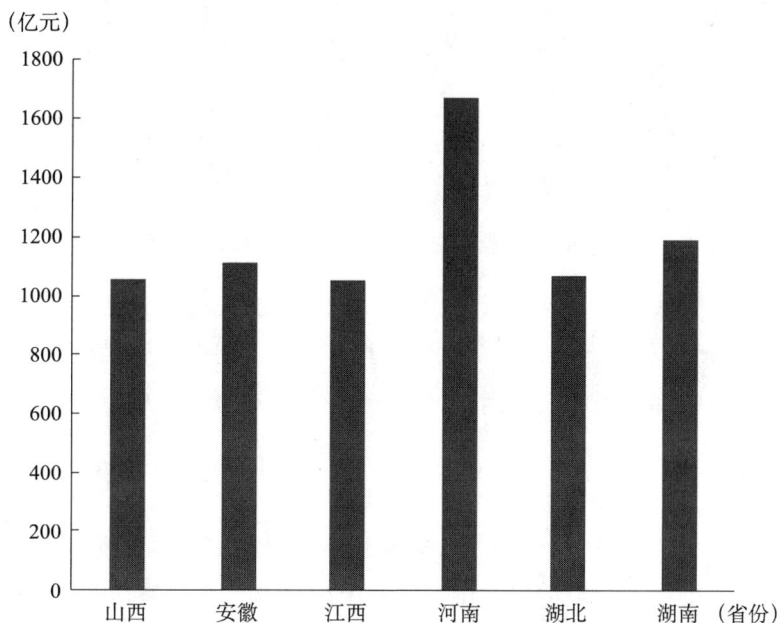

图 3 – 9　2018 年中部六省地方财政教育经费支出

河南省对教育的重视，这可能与基础教育经费支出的占比较高有关。与中部六省相比，河南省的地方财政教育支出高于其他五省，显示河南省对教育的重视。

二、科技发展情况对比分析

（一）中部六省研究与试验发展活动情况对比分析

图 3 - 10 是 2018 年中部六省研究与发展（R&D）人员的数量情况。湖北省的 R&D 人员数量最多，河南省次之。但考虑到河南省的人口基数较大，每万人拥有的 R&D 人员并不具有优势。未来，河南省应该加大科技投入力度，培养和引进更多的 R&D 人员，提高河南省科技实力。

（人）

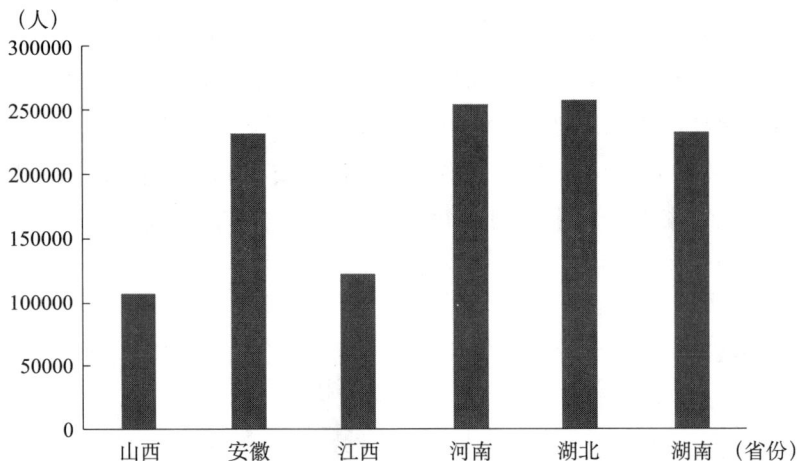

图 3 - 10　2018 年中部六省研究与发展（R&D）人员数量情况

图 3 - 11 反映了 2018 年中部六省 R&D 经费内部支出情况。从绝对数量来看，湖北省 R&D 经费支出在中部六省中最多，且优势明显；山西省 R&D 经费支出最低；在中部六省中，河南省 R&D 经费支出总额处于中上等水平。

（二）中部六省三种专利申请量与专利授权量对比分析

图 3 - 12 反映了 2018 年中部六省专利申请量与专利授权量情况。从绝对总量上看，安徽省专利申请量在中部六省中排名第一，河南省专利授权量位居中部六省第一。从人均来看，2018 年全国每万人口发明专利拥有量达到 11.5

件，最高的是北京市为 112.2 件，中部六省只有安徽省进入前十强。中部六省依次包括安徽省为 9.83 件、湖北省为 8.24 件、湖南省为 5.93 件、山西省为 4.98 件、河南省为 3.88 件、江西省为 2.96 件。

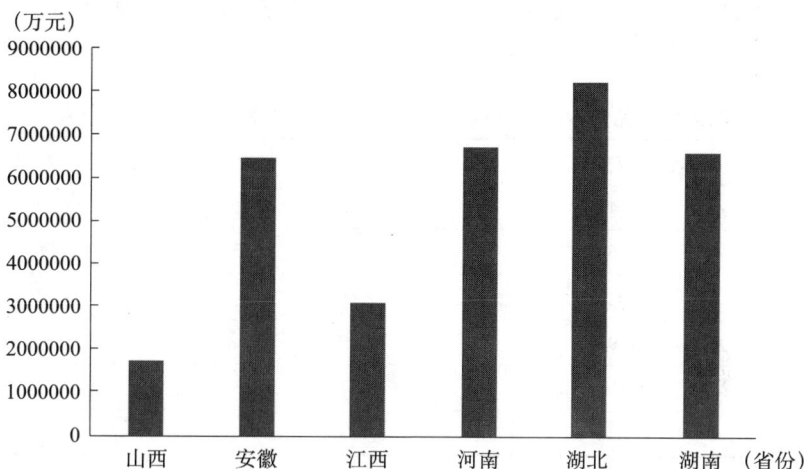

（万元）

图 3-11　2018 年中部六省研究与发展（R&D）经费内部支出

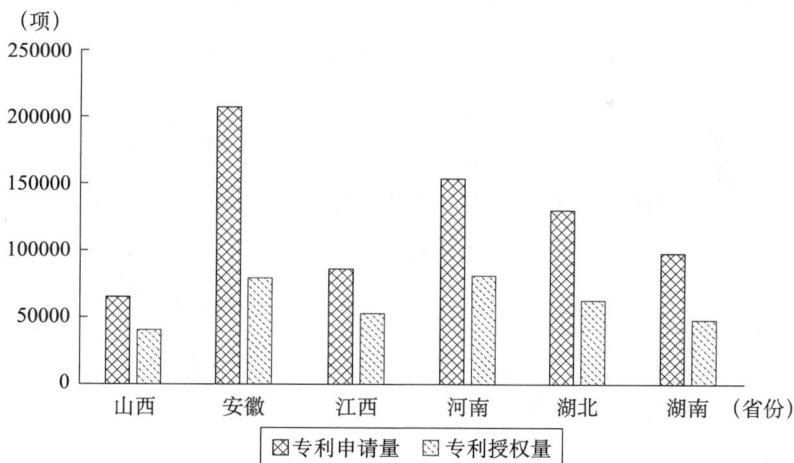

（项）

图 3-12　2018 年中部六省专利申请量与专利授权量

（三）中部六省技术市场成交合同情况

技术市场成交额是指，登记合同成交总额中明确规定属于技术交易的金额，它反映了科技创新能力的市场变现。表 3-15 反映了 2018 年中部六省技

术合同成交数、技术合同成交额及技术交易额情况。从技术合同成交额和技术
交易额看，排在前三的分别为湖北省、安徽省和湖南省。从技术合同成交额来
看，成交额最高的湖北省，是成交额最低的江西省的约 11 倍；从技术交易额
来看，最高的湖北省是山西省的 11 倍多。河南省整体排名较低，在技术转移
和产业化方面，河南省今后可能需要做更多的工作。

表 3-15   2018 年中部六省技术合同成交数、技术合同成交额及技术交易额

省份	技术合同成交数（个）	技术合同成交额（亿元）	技术交易额（亿元）
山西	1041	150. 76	58. 04
安徽	20364	322. 58	240. 06
江西	3024	115. 81	89. 21
河南	7298	149. 74	93. 54
湖北	28835	1237. 19	661. 75
湖南	6044	281. 67	161. 47

（四）中部六省一般公共预算支出中的科技支出情况

表 3-16 反映了 2018 年中部六省一般公共预算支出中的科技支出情况。
从总体上看，2018 年河南省一般公共预算支出中的科技支出为 155. 67 亿元，
在中部六省中排名第三，低于安徽省和湖北省；但从所占比重来看，河南省科
技支出占一般公共预算支出的比重在中部六省中排名第五，仅高于山西省，远
低于安徽省和湖北省，甚至不及江西省。

表 3-16   2018 年中部六省一般公共预算支出中的科技支出

省份	一般公共预算支出（亿元）	一般公共预算支出中的科技支出（亿元）	所占比重（%）
河南	9217. 73	155. 67	1. 69
湖南	7479. 71	129. 94	1. 74
湖北	7258. 27	268. 49	3. 70
安徽	6572. 15	294. 81	4. 49
江西	5667. 52	147. 09	2. 60
山西	4283. 91	59. 08	1. 38

三、卫生和社会机构对比分析

（一）中部六省卫生事业基本情况

2018 年河南省每万人医疗机构床位数在中部六省中的排名居中（见表 3-17）。这说明，近年来河南省卫生健康事业在逐步完善，已经基本上改善了看病难、床位少、卫生人员缺乏的状况。这一方面，得益于郑州大学第一附属医院"先做大再做强"的发展理念，在数量上一定程度地满足了大量病患对床位的需求；另一方面，也是主要方面，这得益于近年来河南省政府和民众对卫生事业的日趋重视。每万人拥有卫生技术人员数是 65 人，在中部六省中处于中间水平。卫生技术人员是推动卫生事业向前发展的动力因素，为了加快河南省卫生事业的发展，应科学合理地进行卫生人力资源配置，加大卫生技术人员的培养力度与引进力度。

表 3-17　　　　　　　　2018 年中部六省卫生事业基本

省份	每万人拥有卫生技术人员数（人）	每万人医疗机构床位数（张）
山西	66	56.03
安徽	53	51.89
江西	53	53.68
河南	65	63.35
湖北	69	66.51
湖南	63	69.93

（二）中部六省卫生总费用

从表 3-18 中可以看出，2017 年河南省的卫生总费用为 2747.67 亿元，在中部六省中最高，但是，河南省的人均卫生费用在中部六省中依然处于落后地位，仅为 2874.43 元。这表明，一方面，河南省正在积极完善医疗保障体系，加大卫生投入；另一方面，由于河南省人口基数大，人均卫生费用水平依然有待提高。卫生事业的发展，依然是河南省重大的民生问题。

表3-18　　　　　　　2017年中部六省卫生总费用及人均卫生费用

省份	卫生总费用（亿元）	人均卫生费用（元）
山西	1087.74	2938.24
安徽	1812.24	2897.37
江西	1256.22	2717.89
河南	2747.67	2874.43
湖北	2174.45	3698.89
湖南	2147.28	3130.08

（三）一般公共预算收支中的社会保障和就业支出与医疗卫生支出

从表3-19可以看出，2018年河南省的社会保障和就业支出、医疗卫生支出在中部六省中是首位，在社会保障和就业支出中，排名依次是河南省、湖北省、湖南省、安徽省、江西省、山西省；在医疗卫生支出中，排名依次是河南省、安徽省、湖南省、江西省、湖北省、山西省。

表3-19　　　　2018年中部六省社会保障和就业支出与医疗卫生支出　　　单位：亿元

省份	一般公共预算支出	
	社会保障和就业支出	医疗卫生支出
山西	671.65	358.99
安徽	954.69	627.38
江西	761.06	585.47
河南	1298.45	928.95
湖北	1172.00	575.74
湖南	1095.57	627.10

四、文化和体育情况对比分析

（一）中部六省文化和体育发展情况

从表3-20可以看出，2018年中部六省文化和体育发展情况，其中，文化文物机构数最多的是安徽省19915个，最少的是山西省7254个；文化文物从业人员数最多的是安徽省150098人，最少的是江西省53048人；运动员人数最多的是河南省2300人，最少的是湖南省1463人。

表 3 – 20   2018 年中部六省文化和体育发展

类别	文化文物机构数 （个）	文化文物从业人员数 （人）	运动员人数 （人）	健身场地设施建设情况 （个）
山西	7254	61510	1474	7618
安徽	19915	150098	1624	—
江西	8456	53048	—	—
河南	19716	132552	2300	6388
湖北	7270	—	1814	—
湖南	15497	97277	1463	—
全国	306252	2407827		

注："—"表示数据缺失。

（二）中部六省文化产业机构数

从表 3 – 21 可以看出，2018 年中部六省文化产业机构数中艺术表演团体数在各省都处于最高水平，其中，安徽省艺术表演团体数达到 2859 个，属于最高值；河南省博物馆数最多，有 334 个，超过山西省、湖南省的博物馆数的 2 倍；且河南省艺术表演团体数和艺术表演场馆数在中部六省中都处于较高水平。

表 3 – 21   2018 年中部六省文化产业机构数   单位：个

指标名称	山西省	安徽省	江西省	河南省	湖北省	湖南省
公共图书馆数	128	126	113	160	115	140
博物馆数	152	201	144	334	200	121
艺术表演团体数	795	2859	379	2017	489	510
艺术表演场馆数	125	107	57	155	61	105

（三）中部六省公共图书馆基本情况

表 3 – 22 显示，2018 年，在公共图书馆的数量上，河南省居于中部六省之首；在总藏量上，湖北省最多，山西省最少，两者相差 1 倍，河南省处于第三位。在每万人拥有公共图书馆建筑面积上，河南省排名最低。从总体上看，中部六省公共图书馆的数量与其每万人拥有公共图书馆建筑面积并不相匹

配。比如，湖北省公共图书馆只有 115 个，属于较低水平，但是，该省每万人拥有公共图书馆建筑面积达到 116.8 平方米，又居于较高地位。

表 3 – 22　　　　　　　2018 年中部六省公共图书馆基本情况

指标名称	山西省	安徽省	江西省	河南省	湖北省	湖南省
公共图书馆（个）	128	126	113	160	115	140
总藏量（万册/件）	1859.9	2909.7	2522.1	3168.7	3910.3	3305.3
每万人拥有公共图书馆建筑面积（平方米）	139.9	80.7	89.1	70.2	116.8	72.0

（四）中部六省新闻出版业主要指标

表 3 – 23 显示了 2018 年中部六省新闻出版业主要指标情况。在图书种数方面，湖北省、安徽省较高，分别达到 13419 种、10040 种，是山西省的 3 倍以上；在报纸种数方面，湖北省、湖南省、河南省三省种数较多，但是，湖北省的报纸种数远超过湖南省、河南省；在期刊种数方面，河南省跃居第一位，湖北省仍处于较高水平。

表 3 – 23　　　　　　　2018 年中部六省新闻出版业主要指标

指标名称		山西省	安徽省	江西省	河南省	湖北省	湖南省
图书	种数（种）	3304	10040	8242	8868	13419	9805
	总印数（亿册、亿张）	1.0174	3.2077	2.4587	3.1068	2.6835	4.534
报纸	种数（种）	202	186	166	248	430	259
	总印数（亿册）	0.2259	0.4321	0.7435	0.8351	1.1872	0.8768
期刊	种数（种）	60	51	40	77	73	48
	总印数（亿份）	19.8105	6.7725	8.8317	16.7259	8.9408	8.4801

据表 3 – 23 所示，2018 年中部六省新闻出版业中图书、报纸、期刊总印数的对比情况。期刊总印数在中部六省中显示出高度不均的状况，其中，山西省和河南省较高；报纸总印数各省之间相差不太大，其中，湖北省最高。

（五）中部六省广播电视节目基本情况

表 3 – 24 显示，2018 年在电视节目综合人口覆盖率方面，中部六省的覆

盖率均超过 99.00%；无论是公共广播节目套数还是公共电视节目套数，河南省均处于第一位，远高于湖北省。从表 3 - 24 可以看出，在广播节目综合人口覆盖率方面，安徽省、湖北省覆盖率较高，其中，安徽省最高，达到 99.84%。

表 3 - 24　　　2018 年中部六省广播电视节目综合人口覆盖率和套数

指标名称	山西省	安徽省	江西省	河南省	湖北省	湖南省
广播节目综合人口覆盖率（%）	98.80	99.84	98.54	99.05	99.68	99.02
电视节目综合人口覆盖率（%）	99.57	99.83	99.09	99.04	99.58	99.64
公共广播节目套数（套）	125	105	105	158	94	114
公共电视节目套数（套）	146	109	122	174	116	137

五、社会保障情况对比分析

（一）中部六省各类公共管理事项情况

表 3 - 25 是根据 2018 年中部六省中各省的统计年鉴数据选取的河南省、中部六省平均水平、全国水平下各类公共管理事项情况汇总表。由于部分省份数据缺失，可能存在数据不全的情况。在公安机关受理和查处治安案件情况方面，河南省受理 569949 起，查处 537325 起，比安徽省少约十万起案件，占全国总数的 5.8% 以上；在交通事故发生数方面，河南省数量较少；在火灾发生起数方面，河南省数量略高；在劳动争议未结案情况方面，河南省年底未结案件不多；在工会基层组织数方面，河南省工会基层组织数达到 20.50 万个，占全国总数的 7.5%。

表 3 - 25　　　2018 年河南省、中部六省平均水平和全国水平下各类公共管理事项情况汇总

事项名称		河南省	中部六省部分数据	全国
公安机关受理和查处治安案件情况（起）	受理	569949	（安徽 660960）	9721130
	查处	537325	（安徽 639640）	8845576
交通事故发生数（起）		9230	10613.6（湖北省 23540）	244937
火灾发生起数（起）		10996	8887.2（湖北省 13556）	—
劳动争议未结案情况（件）		621	651	45336
工会基层组织数（万个）		20.50	13.67	273.10

续表

事项名称	河南省	中部六省部分数据	全国
法律援助机构（个）	207	—	—
人民检察院办理公益诉讼案件立案情况（件）	1531	—	—

注："—"表示数据缺失。

（二）中部五省①工会组织情况

作为职工群众利益代表和维护者的工会，是由企业职工组成的群众组织，在企业党委联系职工群众中发挥着桥梁和纽带作用。

图3-13和图3-14显示，河南省的工会组织数量较多，工会组织情况较好，相比之下，江西省的工会组织数量较少；河南省工会基层组织人员数较多，工会组织管理情况较好，相比之下，江西省工会基层组织人员数量较少。从总体来看，两省的工会基层组织数量和工会基层组织人员数量都经历了先上升、后下降的阶段。

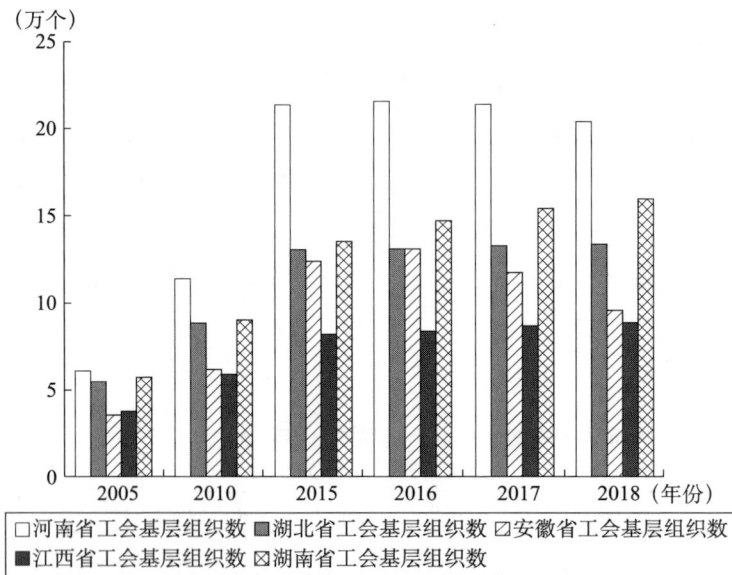

图3-13 中部五省工会基层组织数

注：由于《山西统计年鉴》未统计相关数据，因此，图中只有中部五省的相关数据。

———

① 由于《山西统计年鉴》未统计相关数据，此部分的中部五省包括安徽省、江西省、河南省、湖北省、湖南省，未包括山西省的相关数据。

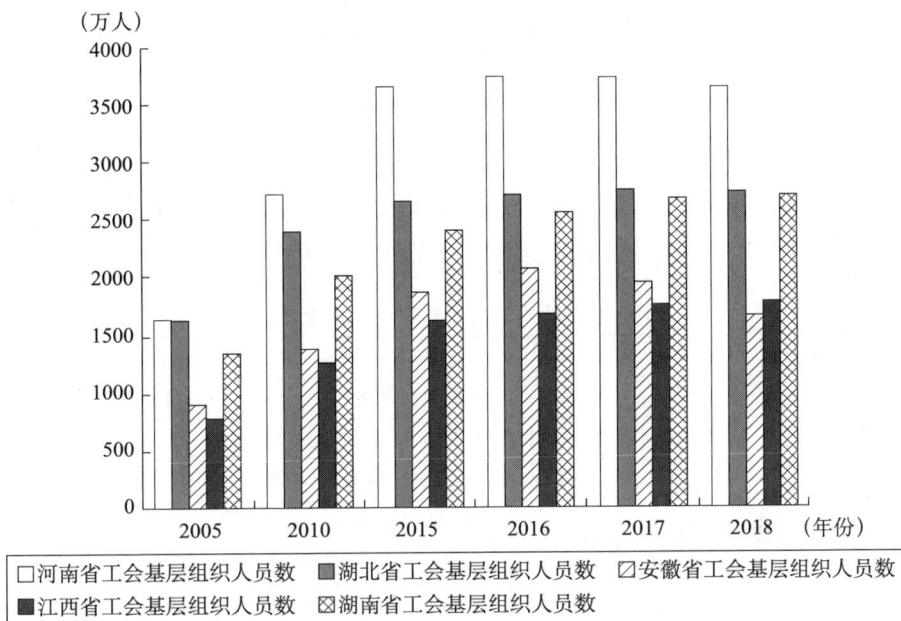

图3-14　中部五省工会基层组织人员数

注：由于《山西统计年鉴》未统计相关数据，因此，图中只有中部五省的相关数据。

（三）中部六省各类社会保险参保人数

表3-26反映了2018年中部六省基本养老保险参保人数、医疗保险参保人数、失业保险参保人数、工伤保险参保人数和生育保险参保人数。从总体来看，中部六省的医疗保险参保人数均最多，之后是养老保险。分省来看，河南省各类社会保险参保人数都最多，之后是湖南省，山西省总参保人数最少。

表3-26　　　　　　　2018年中部六省各类社会保险参保人数　　　　　单位：万人

省份	基本养老保险参保人数	医疗保险参保人数	失业保险参保人数	工伤保险参保人数	生育保险参保人数
山西	1579.30	3266.90	431.13	596.64	481.92
安徽	3488.00	6302.30	505.52	603.52	586.31
江西	1884.10	4797.50	287.98	534.62	290.10
河南	7089.00	10435.74	819.91	926.26	755.35
湖北	2282.80	5586.20	590.82	675.58	540.01
湖南	4807.36	6838.03	584.00	793.00	571.81

（四）中部六省各类社会保险基金收支情况

表3-27显示了2018年中部六省各类社会保险基金收支情况。总体来看，中部六省都是城镇基本养老保险累计结余最多，城镇基本医疗保险累计结余次之。分省份来看，湖南省的各项累计结余之和最多，之后是安徽省。虽然河南省参保人数最多，各项基金累计结余之和处于一般水平。

表3-27　　　　2018年中部六省各类社会保险基金收支　　单位：亿元

指标名称		山西省	安徽省	江西省	河南省	湖北省	湖南省
城镇基本养老保险	基金收入	1223.39	2005.63	1169.82	1901.81	1941.67	2129.22
	基金支出	1138.63	1732.68	1003.98	1816.03	1996.06	1610.25
	累计结余	1560.06	1681.45	820.08	1197.44	743.39	1657.49
失业保险	基金收入	26.55	28.78	13.49	36.26	31.21	24.76
	基金支出	11.77	22.86	4.04	20.72	21.20	14.68
	累计结余	193.30	122.37	86.61	203.96	188.52	142.94
城镇基本医疗保险	基金收入	428.36	664.52	516.82	997.06	753.98	772.41
	基金支出	393.61	562.74	427.62	953.84	668.17	655.84
	累计结余	463.93	587.43	533.67	856.30	655.31	697.67
工伤保险	基金收入	38.37	24.04	24.59	29.71	26.67	55.89
	基金支出	38.66	20.59	15.70	25.49	17.43	35.21
	累计结余	60.72	52.11	51.90	70.20	56.35	89.38
生育保险	基金收入	11.51	12.30	9.42	24.72	17.60	16.18
	基金支出	10.05	11.49	9.50	24.07	18.44	14.75
	累计结余	21.08	12.39	7.48	27.82	22.69	25.54

六、一般公共预算中文化体育与传媒支出及社会保障和就业支出

表3-28显示了2018年中部六省一般公共预算中文化体育与传媒支出及社会保障和就业支出情况。其中，在一般公共预算支出方面，河南省支出水平最高，山西省支出水平不足河南省的1/2；在文化体育与传媒支出方面，湖南省、湖北省、河南省三个省均过百亿元，分别达到134.54亿元、113.15亿元、103.04亿元，安徽省、江西省支出水平较低；在社会保障和就业支出方面，河南省排名第一位，为1298.45亿元，是山西省的近2倍。湖北省、湖南

省紧随其后，均超过 1000 亿元。2018 年中部六省一般公共预算支出、文化体育与传媒支出、社会保障和就业支出的差异情况，其中，一般公共预算支出差异较大，社会保障和就业支出存在一定差异，文化体育与传媒支出无较大差异，见表 3–28。

表 3–28   2018 年中部六省一般公共预算支出、文化体育与
传媒支出、社会保障和就业支出   单位：亿元

指标名称	山西省	安徽省	江西省	河南省	湖北省	湖南省
一般公共预算支出	4283.91	6572.15	5667.52	9217.73	7258.27	7479.61
文化体育与传媒支出	92.85	79.77	79.10	103.04	113.15	134.54
社会保障和就业支出	671.65	954.67	761.06	1298.45	1172.00	1095.57

第四章　中部六省的省会城市人力资源开发比较分析

中部六省是指，位于中国中部地区的六个省，包括河南省（豫）、山西省（晋）、湖北省（鄂）、安徽省（皖）、湖南省（湘）、江西省（赣），其省会城市分别为郑州市、太原市、武汉市、合肥市、长沙市、南昌市，以下简称中部六省的省会城市。本章的数据来源是《河南统计年鉴2019》《山西统计年鉴2019》《湖北统计年鉴2019》《安徽统计年鉴2019》《湖南统计年鉴2019》《江西统计年鉴2019》《中国统计年鉴2019》，以及《中华人民共和国2018年国民经济和社会发展统计公报》、2018年的河南省、山西省、湖北省、安徽省、湖南省、江西省国民经济和社会发展统计公报及2018年的郑州市、太原市、武汉市、合肥市、长沙市、南昌市的国民经济和社会发展统计公报。

第一节　中部六省的省会城市人力资源情况分析

一、人力资源与经济发展情况

（一）中部六省的省会城市人口情况

在中部六省的省会城市中，武汉市是中部地区最大的城市，总人口为883.73万人、常住人口为1108.1万人，总人口最多。近年来，郑州市加大了对人才的培养力度与引进力度，总人口、常住人口排名第二，分别为863.9万人和1014万人。

从图 4 - 1 中看出，2018 年武汉市、太原市的总人口数与其城镇人口数基本持平，其城镇化水平最高。郑州市、长沙市、合肥市和南昌市的总人口数与其城镇人口数差异也不大，六座城市的城镇人口数都远大于乡村人口数，这与中国整体加快城镇化建设进程是分不开的。

（万人）

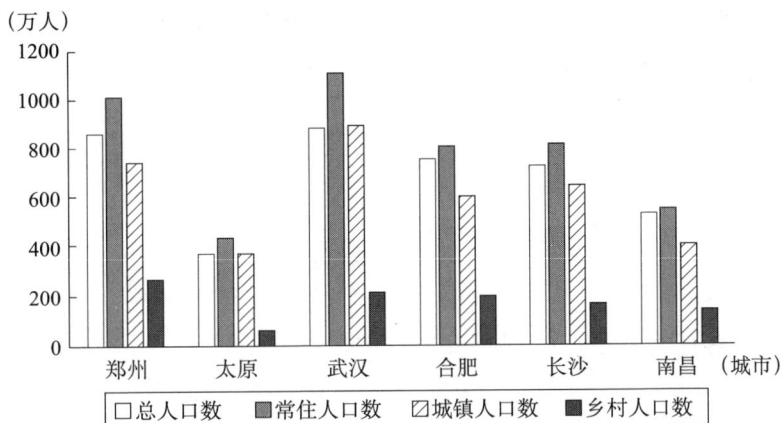

图 4 - 1　2018 年中部六省的省会城市人口状况

（二）中部六省的省会城市性别数量情况

如图 4 - 2 所示，与全国整体状况相同，中部六省的省会城市的男女数量存在差异，男性人数总体上大于女性人数，男性人口占比为 51%～52%、女性人口占比为 48%～49%。如，郑州市男女人口分别是 511 万人、503 万人，占其总人口的 50.3%、49.7%。

（万人）

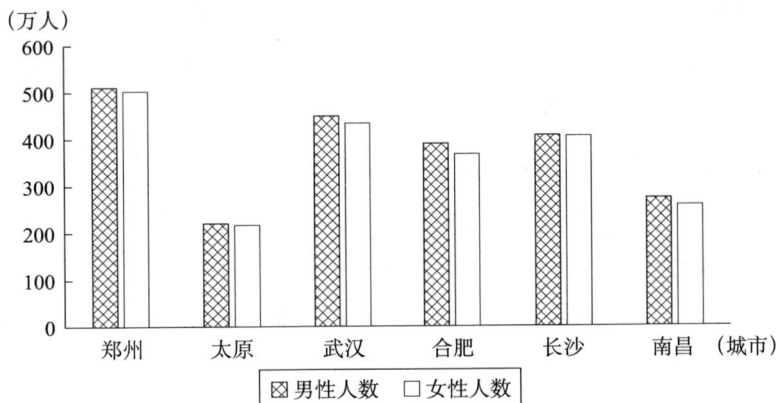

图 4 - 2　2018 年中部六省的省会城市性别状况

（三）人口自然变动情况

2018 年中部六省的省会城市人口自然变动情况，如图 4 - 3 所示。2018 年，中国人口出生率为 10.94‰。合肥市在中部六省的省会城市中人口出生率排名第一，为 16.95‰；长沙市次之，人口出生率为 14.71‰；南昌市与武汉市的差异不大，分别为 13.90‰与 13.74‰；郑州市为 12.44‰；太原市排名最后，为 10.41‰。

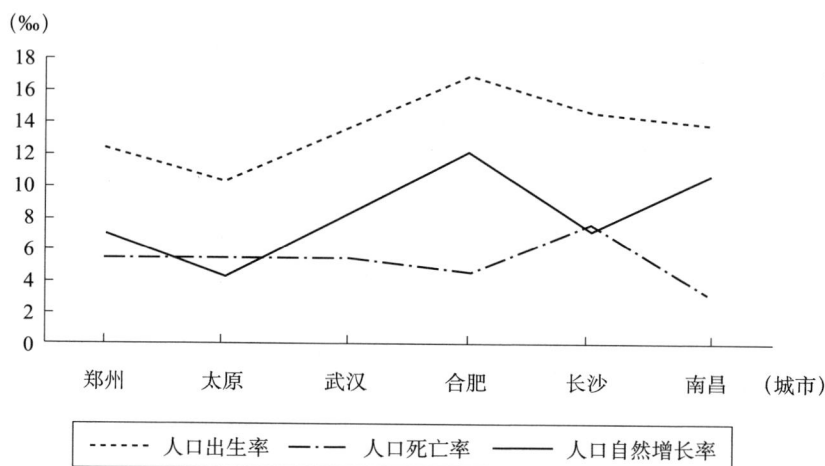

图 4 - 3　2018 年中部六省的省会城市人口自然变动

2018 年，中国人口死亡率为 7.13‰。南昌市的人口死亡率在中部六省的省会城市中最低，为 3.18‰；合肥市的人口死亡率次之，为 4.68‰；太原市、郑州市与武汉市的人口死亡率差异不大，分别为 5.32‰、5.46‰与 5.51‰；而长沙市的人口死亡率最高，为 7.50‰。

人口自然增长率的计算方式，就是人口出生率减去人口死亡率。合肥市的人口自然增长率在中部六省的省会城市中排名最高，为 12.27‰；南昌市的人口自然增长率次之，为 10.72‰；武汉市、长沙市与郑州市的人口自然增长率差异不大，分别为 8.23‰、7.21‰与 6.98‰；而太原市的人口自然增长率最低，为 4.31‰。

二、人力资源就业与工资水平

（一）中部六省的省会城市城镇新增就业人员分布情况

从图4－4中可以看出，2018年合肥市新增的就业人数最多，为25.28万人；武汉市紧随其后，为21.90万人；长沙市与郑州市的新增人口相差不多，分别为14.49万人和12.50万人；太原市和南昌市的新增人口相差不大，是9.50万人和7.97万人。

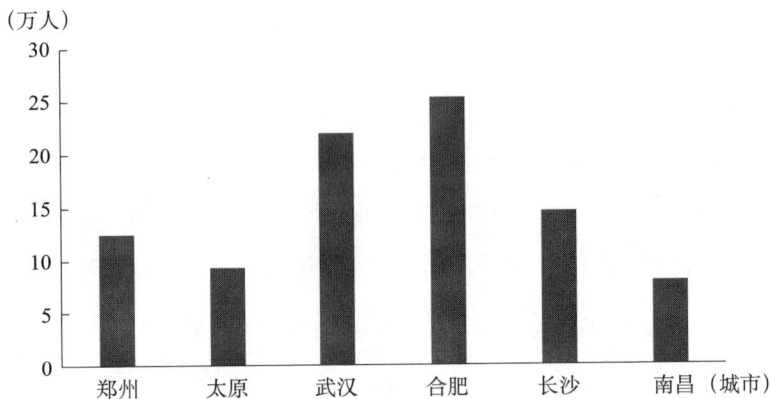

图4－4　2018年中部六省的省会城市城镇新增就业人员分布

（二）中部六省的省会城市在岗职工年平均工资情况

从表4－1中可以看出，2018年中部六省的省会城市在岗职工年平均工资是存在差异的。工资最高的长沙市与工资最低的太原市相差12468元。武汉市与合肥市的年工资水平较高，郑州市和太原市的较低，前两个城市与后两个城市之间相差约8000元。这说明，在岗职工年平均工资在中部六省的省会城市间不均衡，反映了中部六省的省会城市的经济发展水平存在不均衡的情况。长沙市娱乐业与旅游业发展迅猛，武汉市港口贸易丰富，其他城市可以找准自己的定位，借助自身优势，大力发展城市经济，推动工资水平提升。

表 4 – 1　　　　　2018 年中部六省的省会城市在岗职工年平均工资　　　单位：元

城市	在岗职工年平均工资
郑州	80963
太原	80825
武汉	88327
合肥	89022
长沙	93293
南昌	82672

（三）中部六省的省会城市月平均工资情况

由表 4 – 2 可知，与在岗职工平均工资不同，在中部六省的省会城市中，2018 年武汉市月平均工资水平最高，为 6920 元；长沙市、合肥市、郑州市次之，分别为 6279 元、6299 元和 6385 元；排名靠后的南昌市和太原市，分别为 6040 元、5590 元。这与城市的经济运营环境相关，武汉市和长沙市产业特色明显。其他城市可以设法增加经济活动，创造收益，以提高工资水平。

表 4 – 2　　　　　　2018 年中部六省的省会城市月平均工资　　　　单位：元

城市	月平均工资
郑州	6279
太原	5590
武汉	6920
合肥	6299
长沙	6385
南昌	6040

（四）中部六省的省会城市城镇失业率分析

图 4 – 5 反映出南昌市的失业率在中部六省的省会城市中排名最高；根据图 4 – 4 可知，其城镇新增就业人员也是最少的，这说明，南昌市的就业情况相对较差。但就整体情况而言，中部六省的省会城市城镇失业率皆低于中国的平均城镇失业率，这说明，中部六省的省会城市的就业情况处于较为稳定的状态。

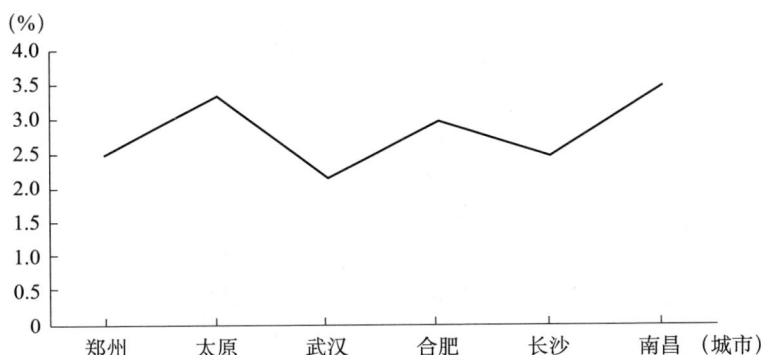

图 4 – 5　2018 年中部六省的省会城市城镇失业率

三、国民经济发展状况

(一) 地区生产总值

在中部六省的省会城市的地区生产总值状况中 (见表 4 – 3),武汉市的地区生产总值为 14847.29 亿元,位于首位,人均地区生产总值为 13.51 万元。之后是长沙市,地区生产总值为 11003.41 亿元,人均地区生产总值为 13.69万元。在地区生产总值增速方面,表现靠前的是太原市和南昌市,分别为9.20% 和 8.90%。合肥市、南昌市和太原市的地区生产总值较低,发展前景大,地区生产总值增速较高。地区生产总值增速可以反映当地经济发展的情况,2018 年中国的国内生产总值增速是 6.6%,中部六省的省会城市的地区生产总值增速均超过了全国水平。

表 4 – 3　　　　　2018 年中部六省的省会城市的地区生产总值

城市	地区生产总值 (亿元)	地区生产总值增速 (%)	人均地区生产总值 (万元)
郑州	10143.32	8.10	10.14
太原	3884.48	9.20	8.83
武汉	14847.29	8.00	13.51
合肥	7822.91	8.50	9.75
长沙	11003.41	8.50	13.69
南昌	5274.67	8.90	7.20

2018 年中部六省的省会城市的地区生产总值,见图 4 – 6。

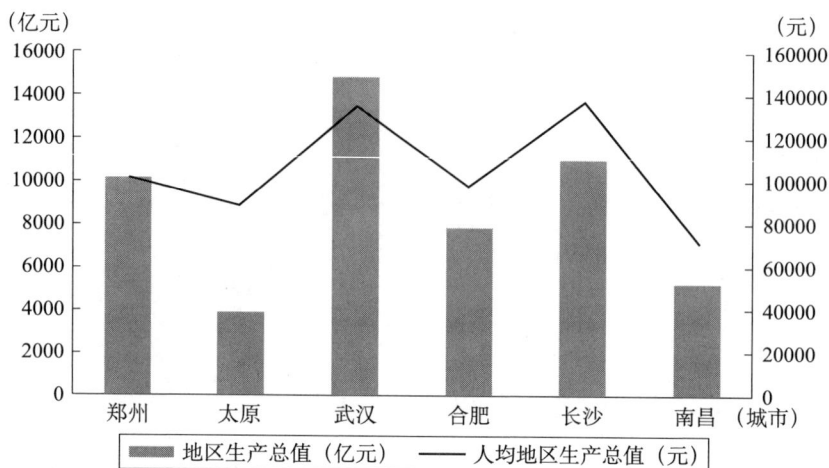

图 4 - 6　2018 年中部六省的省会城市的地区生产总值

（二）地区生产总值产业构成

由表 4 - 4 可知，在 2018 年中部六省的省会城市的地区生产总值产业构成中，第一产业增加值最高的是武汉市，为 362.00 亿元，之后分别是长沙市、合肥市、南昌市、郑州市和太原市；第二产业增加值最高的也是武汉市，为6377.75 亿元，之后分别是长沙市、郑州市、合肥市、南昌市和太原市；第三产业增加值位于首位的仍是武汉市，为 8107.54 亿元，之后分别是长沙市、郑州市、合肥市、南昌市和太原市。从图 4 - 7 可以看出，武汉市三次产业增加值都高于别的城市，长沙市紧随其后，郑州市表现一般，郑州市需要好好利用地理优势，提升产业质量，增强经济竞争力。

表 4 - 4　　　　　2018 年中部六省的省会城市的地区生产总值产业构成　　单位：亿元

城市	第一产业增加值	第二产业增加值	第三产业增加值
郑州	147.05	4450.73	5545.53
太原	41.05	1439.13	2404.30
武汉	362.00	6377.75	8107.54
合肥	277.59	3612.25	3933.07
长沙	318.73	4660.19	6024.49
南昌	190.68	2660.92	2423.07

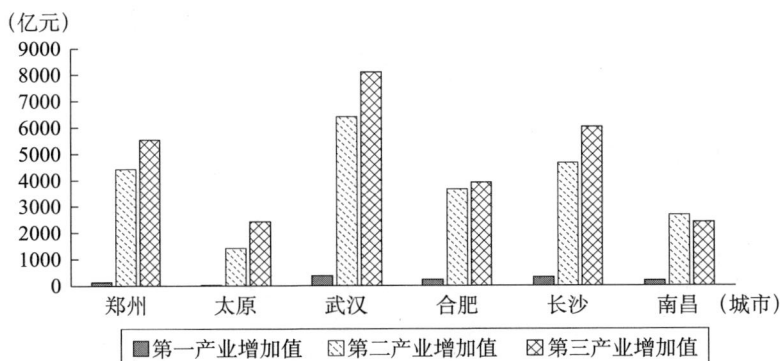

图 4 - 7　2018 年中部六省的省会城市的地区生产总值产业构成

（三）一般公共预算收支

由表 4 - 5、图 4 - 8 可知，武汉市和郑州市的一般公共预算收入在中部六省的省会城市中居于前两位，分别为 1528.70 亿元和 1152.06 亿元，而其他四个省会城市均在 1000 亿元以下。在一般公共预算支出方面，教育、文化、社保、医疗、城乡社区、住房保障等民生支出占有重要地位，其执行情况可以在一定程度上反映本年内城市各方面的建设力度。首先，武汉市和郑州市仍然位于前两位，分别为 1929.31 亿元和 1763.34 亿元；其次，长沙市和合肥市，分别为 1300.79 亿元和 1004.91 亿元；最后，南昌市和太原市均低于 1000 亿元。

表 4 - 5　　　　　2018 年中部六省的省会城市一般公共预算收支　　　　单位：亿元

城市	一般公共预算收入	一般公共预算支出
郑州	1152.06	1763.34
太原	373.23	542.46
武汉	1528.70	1929.31
合肥	712.49	1004.91
长沙	879.71	1300.79
南昌	461.75	752.41

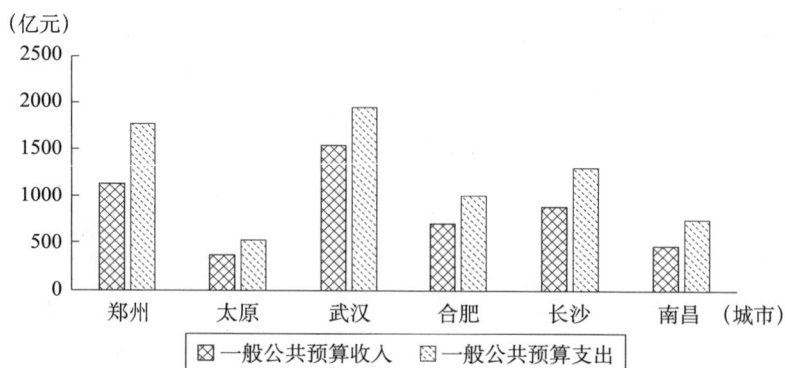

图 4-8　2018 年中部六省的省会城市一般公共预算收支

四、人民生活水平情况

（一）中部六省的省会城市城乡居民人均收支情况

由表 4-6、图 4-9 可知，从农村居民收支方面来分析，长沙市农村居民人均可支配收入和农村居民人均生活费支出在中部六省的省会城市中最高，分别为 29714 元和 20959 元；之后是武汉市，分别为 22652 元和 17520元；太原市农村居民人均可支配收入最低，南昌市农村居民人均生活费支出最低。

表 4-6　　　　2018 年中部六省的省会城市城乡居民人均收支　　　　单位：元

城市	城镇居民人均可支配收入	城镇居民人均生活消费性支出	农村居民人均可支配收入	农村居民人均生活费支出
郑州	39042	26256	21652	15105
太原	33672	19912	16860	12365
武汉	47359	31201	22652	17520
合肥	41484	33257	20389	19840
长沙	50792	36775	29714	20959
南昌	40844	26081	17866	11352

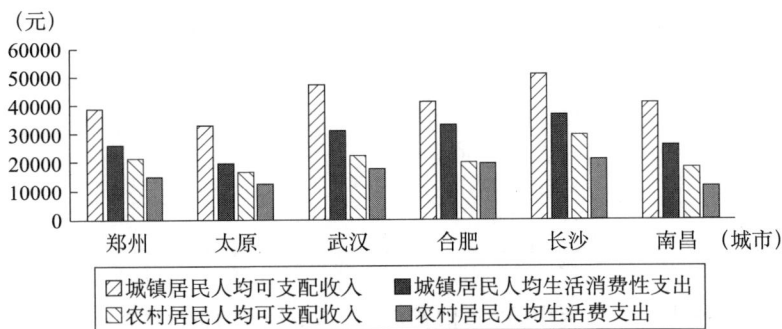

（元）

图例
▨ 城镇居民人均可支配收入　■ 城镇居民人均生活消费性支出
◹ 农村居民人均可支配收入　▨ 农村居民人均生活费支出

图4－9　2018年中部六省的省会城市城乡居民人均收支对比

从城镇居民收支方面来分析，长沙市城镇居民人均可支配收入和城镇居民人均生活消费性支出最高，分别为50792元和36775元；之后是武汉市，分别为47359元和31201元；太原市仍为最低，分别为33672元和19912元。

（二）中部六省的省会城市城乡居民消费价格指数

从表4－7和图4－10可以看出，中部六省的省会城市城乡居民消费价格指数及其对比情况，2018年观测的是2017年的指标情况。2017年，郑州市的城乡居民消费价格指数在中部六省的省会城市中最高，为2.40%，南昌市次之，为2.30%。合肥市和长沙市紧随其后，均为2.00%。武汉市和太原市则在2.00%以下，分别为1.90%和1.80%。

表4－7　　　　2017年中部六省的省会城市城乡居民消费价格指数　　　　单位：%

城市	城乡居民消费价格指数
郑州	2.40
太原	1.80
武汉	1.90
合肥	2.00
长沙	2.00
南昌	2.30

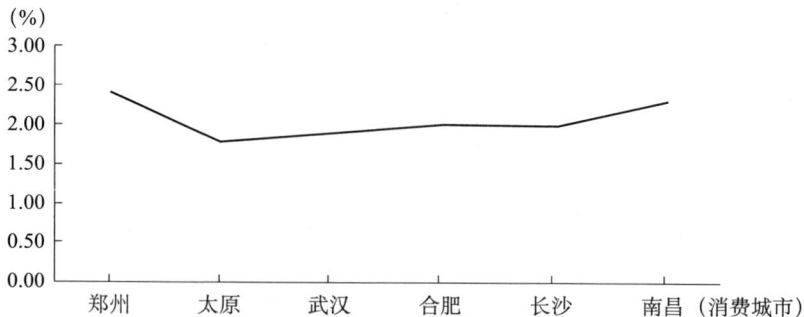

图 4 – 10　2017 年中部六省的省会城市城乡居民消费价格指数对比

居民消费价格统计调查的是社会产品和服务项目的最终价格，城乡居民价格指数是进行经济分析和经济决策、价格总水平监测及调控和国民经济核算的重要指标。城乡居民消费价格指数的变动率，在一定程度上反映了通货膨胀的程度或通货紧缩的程度。由此可见，郑州市和南昌市在中部六省的省会城市中通货膨胀程度最高，长沙市和合肥市次之，武汉市和太原市则相对较为稳定。

第二节　中部六省的省会城市人力资源工作情况分析

一、教育发展情况

中部六省存在教育发展不平衡的现象。郑州市与太原市、合肥市、长沙市和南昌市四个省会城市的学校数，即中小学、职业中学、普通高等学校的数以及教师数，在不同省会城市间存在明显差异。

（一）各类学校学生情况

由表 4 – 8、图 4 – 11 可知，在 2018 年中部六省的省会城市中，郑州市的各类学校在校生数都是最多的。郑州市的小学、普通中学和职业中学的在校生数都要远远多于其他五个省会城市，差值基本上都在 20 万人以上，最多相差

60 万人。在普通高等学校在校生数方面，郑州市与武汉市的在校生数都在 95 万人以上；合肥市、长沙市和南昌市略高于 60 万人；太原市为 53.28 万人。

表 4-8　　　　　2018 年中部六省的省会城市各类学校在校生数　　　单位：万人

城市	小学在校生数	普通中学在校生数	职业中学在校生数	普通高等学校在校生数
郑州	91.74	59.88	32.45	99.35
太原	31.04	19.93	6.34	53.28
武汉	57.90	32.80	8.10	96.93
合肥	53.15	39.36	1.08	62.23
长沙	62.22	39.88	11.16	63.60
南昌	42.98	30.58	1.22	61.06

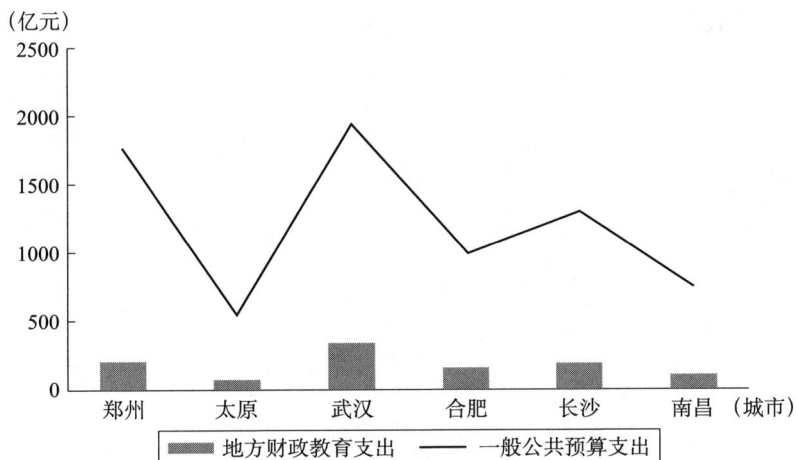

图 4-11　2018 年中部六省的省会城市地方财政教育支出与一般公共预算支出

（二）教育投入水平

由图 4-12 可知，武汉市的地方财政教育支出的比重在中部六省的省会城市中最高，太原市最低。从地方财政教育支出占一般公共预算支出的比重来看，郑州市的比重最小，为 12.07%，这主要是因为郑州市的一般公共预算支出数额太大，从绝对数来看，郑州市财政教育支出并不少，在中部六省的省会城市中排名第二。武汉市和合肥市对地方财政教育支出的投入占比较大，占一般公共预算支出的比重在 15.00% 以上。

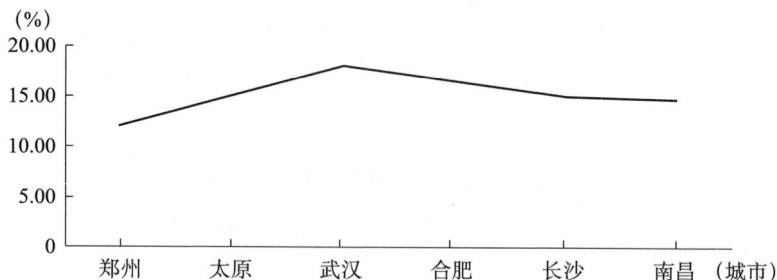

图 4 - 12　2018 年中部六省的省会城市地方财政教育支出占一般公共预算支出的比重

二、科技发展情况

（一）专利申请量与专利授权量情况

从表 4 - 9 中可以看出，2018 年郑州市在专利申请量上领先其他五个省会城市，为 70128 件；在专利授权量方面，武汉市与郑州市的数量相差不大，位于前两位，分别是 32397 件和 31585 件。而太原市无论是专利申请量还是专利授权量都位于最后，且与其他省会城市都有非常大的差距。从图 4 - 13 中可以看出，中部六省的各省会城市之间的科技产出能力有着较大差距。

表 4 - 9　　2018 年中部六省的省会城市专利申请量与专利授权量　　单位：件

城市	专利申请量	专利授权量
郑州	70128	31585
太原	5087	1602
武汉	60511	32397
合肥	65814	28438
长沙	41034	21188
南昌	22479	13040

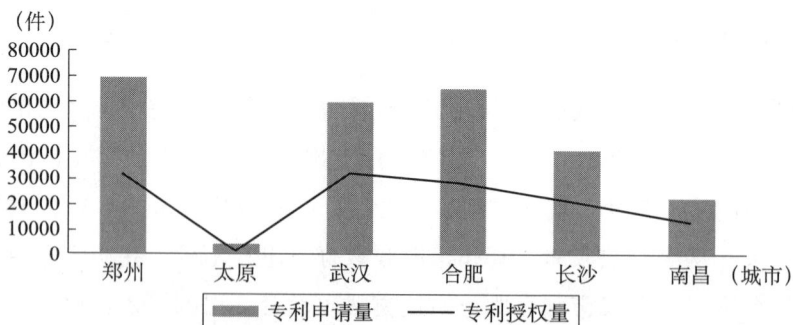

图 4 - 13　2018 年中部六省的省会城市专利申请量与专利授权量

（二）技术市场成交合同情况

表 4 – 10 反映了 2018 年中部六省的省会城市技术合同数及合同成交额情况。在技术合同数方面，合肥市达到 26667 个，武汉市为 17541 个；而南昌市和太原市则分别为 1818 个和 1449 个，差距十分明显。在合同成交额方面，中部六省的各省会城市差距很明显。

表 4 – 10　　　　2018 年中部六省的省会城市技术合同数及合同成交额

城市	技术合同数（个）	合同成交额（亿元）
郑州	4349	82. 4
太原	1449	143. 22
武汉	17541	722. 54
合肥	26667	357. 42
长沙	3811	145. 15
南昌	1818	48. 31

从图 4 – 14 中可以看出，2018 年，具有科技优势的合肥市技术合同数最多，武汉市紧随其后，两者数量都超过 15000 个。而其他四个城市的合同数都在 5000 个以下。在合同成交额方面，武汉市为 722. 54 亿元，位列第一；之后是合肥市的 357. 42 亿元；太原市与长沙市都在 145 亿元左右（见表 4 – 10）；南昌市与太原市就相对较少，都在 100 亿元以下。在中部六省的省会城市中，除武汉市与合肥市外，其他几个城市的科技创新能力都有待提高。合肥市与武汉市相比，其合同成交额也存在较大差距。

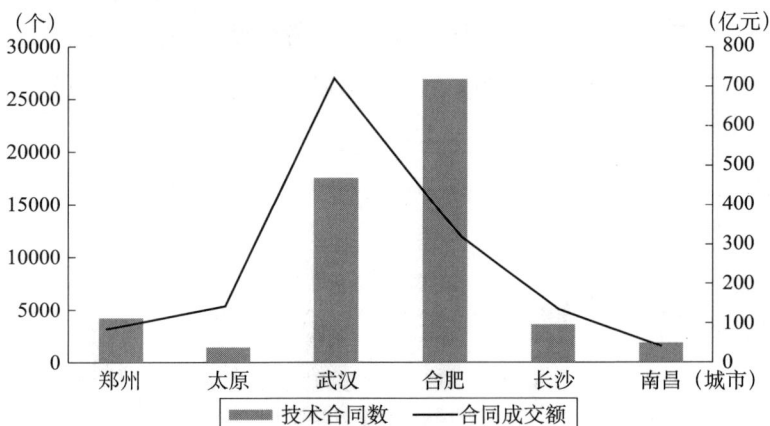

图 4 – 14　2018 年中部六省的省会城市技术合同数及合同成交额

（三）一般公共预算支出中的科技支出

表 4 - 11 是 2018 年中部六省的省会城市一般公共预算支出中的科技支出情况。从科技支出来看，武汉市和合肥市遥遥领先于其他四个省会城市，分别为 104.62 亿元和 91.97 亿元；长沙市科技支出最少，为 18.37 亿元。从所占比例来看，郑州市的科技支出所占比例在中部六省的省会城市中处于较差水平，为 2.05%；最高的是合肥市，为 9.15%；最低的是长沙市，为 1.41%。这说明，在中部六省的省会城市中，合肥市对科技投入较为重视。

表 4 - 11   2018 年中部六省的省会城市一般公共预算支出中的科技支出

城市	一般公共预算支出（亿元）	科技支出（亿元）	所占比例（%）
郑州	1763.34	36.17	2.05
太原	542.46	25.04	4.61
武汉	1929.31	104.62	5.42
合肥	1004.90	91.97	9.15
长沙	1300.79	18.37	1.41
南昌	752.41	27.38	3.64

三、卫生和社会组织情况

（一）医疗卫生机构

在 2018 年中部六省的省会城市中，医疗卫生机构数量最多的城市是武汉市 6340 个，之后是郑州市 4773 个，其他四个省会城市的情况为：长沙市 2759 个、太原市 2748 个、合肥市 2293 个、南昌市 2245 个，见图 4 - 15。

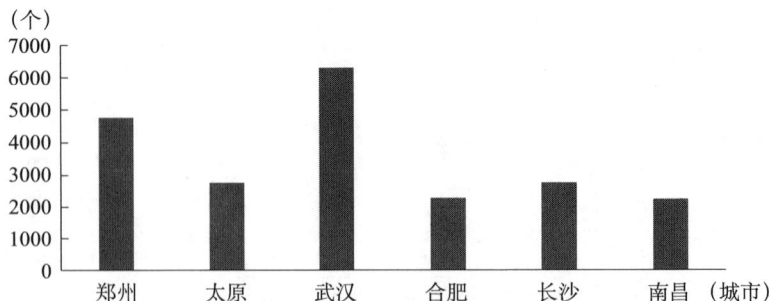

图 4 - 15   2018 年中部六省的省会城市医疗卫生机构

（二）医疗卫生机构床位数和卫生人员数

医疗卫生机构床位数和卫生人员数越多，通常表示卫生资源越好。据表 4 - 12 显示，医疗卫生机构床位数中，位于前三的是郑州市、武汉市和长沙市，分别是 98249 张、95300 张和 77253 张；卫生人员数位于前三的是郑州市、长沙市和合肥市，分别是 143445 人、98486 人和 74201 人。医疗卫生机构的合理配置，可以有效地降低居民的就医成本，改善居民的生活质量。卫生人员的合理分布，能够保障各级医疗卫生机构有序、高效地提供医疗服务。中部六省的省会城市，可以根据自身情况加强医疗卫生机构建设和卫生人员培养。

表 4 - 12　　2018 年中部六省的省会城市医疗卫生机构床位数和卫生人员数

城市	医疗卫生机构床位数（张）	卫生人员数（人）
郑州	98249	143445
太原	39917	60801
武汉	95300	42300
合肥	54910	74201
长沙	77253	98486
南昌	33517	52442

四、文化和体育情况

（一）公共图书馆基本情况

从表 4 - 13 可以看出，2018 年郑州市公共图书馆数量最多为 15 个，之后是太原市为 12 个，武汉市公共图书馆数量最少为 2 个。长沙市公共图书馆藏书量最多为 1084.80 万册，之后是太原市公共图书馆藏书量为 732.21 万册，南昌市公共图书馆藏书量最少，为 224.06 万册。

表 4 - 13　　2018 年中部六省的省会城市公共图书馆数量及公共图书馆藏书量

城市	公共图书馆数量（个）	公共图书馆藏书量（万册）
郑州	15	389.69
太原	12	732.21

城市	公共图书馆数量（个）	公共图书馆藏书量（万册）
武汉	2	452.70
合肥	9	646.45
长沙	10	1084.80
南昌	10	224.06

（二）广播电视发展情况

由表 4-14 可知，2018 年中部六省的省会城市广播电视覆盖率。从广播覆盖率情况分析来看，太原市最高为 100.00%，之后是长沙市为 99.76%，武汉市广播覆盖率最低为 98.94%。从电视覆盖率情况分析来看，太原市仍处第一为 100.00%，之后是郑州市为 99.85%，南昌市最低为 98.25%。

表 4-14　　　　2018 年中部六省的省会城市广播电视覆盖率　　　　单位：%

城市	广播覆盖率	电视覆盖率
郑州	99.59	99.85
太原	100.00	100.00
武汉	98.94	99.25
合肥	99.50	99.50
长沙	99.76	99.64
南昌	99.63	98.25

五、社会保障情况

（一）参加各类保险人数

从表 4-15 中可以看出，2018 年郑州市各类保险参保人数在中部六省中都是最多的，共有 1875.63 万人参与各类保险。在中部六省其他五个省会城市中，武汉市参加各类保险的人数是最多的，共有 1677.10 万人。南昌市除了城镇职工参加基本养老保险人数居于第五位外，其余各种保险的参保人数都最少。

表 4 – 15　　　　　　2018 年中部六省的省会城市参加各类保险人数　　　　单位：万人

城市	城镇职工参加基本养老保险人数	基本医疗保险人数	失业保险人数	工伤保险人数	生育保险人数
郑州	490.98	826.11	196.19	186.03	176.32
太原	92.84	359.54	97.62	110.43	106.75
武汉	453.84	456.40	229.00	287.11	250.75
合肥	243.44	202.68	160.66	168.88	166.69
长沙	253.20	513.09	154.45	153.20	163.41
南昌	199.68	118.70	63.09	95.01	50.40

（二）一般公共预算中文化体育和社保支出

表 4 – 16 显示了 2018 年中部六省的省会城市一般公共预算支出、文化体育与传媒支出、社会保障与就业支出。中部六省的省会城市的文化体育与传媒支出的数额都小于社会保障与就业支出。武汉市的两项支出最高，分别是22.09 亿元和 286.06 亿元。武汉市的文化体育与传媒支出是长沙市的 2.90 倍，社会保障与就业支出是太原市的 3.95 倍。

表 4 – 16　　　　　　2018 年中部六省的省会城市的一般公共预算支出、
　　　　　　　　　　　文化体育与传媒支出、社会保障与就业支出　　　　单位：亿元

城市	一般公共预算支出	文化体育与传媒支出	社会保障与就业支出
郑州	1763.34	13.85	115.19
太原	542.46	21.27	72.39
武汉	1929.31	22.09	286.06
合肥	1004.90	7.70	91.56
长沙	1300.79	7.61	107.74
南昌	752.41	7.94	89.79

第五章 河南省六地市人力资源开发情况分析

河南省六地市是指，郑州都市圈包含的五个地市以及洛阳市。郑州都市圈是指，以郑州市为中心，辐射带动周边开封、新乡、焦作、许昌四地市。截至2018年底，郑州都市圈是河南省经济实力最强、发展速度最快的地区。洛阳市是河南省的省域副中心城市，是洛阳都市圈的核心，是河南省经济快速发展的双引擎之一，也是河南省西部地区发展的新引擎。本章的数据来源是《河南统计年鉴2019》《中国统计年鉴2019》以及2018年河南省六地市的国民经济和社会发展统计公报。

第一节 河南省六地市人力资源情况分析

一、人力资源与经济发展情况

（一）河南省六地市人口情况

如图5-1，郑州市是河南省的省会城市，对人口吸引力较大。在六地市中的总人口和城镇人口方面，郑州市、洛阳市和新乡市位居前三。在六地市的农村人口方面，开封市的农村人口超过城镇人口，郑州市城镇人口是农村人口的近三倍。

（二）河南省六地市男女性数量情况

河南省六地市男女性数量状况基本处于均衡状态（见图5-2），男女性数量相差较大的是开封市，达到 13 万人。男性数量总体上大于女性数量，洛阳市和焦作市基本上处于均衡状态，男女相差均不足 3 万人。

（万人）

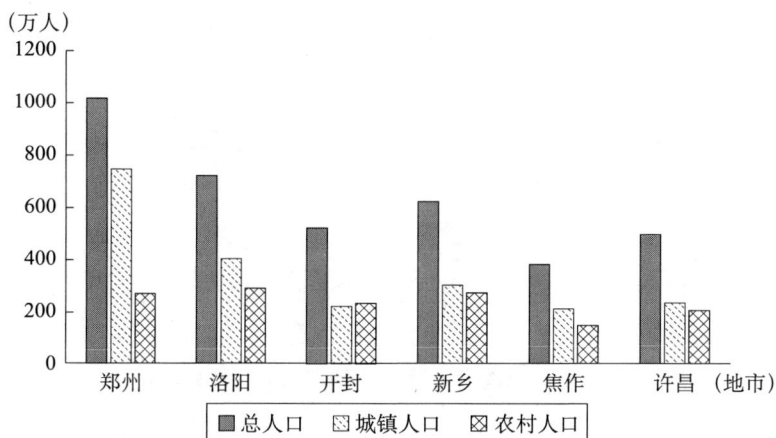

图 5 - 1　2018 年河南省六地市人口

（万人）

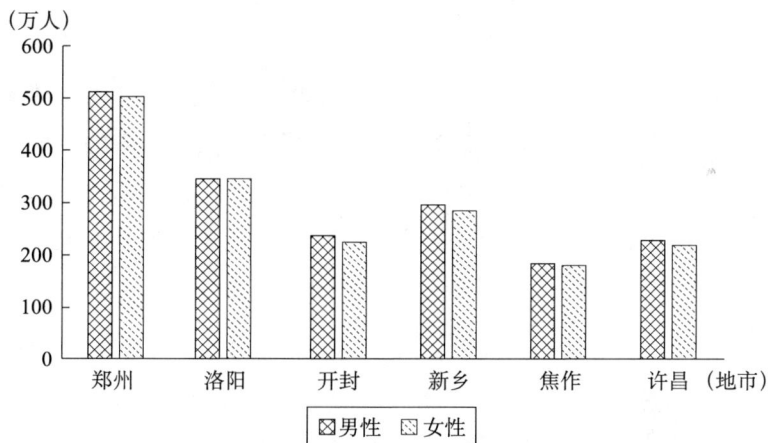

图 5 - 2　2018 年河南省六地市性别状况

（三）河南省六地市人口自然变动情况

从整体上来看（见图 5 - 3），除新乡市（4.80‰）之外，其余五地市人口自然增长率均高于河南省平均水平。其中，最高的郑州市达到 6.98‰，许昌市、焦作市、洛阳市、开封市的人口自然增长率分别为 5.25‰、5.20‰、4.96‰、4.95‰。

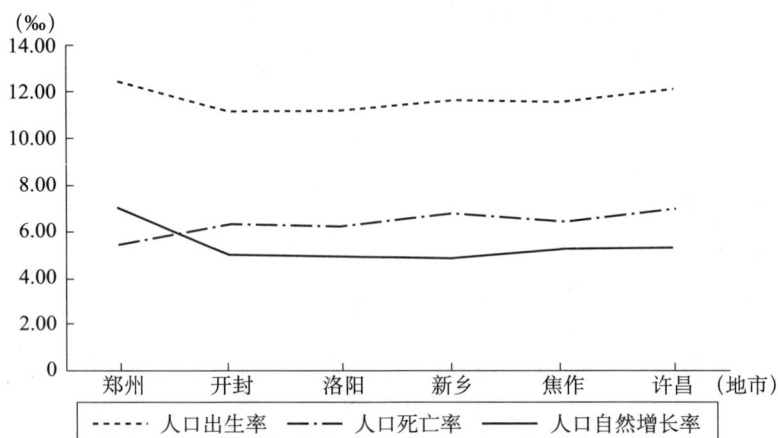

图 5－3 2018 年河南省六地市人口自然变动

（四）河南省六地市常住人口情况

郑州市作为国家中心城市，人口吸纳力持续增强。如图 5－4 所示，2018 年，郑州市常住人口 1014 万人，比 2017 年增加 25.5 万人（比其他几个地市增加的总和还多），首次跨入千万人口城市行列，超过南阳市成为河南省常住人口最多的城市，人口虹吸效应较为明显。洛阳市作为河南省的省域副中心城市，常住人口数为 689 万人，为郑州市的 67.9%。焦作市的常住人口数最少，为 359 万人，平均每平方公里的人数为 882 人，少于郑州市的 1350.74 人。

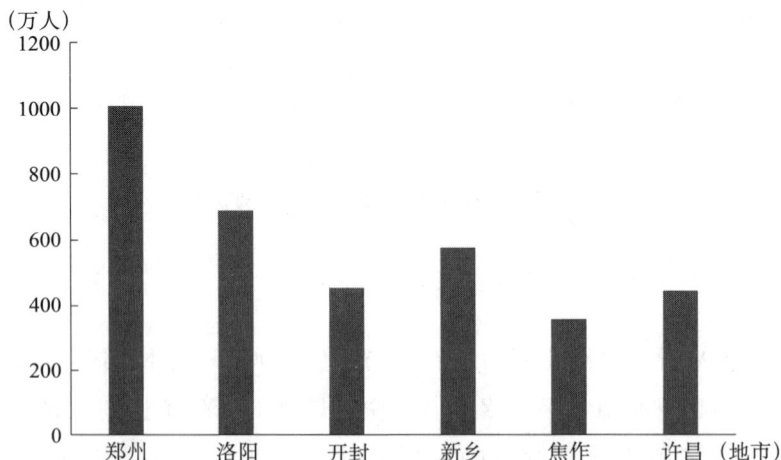

图 5－4 2018 年河南省六地市常住人口

二、人力资源就业与工资水平

（一）河南省六地市城乡就业人口分布情况

图 5-5 显示了 2018 年河南省六地市城乡就业人口分布情况。在河南省六地市城镇就业人口方面，只有郑州市城镇就业人口超过农村就业人口，这说明郑州市的城镇化水平相对较高。而其余五地市，农村就业人口均超过城镇就业人口，开封市和许昌市农村就业人口达到城镇就业人口的 2 倍多。从总体上来看，河南省六地市城镇化水平还有待提高。

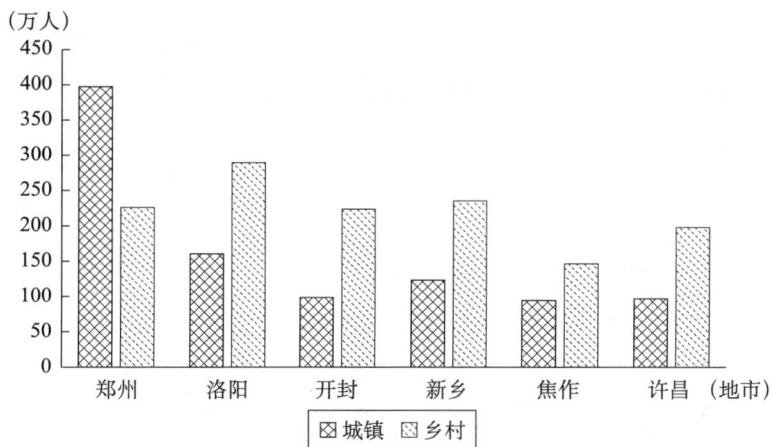

图 5-5　2018 年河南省六地市城乡就业人口分布

（二）河南省六地市第一产业、第二产业、第三产业就业人口分布情况

表 5-1 反映了 2018 年河南省六地市三次产业就业人口分布情况。洛阳市第一产业就业人口最多，焦作市第一产业就业人口最少；郑州市第二产业就业人口、第三产业就业人口最多，开封市第二产业就业人口最少，焦作市第三产业就业人口最少。从就业人口所占比重看，第一产业开封市占比最高，郑州市最低；第二产业焦作市占比最高，开封市占比最低；第三产业郑州市占比最高，许昌市占比最低。

表 5 - 1　　　　　　　　2018 年河南省六地市三次产业就业人口分布

地市	第一产业（万人）	所占比重（%）	第二产业（万人）	所占比重（%）	第三产业（万人）	所占比重（%）
郑州	91.45	14.7	198.95	31.9	332.5	53.4
洛阳	153.92	34.3	131.53	29.3	163.17	36.4
开封	131.42	41.0	82.74	25.8	106.01	33.1
新乡	117.98	33.0	124.09	34.7	115.69	32.3
焦作	69.95	29.3	89.35	37.5	79.16	33.2
许昌	107.00	36.5	92.86	31.7	93.05	31.8

图 5 - 6 显示了 2018 年河南省六地市三次产业就业人口比重情况。郑州市三次产业就业人口符合"三二一"格局，其他五地市的三次产业就业人口比重则相对平均，这说明郑州市的产业结构较为合理，总体上符合国民经济发展趋势。其余五个地市未来应该进一步优化产业结构，实现三次产业之间的协调发展。

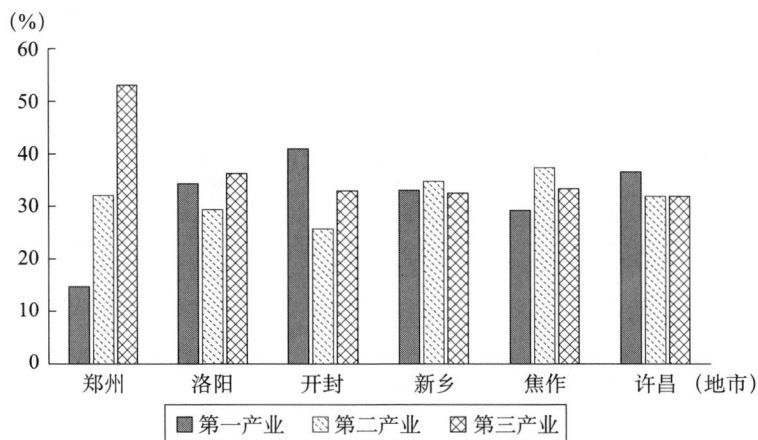

图 5 - 6　2018 年河南省六地市三次产业就业人口比重

（三）河南省六地市城镇单位就业人员

表 5 - 2 反映了 2018 年河南省六地市城镇单位就业人员基本情况。郑州市除了城镇集体单位就业人员与其他五地市相差无几之外，其他指标都领先于其他五地市，如在岗职工、国有单位就业人员、其他单位就业人员、三次产业就业人员。这凸显了郑州市在河南省经济发展中的核心地位。未来如何进一步提升郑州市的核心地位，并辐射带动周边城市发展，最终实现都市圈协调发展，

可能是有关部门当前需要重点考虑的问题。

表 5-2　　　　　2018 年河南省六地市城镇单位就业人员基本情况　　　　单位：万人

地市	在岗职工	其他单位就业人员	国有单位就业人员	城镇集体单位就业人员	其他单位就业人员	第一产业	第二产业	第三产业
郑州	177.868	10.066	46.386	1.882	139.667	0.161	93.058	94.716
洛阳	65.842	2.525	23.711	1.578	43.079	0.070	33.006	35.291
开封	37.798	1.256	14.411	2.144	22.500	0.043	17.969	21.042
新乡	48.161	3.833	18.341	1.712	31.941	0.038	27.791	24.165
焦作	33.980	1.503	11.919	0.241	23.322	0.025	17.344	18.113
许昌	41.661	1.778	13.179	0.839	29.421	0.002	24.661	18.777

（四）河南省六地市城镇单位就业人员年平均工资

图 5-7 反映了 2018 年河南省六地市城镇单位就业人员年平均工资情况。河南省城镇单位就业人员年平均工资排在前两位的是郑州市和洛阳市，其他四地市差异不是很明显。但最高的郑州市与最低的开封市相差 22815 元，显示出河南省六地市城镇单位就业人员工资水平的不均衡性。

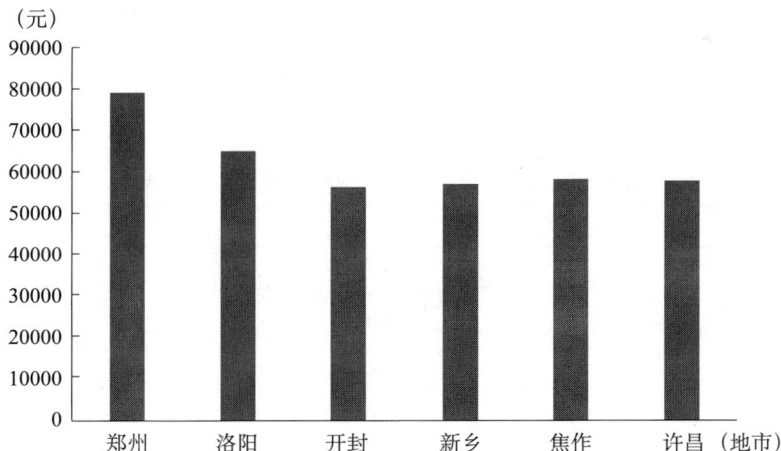

图 5-7　2018 年河南省六地市城镇单位就业人员年平均工资

（五）河南省六地市城镇私营单位就业人员年平均工资

图 5-8 反映了 2018 年河南省六地市城镇私营单位就业人员平均工资情

况。排名前三位的是郑州市、许昌市和洛阳市。最高的郑州市与最低的焦作市之间相差约 1.5 万元。这显示了河南省六地市民营经济发展水平的不均衡，也在一定程度上反映了各地市营商环境之间的差异。

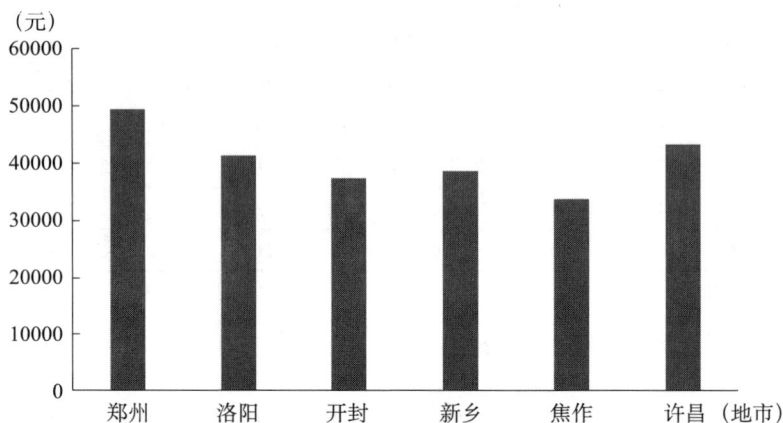

图 5 - 8　2018 年河南省六地市城镇私营单位就业人员平均工资

（六）河南省六地市城镇登记失业人数及失业率

表 5 - 3 反映了 2018 年河南省六地市城镇登记失业人数及失业率情况。从整体上看，洛阳市城镇登记失业人数最多，焦作市城镇登记失业人数最少。

表 5 - 3　　　　　2018 年河南省六地市城镇登记失业人数及失业率

地市	登记失业人数（万人）	登记失业率（%）
郑州	7.09	2.5
洛阳	8.01	4.0
开封	2.59	2.6
新乡	4.59	3.8
焦作	2.01	3.0
许昌	2.57	3.0

在城镇登记失业率方面，洛阳市在河南省六地市中失业率最高，随后是新乡市，失业率最低的是郑州市。就整体情况而言，河南省六地市城镇登记失业率远低于 7.0% 的国际警戒线，这说明河南省六地市整体就业情况较好。

三、国民经济发展状况

(一) 地区生产总值

当前，河南省正在以中心城市建设为引领，以郑州市建设国家中心城市为抓手，以郑州市、洛阳市为双引擎，加快郑州都市圈和洛阳都市圈建设，积极推动中原城市群一体化，带动开封市、许昌市、新乡市、焦作市等周边城市融合发展。如表 5-4 所示，在 2018 年河南省六地市地区生产总值中，郑州市的地区生产总值为 10143.32 亿元，增速为 10.33%，人均地区生产总值为 101352 元，居于首位。之后是洛阳市，地区生产总值为 4640.78 亿元，增速为 8.17%，人均地区生产总值为 67707 元。

表 5-4　　　　　　　　　　**2018 年河南省六地市地区生产总值**

地市	地区生产总值（亿元）	增速（%）	人均地区生产总值（元）
郑州	10143.32	10.33	101352
洛阳	4640.78	8.17	67707
开封	2002.03	6.08	43933
新乡	2526.55	7.16	43696
焦作	2371.51	4.01	66329
许昌	2830.62	7.51	63988

(二) 地区生产总值产业构成

表 5-5 显示了 2018 年河南省六地市地区生产总值产业构成情况。第一产业增加值中位于首位的开封市为 273.02 亿元，第二产业增加值中位于首位的郑州市为 4450.73 亿元，第三产业增加值位于首位的郑州市为 5545.53 亿元。

表 5-5　　　　　　**2018 年河南省六地市地区生产总值产业构成**　　　　单位：亿元

地市	第一产业增加值	第二产业增加值	第三产业增加值
郑州	147.05	4450.73	5545.53
洛阳	237.07	2067.59	2336.12
开封	273.02	776.00	953.04
新乡	226.29	1209.07	1091.20

续表

地市	第一产业增加值	第二产业增加值	第三产业增加值
焦作	134.92	1341.76	894.82
许昌	148.38	1634.88	1047.35

在 2018 年河南省六地市地区生产总值产业构成中，除郑州市一家独大外，其他五地市地区生产总值规模相对较小。建设郑州都市圈需要做大做强郑州市，以建设国家中心城市为抓手，辐射带动周边区域发展。但同时也需要洛阳市、开封市、许昌市、新乡市、焦作市五地市立足自身发展实际，在突出特色中发挥比较优势，最大限度地实现错位发展，并与郑州市形成互补。例如，开封市着眼于文化旅游和娱乐休闲，许昌市立足于装备制造和生态旅游，新乡市聚焦于新能源和生物医药，焦作市致力于全域旅游和现代轻工，把各自特色和优势做大做强，实现整体协调发展。

(三) 居民消费水平

表 5-6 显示了 2018 年河南省六地市居民消费水平的情况。居民消费是经济稳定运行的"压舱石"，在全体居民平均消费水平中，排名依次为郑州市、焦作市、洛阳市、开封市、许昌市、新乡市，最高的郑州市与最低的新乡市相差约一倍，反映出河南省六地市间消费水平差异较大。

表 5-6　　　　　　**2018 年河南省六地市居民消费水平**　　　　　单位：元

地市	平均居民消费水平	城镇居民消费水平	农村居民消费水平
郑州	31256	31959	29482
洛阳	21390	27367	14029
开封	19456	30130	10121
新乡	15961	21918	9711
焦作	22452	25888	17856
许昌	17025	22962	11035

城镇居民消费水平最高的是郑州市，最低的是新乡市；农村居民消费水平最高的是郑州市，最低的是新乡市。除郑州市外，其他五地市城乡居民消费水平差距都较大。其中，城乡居民消费水平差距最大的开封市为 20009 元，最小

的郑州市为 2477 元。

（四）一般公共预算收支

一般公共预算收入是财政收入的重要来源之一，是地方可用财力的体现，是最能反映地方整体经济情况的数据之一。一般公共预算收入主要包括，税收收入、行政事业性收费收入、国有资源（资产）有偿使用收入等。由表 5 - 7 可知，郑州市和洛阳市一般公共预算收入较高，分别为 1152.06 亿元和 342.66 亿元；在一般公共预算支出方面，仍是郑州市和洛阳市排在前两位，分别为 1763.34 亿元、597.47 亿元。

表 5 - 7　　　　　　　　2018 年河南省六地市一般公共预算收支　　　　单位：亿元

地市	一般公共预算收入	一般公共预算支出
郑州	1152.06	1763.34
洛阳	342.66	597.47
开封	140.64	368.43
新乡	172.66	403.87
焦作	145.50	268.96
许昌	166.14	318.74

2018 年河南省六地市一般公共预算支出都超过一般公共预算收入。其中，郑州市的一般公共预算收入最多，是一般公共预算收入最低的开封市的 8.19 倍。一般公共预算支出最高的郑州市是一般公共预算支出最低的焦作市的 6.56 倍，显示了河南省六地市一般公共预算收入与一般公共预算支出的极不均衡。

四、河南省六地市人民生活情况

（一）河南省六地市城乡居民人均收支情况

从表 5 - 8 反映了 2018 年河南省六地市城乡居民人均收支情况。从农村居民人均纯收入和农村居民人均生活费支出方面分析，郑州市最高，分别为 21652 元和 15105 元；开封市最低，分别为 13193 元和 9709 元。从城镇居民人均可支配收入和城镇居民人均生活消费性支出方面分析，郑州市仍然最高，分别为 39042 元和 26256 元；开封市较低，分别为 29094 元和 21770 元。从总体上来看，河南省六地市之间差距较大，显示出六地市间发展较为不均衡。

表 5 - 8　　　　　2018 年河南省六地市城乡居民人均收支　　　　单位：元

指标名称	郑州市	洛阳市	开封市	新乡市	焦作市	许昌市
农村居民人均纯收入	21652	13637	13193	14939	17629	16963
农村居民人均生活费支出	15105	10745	9709	9833	13422	10573
城镇居民人均可支配收入	39042	35935	29094	31309	31499	31918
城镇居民人均生活消费性支出	26256	25115	21770	19458	23290	19117

（二）河南省六地市城乡居民消费水平及城乡居民消费指数

从表 5 - 9 显示了 2017 年河南省六地市城乡居民消费水平及城乡居民消费指数。从居民消费水平方面分析，城乡居民消费水平、农村居民消费水平和城镇居民消费水平最高的是郑州市，最低的为新乡市。

表 5 - 9　　　　2017 年河南省六地市城乡居民消费水平及城乡居民消费指数

指标名称	郑州市	洛阳市	开封市	新乡市	焦作市	许昌市
城乡居民消费水平（元）	31256.44	21389.82	19456.10	15961.08	22451.85	17024.85
农村居民消费水平（元）	29482.08	14029.21	10121.44	9710.86	17855.77	11034.54
城镇居民消费水平（元）	31959.28	27366.95	30130.19	21917.94	25887.85	22961.62
城乡居民消费指数（上年 = 100）	105.05	112.83	108.13	106.81	104.29	103.87
农村居民消费指数（上年 = 100）	109.34	120.77	110.27	104.20	106.35	105.38
城镇居民消费指数（上年 = 100）	103.33	108.09	104.83	106.26	102.31	101.25

从居民消费指数方面分析，2017 年洛阳市的城乡居民消费指数、农村居民消费指数和城镇居民消费指数在河南省六地市中均为最高，分别为 112.83、120.77 和 108.09。许昌市的城乡居民消费指数和城镇居民消费指数最低，分别为 103.87 和 101.25，新乡市的农村居民消费指数最低为 104.20。

第二节　河南省六地市人力资源工作情况分析

一、河南省六地市教育发展情况

(一) 各级学校数、教师数和各类学校学生情况

表 5-10 显示了 2018 年河南省六地市各级各类学校数和教师数。河南省六地市学校数和教师数在不同的教育发展阶段，存在不平衡的现象。从总体上来看，在义务教育阶段，中小学学校数以及教师数在地区间的差距不是很大；但是，职业中学和普通高等学校学校数和教师数在地区间显示出较大的不均衡性。在郑州市学校数量中，中小学数量与职业中学数量和高等学校数量之比为6.98，而开封市、洛阳市、新乡市、焦作市和许昌市中小学数量与职业中学数量和高等学校数量和之比分别为 35.34、15.72、42.00、23.40、35.55，差距表现十分明显。

表 5-10　　　　　　2018 年河南省六地市各级各类学校数和教师数

地市	小学		普通中学		职业中学		普通高等学校	
	学校数（个）	教师数（人）	学校数（个）	教师数（人）	学校数（个）	教师数（人）	学校数（个）	教师数（人）
郑州	940	41143	342	41143	123	15266	61	67209
洛阳	845	28631	318	28631	67	4066	7	9279
开封	914	25211	217	25211	27	2307	5	7975
新乡	1265	27709	331	27709	28	3217	10	12540
焦作	522	14447	180	14447	24	2154	6	6472
许昌	835	21795	196	21795	25	2515	4	3104

(二) 各类学校学生情况

表 5-11 反映了 2018 年河南省六地市各级各类学校学生情况。从总体上来看，在小学和普通中学阶段，河南省六地市的差距不是很明显；但在高等教

育阶段，郑州市明显占优势。河南省作为农业大省，城镇化水平进程相对缓慢，高等教育也不是很发达。如何提高农业人口的劳动技能，加快转移农村劳动力，大力发展职业教育是一个可行的路径。

表 5 – 11　　　　　　2018 年河南省六地市各级各类学校学生情况

地市	小学	普通中学		普通高等学校	
	在校学生数	在校学生数	学校招生数	在校学生数	学校毕业生数
郑州	917414	196541	328788	993479	264337
洛阳	600659	142844	39144	126250	30085
开封	486319	111209	30786	99813	25886
新乡	632286	112664	50328	163506	40687
焦作	268279	76399	30877	89341	21069
许昌	422797	74549	17411	48210	12021

（三）教育投入水平

图 5 – 9 显示，2017 年郑州市地方财政教育支出水平在河南省六地市中最高，是第二位洛阳市的 1.86 倍，是第六位焦作市的 6.67 倍，反映了地方财政教育支出的不均衡。

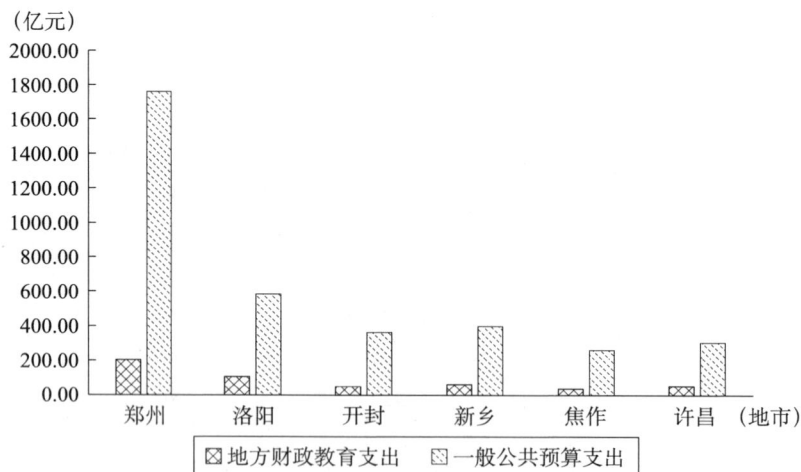

图 5 – 9　2017 年河南省六地市地方财政教育支出与一般公共预算支出

图 5 – 10 显示了 2017 年河南省六地市地方财政教育支出占一般公共预算支出的比重。尽管郑州市地方财政教育支出的绝对数在河南省六地市中最多，

但其占一般公共预算支出的比重最低，仅为 12.07%，其他五地市均超过 16.00%，其中，新乡市和许昌市达到 20%。

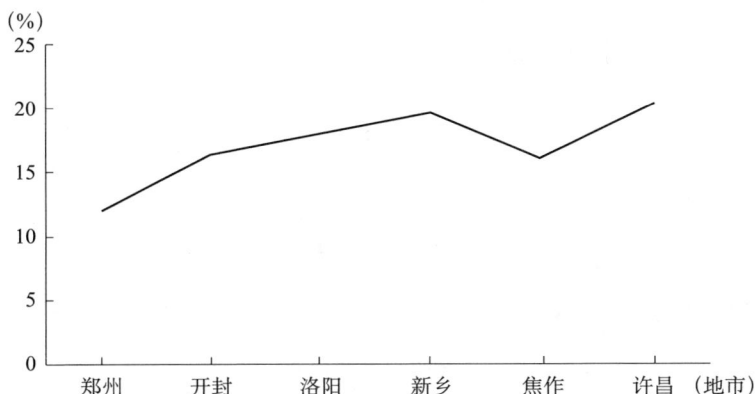

图 5 - 10　2017 年河南省六地市地方财政教育支出占一般公共预算支出的比重

二、河南省六地市科技发展活动情况

（一）河南省六地市研究与发展活动情况

表 5 - 12 反映了 2018 年河南省六地市研究与发展（R&D）活动情况。郑州市的各项指标均处于领先水平，位列第二、第三的是洛阳市和新乡市（除 R&D 经费内部支出、R&D 经费外部支出、R&D 项目数）。这说明，河南省六地市之间的科技发展水平还是有很大差距的。要实现郑州都市圈经济的协同发展，各地市之间就必须实现科技的协同发展，就必须采取相关措施缩小在科技发展水平上的巨大差距，从而更好地助力于经济发展。

表 5 - 12　　2018 年河南省六地市研究与发展（R&D）活动情况

地市	有 R&D 活动单位数（个）	R&D 活动人员（人）	R&D 经费内部支出（万元）	R&D 经费外部支出（万元）	R&D 项目数（项）	R&D 机构数（个）
郑州	1023	78797	1852996	64335	21917	896
洛阳	488	35025	993581	19998	5674	328
开封	147	8213	200776	28321	2440	109
新乡	322	20097	511086	6996	6085	217
焦作	282	18104	450774	8102	2857	189
许昌	231	11673	582153	2603	1664	94

郑州市的研究与发展（R&D）经费内部支出和研究与发展（R&D）经费外部支出均高于其他五地市，这显示了河南省六地市科技发展水平十分不均衡。下一步，要进一步发挥郑州市、洛阳市、新乡市国家自主创新示范区的带动辐射作用，提升河南省整体科技水平。

（二）河南省六地市专利申请量及专利授权量情况

表5–13反映了2018年河南省六地市专利申请量与专利授权量情况。郑州市在专利申请量和专利授权量方面均具有绝对优势，排在第二名的为洛阳市。开封市的专利申请量位于末位，而许昌市的专利授权量排名最后，仅为42件。

表5–13　　　　　2018年河南省六地市专利申请量与专利授权量　　　　单位：件

地市	专利申请量	专利授权量
郑州	16152	4525
洛阳	6332	1136
开封	860	309
新乡	4825	1246
焦作	2625	578
许昌	3182	42

河南省六地市之间专利申请量和专利授权量的差距，反映了河南省六地市之间科技产出水平存在较大差异，这一问题需要引起当地政府重视。专利申请量与专利授权量反映了一个地区的科技产出能力。专利申请量和专利授权量越高，科技产出能力越强，越能有效地促进经济转型升级，提高区域经济发展质量。

（三）河南省六地市规模以上企业创新活动情况

表5–14反映了2018年河南省六地市规模以上企业创新活动情况。从总体上看，郑州市开展创新活动企业数和实现创新企业数最多。从占比来看，洛阳市开展创新活动企业数占调查企业数的比例以及实现创新企业数占调查企业数的比例最高，郑州市位居第二。这说明，洛阳市企业创新行为更加积极。其他地市开展创新活动企业数占调查企业数的比例以及实现创新企业数占调查企业数的比例与洛阳市和郑州市的相差较大，反映了各地市企业科技创新行为存

在较大差异。

表 5－14　　　　　　2018 年河南省六地市规模以上企业创新活动情况

地市	调查规模以上企业数（个）	开展创新活动规模以上企业数（个）	所占比例（％）	实现创新规模以上企业数（个）	所占比例（％）
郑州	7153	2849	39.83	2702	37.77
洛阳	3296	1358	41.20	1286	39.02
开封	2023	551	27.24	528	26.10
新乡	2184	687	31.46	637	29.17
焦作	1995	695	34.84	657	32.93
许昌	2469	829	33.58	799	32.36

（四）河南省六地市技术市场成交合同情况

技术市场合同成交额在一定程度上反映了区域企业的科技创新能力。表 5－15 反映了 2018 年河南省六地市技术市场成交合同情况，郑州市的成交合同数和合同成交额均领先于其他五地市，排在郑州市之后的是洛阳市和焦作市。其中，新乡市位列第四，开封市和许昌市的成交合同数和合同成交额都较少。

表 5－15　　　　　　2018 年河南省六地市技术市场成交合同情况

地市	成交合同数（个）	合同成交额（万元）
郑州	4399	823485
洛阳	1308	368234
开封	82	10290
新乡	291	83162
焦作	551	113696
许昌	28	3258

（五）河南省六地市一般预算支出中的科技支出

表 5－16 反映了 2018 年河南省六地市一般公共预算支出中的科技支出情况。从总体来看，郑州市的科技支出高于其他五地市，焦作市的科技支出最少，这可能与焦作市一般公共预算支出总额最小有关。从所占比重来看，郑州市的科技支出所占比重在河南省六地市中处于中等水平，甚至不及新乡市，科

技支出所占比重最高的是洛阳市，其所占比重为 3.18%，最低的是开封市，其所占比重仅为 1.21%。这说明，在河南省六地市中，洛阳市最重视科技支出。其他各地市应该进一步提高科技支出占一般公共预算支出的比重，以期更好地促进科技发展，从而为当地经济的健康、全面发展提供更持久的推动力。

表 5 - 16 　　2018 年河南省六地市一般公共预算支出中的科技支出情况

地市	一般公共预算支出（万元）	科技支出（万元）	所占比重（%）
郑州	17633376	361748	2.05
洛阳	5974673	190121	3.18
开封	3684323	44454	1.21
新乡	4038681	95049	2.35
焦作	2689631	42445	1.58
许昌	3187361	64666	2.03

三、卫生和社会服务机构情况

（一）医疗卫生机构

表 5 - 17 显示了 2018 年河南省六地市医疗卫生机构对比情况。在河南省六地市中，新乡市医疗卫生机构数量最多，高达 4987 个。郑州市和洛阳市位列第二、第三，分别达到 4773 个和 4467 个。

表 5 - 17 　　　　2018 年河南省六地市医疗卫生机构对比情况 　　　　单位：个

地市	医疗卫生机构
新乡	4987
郑州	4773
洛阳	4467
许昌	3723
开封	3365
焦作	2716

（二）医疗卫生机构床位和卫生人员

表 5 - 18 显示了 2018 年河南省六地市医疗卫生机构床位数和卫生人员数

情况。医疗卫生机构床位数和卫生人员数越多，通常表示卫生资源越好。这两项指标郑州市均位列第一，医疗卫生机构床位数为98249张，是许昌市的4倍多；郑州市卫生人员数为143445人，是焦作市的4.6倍多。

表5-18　　2018年河南省六地市医疗卫生机构床位数和卫生人员数情况

地市	医疗卫生机构床位数（张）	卫生人员数（人）
郑州	98249	143445
洛阳	49972	65826
新乡	37580	53289
开封	29073	44199
焦作	24514	30923
许昌	23808	36594

2018年河南省六地市医疗卫生机构床位数和卫生人员数对比情况为，医疗卫生机构床位数和卫生人员数位居前三的是郑州市、洛阳市和新乡市。医疗卫生机构床位数和卫生人员数的合理配置，在一定程度上能够降低居民的就医成本，改善居民的生活质量，对促进当地经济发展也具有重要意义。

（三）社区卫生服务机构

社区卫生服务机构是社区卫生服务工作的主要载体。表5-19显示了2018年河南省六地市社区卫生服务机构情况。郑州市社区卫生服务机构数和在职员工数均最多，分别约为焦作市的5.2倍和7.8倍。需要注意的是，尽管洛阳市社区服务机构数比新乡市少173个，但从业人员数比新乡市多近2800人。

表5-19　　　　　　2018年河南省六地市社区卫生服务机构

地市	社区卫生服务机构数（个）	在职员工数（人）
郑州	1047	8187
洛阳	423	4873
开封	246	1052
新乡	596	2085
焦作	202	1074
许昌	208	1096

由表 5 - 19 可知，社区卫生服务机构数排名前三位是郑州市 1047 个、新乡市 596 个、洛阳市 423 个。在职员工排在前三位的分别是郑州市、新乡市和洛阳市。郑州市、洛阳市的在职员工与社区卫生服务机构比大约为 7.8∶1、11.5∶1；而开封市、焦作市和许昌市三个地市的在职员工与社区卫生服务机构比例大约为 4.28∶1、5.32∶1、5.27∶1，最低的新乡市约为 3.5∶1，反映了部分地区社区卫生服务机构在职员工不足的情况。

四、河南省六地市文化和体育情况

（一）河南省六地市公共图书馆基本情况

表 5 - 20 显示了 2018 年河南省六地市公共图书馆数和公共图书馆藏书量，洛阳市和郑州市的情况比较接近。公共图书馆数最多的为洛阳市（17 个），公共图书馆藏书量最多的为郑州市（389.69 万册、万件）；公共图书馆数和公共图书馆藏书量最少的均为开封市。总体上看，河南省六地市公共图书馆数量和公共图书馆藏书量的差异较为明显。

表 5 - 20　　　2018 年河南省六地市公共图书馆数和公共图书馆藏书量

地市	公共图书馆数（个）	公共图书馆藏书量（万册、万件）
洛阳	17	380.67
郑州	15	389.69
新乡	11	151.05
焦作	8	150.3
许昌	7	129.51
开封	6	119.78

（二）河南省六地市出版业主要指标

表 5 - 21 显示了 2018 年河南省六地市出版物发行网点数和从业人数。从发行网点数来看，前三位的地市分别为郑州市、洛阳市和新乡市；从业人数前三位的地市，分别为郑州市、开封市和新乡市。许昌市在发行网点数和从业人数方面均最少。郑州市发行网点数和从业人数都占绝对优势。

表 5 – 21　　　　　　2018 年河南省六地市出版物发行网点数和从业人数

地市	发行网点数（个）	从业人数（人）
郑州	1879	1214
洛阳	636	758
新乡	427	773
开封	293	842
焦作	200	441
许昌	187	419

（三）河南省六地市广播电视发展情况

表 5 – 22 显示了 2018 年河南省六地市广播电视覆盖率情况。从广播覆盖率情况分析来看，开封市广播覆盖率、许昌市广播覆盖率在河南省六地市中并列第一，为 100.00%，之后是新乡市的广播覆盖率，为 99.95%，洛阳市广播覆盖率最低，为 97.76%。从电视覆盖率方面分析，开封市、许昌市电视覆盖率在河南省六地市中仍并列第一，均为 100.00%，之后，是郑州市的电视覆盖率为 99.85%，洛阳市电视覆盖率在河南省六地市中最低，为 98.10%。从整体情况来看，河南省六地市广播覆盖率和电视覆盖率均较高，几乎实现了100% 全覆盖。

表 5 – 22　　　　　　2018 年河南省六地市广播电视覆盖率　　　　　单位：%

地市	广播覆盖率	电视覆盖率
郑州	99.59	99.85
洛阳	97.76	98.10
开封	100.00	100.00
新乡	99.95	99.80
焦作	99.91	99.38
许昌	100.00	100.00

（四）河南省六地市各类健身场地设施建设情况

表 5 – 23 显示了 2018 年河南省及河南省六地市各类健身场地设施数情况。从各类健身场地设施总数来看，开封市、新乡市、许昌市位列前三。从单项来看，全民健身活动中心各地市都不多，而乡镇体育健身场所和村级农民体育健身场所较多，尤其是村级农民体育健身场所。

表 5 – 23　　　　2018 年河南省和河南省六地市各类健身场地设施数　　　单位：个

河南省和河南省六地市	各类健身场地设施总数	全民健身活动中心	乡镇体育健身场所	村级农民体育健身场所
河南省	6388	59	289	6040
开封市	396	4	12	380
新乡市	345	—	37	308
许昌市	235	—	16	219
洛阳市	212	2	3	207
郑州市	188	5	10	173
焦作市	148	1	—	147

注："—"表示数据缺失。

五、河南省六地市社会保障情况

(一) 河南省六地市法律服务基本情况

表 5 – 24 反映了 2018 年河南省和河南省六地市法律服务基本情况。郑州市女性律师人数约占河南省女性律师人数的 57%，比其他五地市的人数之和还多。在公证员方面，郑州市约占河南省的 17%；在获得法律援助的受援人数上，郑州市最多。

表 5 – 24　　　　2018 年河南省和河南省六地市法律服务基本情况　　　单位：个

河南省和河南省六地市	律师人数	#女性律师人数	专职律师人数	#女性专职律师人数	公证员	#女性公证员人数	获得法律援助的受援人数
河南省	21760	6843	20361	6579	711	350	115310
郑州市	10097	3892	9783	3828	119	76	18206
洛阳市	1608	421	1411	401	57	29	7268
新乡市	972	329	910	310	38	16	5461
开封市	581	119	510	109	31	16	5547
焦作市	557	160	505	151	45	23	3980
许昌市	513	132	449	129	22	10	5816

(二) 河南省六地市基层工会劳动法律监督工作情况

表 5 – 25 反映了 2018 年河南省六地市基层工会劳动法律监督工作情况。

洛阳市基层工会劳动法律监督组织和郑州市基层工会劳动法律监督组织较多，分别为 4703 个和 3084 个；许昌市、开封市基层工会劳动法律监督组织较少，分别为 195 个和 64 个；在提请基层以上工会劳动法律监督组织劳动监察部门处理的违法违规案件数和受理案件数方面，各地市都不多。

表 5 – 25　2018 年河南省和河南省六地市基层工会劳动法律监督工作情况

河南省和河南省六地市	基层工会劳动法律监督组织		基层以上工会劳动法律监督组织	
	组织个数（个）	提请劳动监察部门处理的违法违规案件数（件）	受理案件数（件）	提请劳动监察部门处理的违法违规案件数（件）
河南省	21441	221	614	139
郑州市	3084	—	65	11
洛阳市	4703	37	26	15
开封市	64	—	—	—
新乡市	1373	7	62	19
焦作市	1066	2	62	27
许昌市	195	—	14	5

注："—"表示数据缺失。

（三）河南省六地市参加各类保险人数

表 5 – 26 反映了 2018 年河南省六地市参加各类保险人数情况。从总体上来看，郑州市各类保险参保人数（除生育保险外）在河南省六地市中都最多。在其他五地市中，洛阳市参加各类保险的人都最多。开封市失业保险参保人数最少，许昌市工伤保险、生育保险参保人数最少。

表 5 – 26　2018 年河南省六地市参加各类保险人数　　　　单位：万人

指标名称	郑州市	洛阳市	开封市	新乡市	焦作市	许昌市
城镇职工保险	449.94	136.78	82.93	118.34	70.58	70.70
基本医疗保险	821.56	668.81	503.93	582.46	348.61	458.30
失业保险	195.24	63.78	25.02	46.49	35.32	28.01
工伤保险	178.58	69.16	28.60	59.69	35.78	26.74
生育保险	143.71	559.92	25.76	32.77	30.54	22.41

（四）河南省六地市一般公共预算中文化体育和社保支出

表 5 – 27 反映了 2018 年河南省六地市一般公共预算支出、文化体育与传

媒支出、社会保障和就业支出情况。从总体上来看，社会保障和就业支出明显大于文化体育与传媒支出。在文化体育与传媒支出方面，最多的郑州市是最少的焦作市的 3.84 倍；在社会保障和就业支出方面，最多的郑州市是最少的许昌市的 2.85 倍。

表 5 – 27　　　　2018 年河南省六地市一般公共预算支出、文化体育与
传媒支出、社会保障和就业支出　　　　单位：万元

地市	一般公共预算支出	文化体育与传媒支出	社会保障和就业支出
郑州	15149533	128696	945717
洛阳	5493532	96144	599026
开封	3347353	38228	468998
新乡	3682581	42554	453618
焦作	2395444	33550	350874
许昌	2864298	38747	331541

第六章 河南省地市人才竞争力及相关比较

数字经济时代，人才已经成为一个城市竞争力的重要战略资源。城市之间的竞争，归根结底是人才的竞争。城市人才竞争力是指，城市在人才资源的数量规模、素质能力、结构层次、产出效率和成长环境等各类因素综合作用下（程广周，2009），相对于其他城市在吸引人才、培养人才和使用人才等方面具有的比较竞争优势。城市人才竞争力主要包含两方面：一是城市所拥有的人才实力，包括人才规模、素质结构、产出效率等；二是城市获得、保持、开发人才的能力，主要体现在城市环境对人才的吸引力（李林澍，2015）。

在经济转型升级的关键时期，一个区域要想实现跨越式发展，加强人才队伍建设，提升城市人才竞争力至关重要。因此，探讨城市人才竞争力的构成因素和影响因素，并构建一套科学严谨、系统全面、客观有效的城市人才竞争力评价指标体系，可以有效地判断不同城市在人才竞争力建设上的不足，从而为政府制定人才政策提供理论支持。

我们通过回顾相关文献发现，关于人才竞争力的研究已经越来越受到理论界的关注，无论是理论探索，还是实证研究，都逐渐取得了丰富的研究成果（李前兵等，2019；杨河清、吴江，2006；李晓园等，2004）。总体而言，现有关于人才竞争力的研究主要有两种思路：一种是将人才竞争力作为国家竞争力或城市竞争力的主要组成部分（国家人才竞争力、省级人才竞争力、城市人才竞争力），并进行实证研究（张娜，2018；黎灿辉，2010；宋亚静等，2007）；另一种是专门分析不同产业人才竞争力的构成要素，从而建立相应的评价指标体系，并选择不同的评价方法进行实证评价研究，如科技人才竞争力（连晓毅，2018；李妍，2018；周丹，2015；沈春光，2011）。以上研究为本书提供了很好的参考，正是在既有研究的基础上，本书以城市人才竞争力评价为主要研究内容，系统分析城市人才竞争力的构成要素，客观评估中部地区的河南省城市人才竞争力的具体情况，希望为区域人才竞争力的研究和具体实践提供一定参考价值。

第一节　城市人才竞争力相关研究

一、人才竞争力评价指标体系

人才竞争力可以定义为特定区域内拥有的人力资源的数量、质量、开发及效能等方面的综合实力或比较优势，反映了人才群体在社会经济生活的竞争、博弈、对抗中的总体综合实力（周均旭，2009）。一套科学、系统和规范的城市人才竞争力评价指标体系，对评估一个城市的人才竞争力具有重要意义。因此，人才竞争力研究的核心，是构建人才竞争力评价指标体系。通过对现有人才竞争力文献的整理，发现中文文献对人才竞争力的评价研究主要包括人才资源竞争力、人才效能竞争力、人才环境竞争力三个方面（李良成等，2013；朱安红等，2012；宋亚静，2007）。其中，人才资源竞争力包括人才数量、人才质量、人才结构、人才流量和人才潜力五个维度；人才效能竞争力包括人才投入与人才产出两个维度；人才环境竞争力包括经济环境、社会环境、生态环境、文化环境和科技环境五大维度。

二、人才竞争力评价方法

目前，国内对于人才竞争力评价方法的研究相对较为丰富，大致可以分为客观评价法和主观评价法以及主客观综合评价法（胡勤芝等，2020；李前兵等，2019；马明，2018）。其中，主观评价方法主要有层次分析法、模糊综合评价法等；客观评价法主要有主成分分析法、聚类分析法、BP 神经网络法等。此外，倪鹏飞等从科技人才竞争力的内涵角度构建了 12 个指标，利用信息熵的研究方法计算出中国 31 个省（区、市）（未包括中国港澳台地区）的科技人才竞争力水平，并运用地理信息系统（GIS）技术对其空间格局进行比较分析和综合研究，最终提出了促使科技人才竞争力地域差异形成的主要动力机制的影响因素是经济基础、科研环境和区位条件（倪鹏飞、岳晓燕，2010）。

第二节 人才竞争力指标体系构建

城市人才竞争力主要是指，在一个特定的地域性组织内，其人才资源的数量、质量、潜力、配置及效能等各方面的综合实力或比较优势。为了全面、科学地评价河南省地市人才竞争力，基于经济指标体系的构建原则，并借鉴已有的国内外人才竞争力研究，特别是参考了中智公司的城市竞争力指标体系（中智，2018），基于人才竞争力的核心概念与统计数据的可得性，创建了科学、适用的人才竞争力评价指标体系。其中，包括人才规模指数、人才结构指数、人才创新指数、人才发展指数、人才效能指数和人才生活指数共 6 个一级指标，涵盖了 32 个二级指标。

一、人才规模指数

城市人才竞争力主要反映的是一种资源的较量，城市人才资源竞争力主要体现在一个城市人才资源存量和流量上，即一个城市人才的规模，反映人才竞争力的基础条件。基于人才竞争力的核心概念与统计数据的可得性，本书筛选出五个客观指标，如表 6 - 1 所示。

表 6 - 1 城市人才规模评价指标模块

要素指标	衡量指标	标识	单位
人才规模指数	城镇就业人数	X_{11}	万人
	2018 年常住人口	X_{12}	万人
	常住人口增长率	X_{13}	%
	城镇单位第二产业从业人员	X_{14}	万人
	城镇单位第三产业从业人员	X_{15}	万人

二、人才结构指数

人才结构包括三方面含义：人才整体中要素的数量；人才整体中要素的

配置；各要素在人才整体中的地位和作用。三方面缺一不可，而且，任何一方发生变动，其人才结构就会发生改变。基于人才结构与统计数据的可得性，本书筛选了四个指标反映人才竞争力资源的分配结构，如表6－2所示。

表6－2　　　　　　　　　　　城市人才结构评价指标模块

要素指标	衡量指标	标识	单位
人才结构指数	城镇单位第二产业、第三产业就业人员占总就业人员的比重	X_{21}	%
	平均每万人口中金融业从业人数	X_{22}	万人
	平均每万人口中科学研究和技术服务人员数	X_{23}	万人
	平均每万人口中在校普通高等学校学生数	X_{24}	人

三、人才创新指数

创新人才具有巨大的竞争力，反映了一个地区创新人才资源的增长能力和可持续发展能力，基于人才创新的潜力与统计数据的可得性，本书筛选出了五个客观指标反映人才竞争力的中坚力量，如表6－3所示。

表6－3　　　　　　　　　　　城市人才创新评价指标模块

要素指标	衡量指标	标识	单位
人才创新指数	每万人全年用于研究与试验发展经费支出	X_{31}	万元
	全年用于研究与试验发展经费占 GDP 比重	X_{32}	%
	研究与试验发展经费金额	X_{33}	万元
	每万人人均科学技术财政支出	X_{34}	亿元
	专利授权量	X_{35}	件

四、人才发展指数

人才的发展情况主要体现在人才受教育程度和人才就业水平上，人才发展程度是人才流动并集聚的重要推动力，通过提升教育程度和就业水平，调节人才在不同区域间的发展水平，从而影响人才效能的发挥，最终决定了人才竞争力的强弱，基于人才发展的重要性与统计数据的可得性，本书筛选了五个客观指标反映人才资源的可持续发展能力，如表 6 - 4 所示。

表 6 - 4　　　　　　　　城市人才发展评价指标模块

要素指标	衡量指标	标识	单位
人才发展指数	城镇登记失业率	X_{41}	%
	高等院校数量	X_{42}	所
	中等职业教育学校数量	X_{43}	所
	每万人人均教育支出	X_{44}	亿元
	教育支出	X_{45}	亿元

五、人才效能指数

人才资源利用效率不仅体现一个城市人才队伍建设的成果与业绩，也折射出一个城市人才环境的好坏，因此，人才效能竞争力是衡量一个城市人才资源的智慧与知识转化为实际财富的重要指标。本书筛选出了五个客观指标，反映人才资源的知识与智慧转化为实际财富的程度，如表 6 - 5 所示。

表 6 - 5　　　　　　　　城市人才效能评价指标模块

要素指标	衡量指标	标识	单位
人才效能指数	地区生产总值	X_{51}	亿元
	人均社会消费品零售总额	X_{52}	元
	全年全社会固定资产投资增速	X_{53}	%
	第二产业产值	X_{54}	亿元
	金融机构贷款余额	X_{55}	亿元

六、人才生活指数

城市人才环境是影响城市人才去留的重要因素，对城市人才资源的获得与效用的发挥具有重要意义。这些环境要素为人才资源价值的实现提供了良好的平台，从而展示了城市的良好吸引力。本书筛选出八个客观指标来反映城市人才生活指数，如表 6 - 6 所示。

表 6 – 6   城市人才生活评价指标模块

要素指标	衡量指标	标识	单位
人才生活指数	人均可支配收入	X_{61}	元
	人均消费支出	X_{62}	元
	房价收入比	X_{63}	—
	每千人卫生机构床位数	X_{64}	张
	每万人拥有公共汽（电）车营运车辆数量	X_{65}	辆
	人均公园绿地面积	X_{66}	平方米
	每万人公共图书馆藏书数	X_{67}	册
	社会保险参与率	X_{68}	%

注："—"表示数据缺失。

第三节　数据来源及分析方法

本节选取了河南省部分地市、中部六省及其省会城市作为分析对象。第一步，运用熵值法确定各指标的权重分布，分别计算一级指标人才规模指数、人才结构指数、人才创新指数、人才发展指数、人才效能指数、人才生活指数；第二步，对利用熵值法赋予的各个二级指标权重进行加权平均；第三步，计算出样本省（城市）人才竞争力的综合得分与排名。

一、数据来源

本节内容是在本章第二节构建的理论模型和评价指标体系基础上，对相应指标开展资料收集。资料主要来源于《中国城市统计年鉴（2019）》、2019 中部六省中各省的统计年鉴、中部六省中各省的 2018 年国民经济与社会发展统计公报及中部六省的六个省会城市的 2018 年国民经济与社会发展统计公报、河南省各地市中各地市的 2018 年国民经济与社会发展统计公报。部分指标可直接得出，部分指标需根据统计年鉴数据进行计算。数据来源及计算方法，在表 6 – 7 中具体阐述。例如，4 ~9 表示二级指标 X_{11}，可以从《河南统计年鉴》4 ~9（各市城镇单位就业人员数，见表 6 – 7 注）中直接得到；X_{13} 需要用 3 ~3（各市常住人口数）中的数据进行计算，计算方法是：（2018 年常住人口 – 2017 年常住人口）/2017 年常住人口。其他各个二级指标的计算方法均是如此，具体的人才竞争力综合评价指标体系，如表 6 – 7 所示。

表 6 − 7　　　　　　　　　　　　　人才竞争力综合评价指标体系

一级指标	二级指标	单位	数据来源/计算方法	备注
人才规模指数 X_1	X_{11}	万人	4 ~ 9	1
	X_{12}	万人	3 ~ 3	1
	X_{13}	%	3 ~ 3（2018 年常住人口 − 2017 年常住人口）/ 2017 年常住人口	2
	X_{14}	万人	4 ~ 9	1
	X_{15}	万人	4 ~ 9	1
人才结构指数 X_2	X_{21}	%	4 ~ 9（第二产业人员 + 第三产业人员）/总计	2
	X_{22}	万人	4 ~ 7 金融业从业人数/总人数	2
	X_{23}	万人	4 ~ 7 科学研究和技术服务从业人数/总人数	2
	X_{24}	人	22 ~ 19 在校普通高等学校学生数/3 ~ 5 总人口数	2
人才创新指数 X_3	X_{31}	万元	21 ~ 14 用于研究与试验发展经费支出/ 3 ~ 5 总人口数	2
	X_{32}	%	21 ~ 14 用于研究与试验发展经费支出/ 2 ~ 8 生产总值	2
	X_{33}	万元	21 ~ 14 内部支出 + 外部支出/3 ~ 5 总人口数	2
	X_{34}	亿元	8 ~ 8 科学技术财政支出/3 ~ 5 总人口数	2
	X_{35}	件	21 ~ 16	1
人才发展指数 X_4	X_{41}	%	4 ~ 21	1
	X_{42}	所	22 ~ 19	1
	X_{43}	所	22 ~ 21	1
	X_{44}	亿元	8 ~ 8 教育支出/3 ~ 5 总人口数	2
	X_{45}	亿元	8 ~ 8	1
人才效能指数 X_5	X_{51}	亿元	2 ~ 8	1
	X_{52}	万元	16 ~ 3 社会消费品零售总额/3 ~ 5 总人口数	2
	X_{53}	%	5 ~ 6	1
	X_{54}	亿元	2 ~ 8	1
	X_{55}	亿元	17 ~ 4	1
人才生活指数 X_6	X_{61}	元	10 ~ 9	1
	X_{62}	元	10 ~ 11	1
	X_{63}	—	房地产均价/10 ~ 3 人均可支配收入	2
	X_{64}	张	23 ~ 11 卫生机构床位/（3 ~ 5 总人口数 × 10）	2
	X_{65}	辆	19 ~ 8 载客汽车/3 ~ 5 总人口数	2
	X_{66}	平方米	11 ~ 4	1
	X_{67}	册	24 ~ 13 公共图书馆藏书数/3 ~ 5 总人口数	2
	X_{68}	%	（25 个城市参保人数/3 ~ 5 各市城镇人口）	2

注：备注栏 1 表示可以从统计年鉴数据中直接得出；2 表示需要用统计年鉴数据计算得出；4 ~ 9 表示统计年鉴第 4 章第 9 个指标其余以此类推；"—"表示数据缺失。

资料来源：2019 年各相关城市的《中国城市统计年鉴》、2019 年相关省（区、市）统计年鉴、2018 年相关地区的国民经济与社会发展统计公报等。

二、分析方法

目前，城市人才竞争力指标系数的确定所采用的方法，主要有专家评判法、因子分析法、层次分析法和模糊数学法等。

如表6-8所示，通过比较评价指标权重的确定方法可以看出，目前存在的不足主要有两个方面：一是指标的科学选择，纯粹理论构建指标的方法主观性强，可重复性差；二是虽然指标的赋权方法较成熟，但难以定量化的因素在指标体系中不能得到很好地反映。

表6-8 人才竞争力评价指标系数确定方法比较

权重确定方法	优点	缺点
专家评判法	操作简单、成本低	主观性太强
因子分析法	将已有指标进行归类，确定各指标的权重	只能研究已经选择的指标
层次分析法	较严谨、能解决复杂问题	对专家要求较高
模糊数学法	对选取指标的数据进行量化	选取指标必须全面

熵值法是一种常用的、确定指标权重的方法，依据是指标的变异程度，具有较高的可操作性。因此，熵值法在社会经济评价领域得到了广泛应用。一般而言，熵权代表可提供的信息，指标的熵权越大，说明其可提供的信息越多，对所研究对象的影响就越大，对整个系统起到的作用越高。因此，考虑到各项指标的变异程度以及数据的可操作性，本书利用熵值法这个工具，计算出各个指标的权重，为人才竞争力指标综合评价提供依据。

（一）归一化处理

由于样本省（城市）的指标数据多来源于统计年鉴等相关资料，指标体系涵盖了人才资源、人才效能以及经济、文化、科技、生活等各个方面，不同领域指标的单位差异较大。为了避免由单位差异而带来的研究困扰，需要对样本原始数据进行无量纲化处理以保证指标数据的一致性。目前，无量纲化常用的方法，主要有极值处理法、标准化处理法、线性比例法、归一化处理法、向量规范法等。如表6-7所示，考虑到本书相关指标的单位有较大差异，为了保证数据处理后的结果在数量、归类上与原始数据保持一致，采用普遍适用的归一化处理方法，使数据序列之间可比。

归一化就是获取原始数据的最大值和最小值，然后，把原始值线性变化到 [0，1] 区间之内，变换公式为：

$$x' = \frac{x - \min}{\max - \min} \qquad (6-1)$$

在式（6-1）中，x 表示当前要变换的原始值，min 表示当前特征中的最小值，max 表示当前特征中的最大值，x′表示变换之后的新值。

（二）熵值法

熵值法是采用计算机自动为指标客观赋权的方法，根据各项指标观测值所提供信息的大小来确定指标权重，其优点是能够剔除人为因素的干扰，使每个指标的评价具有客观公正性。设有 m 个待评方案，n 项评价指标，形成原始指标数据矩阵 $X = (X_{ij})m \times n$，对于某项指标 X_j，指标值 X_{ij} 的差距越大，则该指标在综合评价中所起的作用越大；如果某项指标的指标值全部相等，那么，该指标在综合评价中不起作用。

在信息论中，熵是对不确定性的一种度量。信息量越大，不确定性就越小，熵也就越小；信息量越小，不确定性就越大，熵也越大（王琴梅、方妮，2017）。根据熵的特性，通过计算熵值既可以用来判断一个方案的随机性及无序程度，也可以用熵值来判断某个指标的离散程度。指标的离散程度与其对综合评价结果的影响成正比，指标的离散程度越大，该指标对综合评价的影响越大。利用 SPSS 软件计算得出河南省人才竞争力各个指标的熵权，结果如表 6-9 所示。

表 6-9　　　　　　　　　2018 年人才竞争力各指标熵权

指标	熵权（%）	指标	熵权（%）
X_{11}	2.34	X_{22}	2.36
X_{12}	7.81	X_{23}	4.62
X_{13}	1.36	X_{24}	5.80
X_{14}	2.39	X_{31}	3.45
X_{15}	2.44	X_{32}	3.07
X_{21}	1.33	X_{33}	5.24

续表

指标	熵权（%）	指标	熵权（%）
X_{34}	2.92	X_{54}	2.29
X_{35}	7.65	X_{55}	6.73
X_{41}	1.08	X_{61}	1.37
X_{42}	6.51	X_{62}	2.57
X_{43}	2.78	X_{63}	0.83
X_{44}	3.08	X_{64}	1.21
X_{45}	2.31	X_{65}	3.62
X_{51}	2.82	X_{66}	1.84
X_{52}	3.78	X_{67}	2.96
X_{53}	0.70	X_{68}	0.74

第四节 研究结果及分析

在确定了评估城市人才竞争力的各客观评价指标以及对原始数据进行处理后，研究者对各样本省（城市）各要素层人才竞争力与人才综合竞争力进行了评估，计算公式如下：

$$F = \sum_{i=1}^{n} (\omega_i \cdot X_i) \qquad (6-2)$$

在式（6-2）中，F表示样本省（城市）要素层竞争力得分值或人才综合竞争力得分值。ω表示第i个指标的权重，X_i表示第i个指标的值，n表示要素指标个数或衡量指标个数。计算顺序是，首先，计算各衡量指标的得分；其次，以要素层中各衡量指标的得分之和，乘以各要素权重；最后，计算各评价维度与人才竞争力得分值。

一、河南省地市人才竞争力分析

本书用SPSSAU软件对河南省各地市人才竞争力综合指数和单项指数进行计算并按地市人才竞争力综合指数排名，具体计算结果和排名见表6-10。

表 6 – 10　　　　　2018 年河南省地市人才竞争力综合指数和单项指数

排名	地市	人才竞争力综合指数	人才规模指数	人才结构指数	人才创新指数	人才发展指数	人才效能指数	人才生活指数
1	郑州	0.9465	1.0100	0.9883	0.8851	0.9653	1.0040	0.8490
2	洛阳	0.3569	0.2312	0.3133	0.4068	0.4197	0.3479	0.4044
3	新乡	0.2498	0.1720	0.2290	0.3032	0.2557	0.1729	0.3518
4	焦作	0.2369	0.1316	0.2591	0.2538	0.1560	0.1630	0.4690
5	开封	0.2193	0.1323	0.2067	0.3356	0.1534	0.1513	0.2960
6	南阳	0.2128	0.2354	0.1204	0.1146	0.2912	0.2131	0.3381
7	济源	0.2072	0.0428	0.1393	0.2307	0.1515	0.1323	0.5529
8	许昌	0.2034	0.1496	0.1890	0.2337	0.1745	0.1499	0.3184
9	平顶山	0.1977	0.1649	0.2173	0.1529	0.1906	0.1606	0.3288
10	三门峡	0.1977	0.0734	0.2273	0.1391	0.1865	0.1606	0.4429
11	安阳	0.1710	0.1912	0.1795	0.1082	0.1873	0.1168	0.2760
12	漯河	0.1695	0.1059	0.1797	0.1175	0.1028	0.1362	0.4115
13	信阳	0.1688	0.1756	0.1310	0.0677	0.2410	0.1503	0.2913
14	鹤壁	0.1576	0.0756	0.3045	0.0935	0.0744	0.0870	0.3667
15	濮阳	0.1539	0.0877	0.1537	0.0525	0.1605	0.1291	0.3956
16	商丘	0.1524	0.2195	0.1034	0.1083	0.2011	0.1387	0.1552
17	驻马店	0.1458	0.1985	0.0472	0.0501	0.1784	0.1306	0.3050
18	周口	0.1278	0.1730	0.0701	0.0283	0.1949	0.1383	0.1983

（一）河南省地市人才竞争力综合指数

由表 6 – 10 可知，在城市人才综合竞争力方面，城市人才竞争力综合指数排名第一的是郑州市，而且，其各个单项指数均在河南省排名第一，综合得分为 0.9465。从整体来看，排在前三的分别为郑州市、洛阳市、新乡市。郑州市、洛阳市和新乡市的人才资源综合竞争力较强，说明这三地的人才规模指数、人才发展指数、人才效能等指数指标表现较为突出。这主要是因为三地处于郑洛新国家自主创新示范区，区位优势明显，高等教育相对发达，人才聚集能力强。郑州市是河南省的区域科技人才聚集中心城市；洛阳市是河南省的次级区域科技人才聚集中心城市；新乡市高度重视人才培养并加大了科研投入力度，为人才的聚集提供了良好的环境。因此，河南省以郑州市、洛阳市、新乡市为主体打造的国家自主创新示范区，具有合理性。排名后三位的是商丘市、驻马店市、周口市。进一步将河南省各地市人才竞争力与其年度地区生产总值进行比较，如表6-11所示。

表6-11　　　　2018年河南省地市人才竞争力、地区生产总值及与郑州市高铁通行时长

排名	地市	人才竞争力综合指数	排名	地市	地区生产总值（亿元）	出发地市	与郑州市高铁通行时长（分钟）
1	郑州	0.9465	1	郑州	10143.32	郑州	0
2	洛阳	0.3569	2	洛阳	4640.78	洛阳	40
3	新乡	0.2498	3	南阳	3566.77	新乡	20
4	焦作	0.2369	4	许昌	2830.62	焦作	20
5	开封	0.2193	5	周口	2687.22	开封	20
6	南阳	0.2128	6	新乡	2526.55	南阳	90
7	济源	0.2072	7	安阳	2393.22	济源	—
8	许昌	0.2034	8	商丘	2389.04	许昌	30
9	平顶山	0.1977	9	信阳	2387.80	平顶山	55
10	三门峡	0.1977	10	焦作	2371.50	三门峡	75
11	安阳	0.1710	11	驻马店	2370.32	安阳	55
12	漯河	0.1695	12	平顶山	2135.23	漯河	55
13	信阳	0.1688	13	开封	2002.23	信阳	90
14	鹤壁	0.1576	14	濮阳	1654.47	鹤壁	35
15	濮阳	0.1539	15	三门峡	1528.12	濮阳	—
16	商丘	0.1524	16	漯河	1236.66	商丘	50
17	驻马店	0.1458	17	鹤壁	861.90	驻马店	55
18	周口	0.1278	18	济源	641.84	周口	60

注：高铁通行时间为大约时间。郑济高铁河南段预计2021年底开通，濮阳到郑州通行时间约60分钟，缺少济源到郑州通行时间数据来源。

结合城市人才竞争力综合指数与地区生产总值来看，郑州市和洛阳市在这两方面的排名一致，分别处于第一位、第二位；但人才竞争力综合指数处于第三位的新乡市，其地区生产总值排在第6位；而地区生产总值位于第三位的南阳市，人才竞争力综合指数却排在第6位。人才竞争力综合指数处于末位的周口市，其地区生产总值却处于河南省第5位，显示了其经济地位与人力竞争力综合指数极不匹配。从与郑州市高铁通行时长上来看，时间长短与城市人才竞

争力综合指数存在一定关系。例如，新乡市和开封市，与郑州市高铁通行时长均保持在半小时内，具有明显的区位优势，从而在人才竞争力综合指数上优势明显；南阳市、信阳市与郑州市高铁通行时间最长，其人才竞争力分别位居省内第 6 位和第 13 位。

（二）河南省地市人才竞争力单项指数

从地理分布来看，河南省地市人才综合竞争力存在"中间强、南北弱"的情况。具体来看，处在河南省最北部的濮阳市和鹤壁市排名靠后，处在河南省最南部的驻马店市和信阳市排名也靠后，而表 6 - 12 中较多的郑州市、洛阳市、新乡市、焦作市和开封市，则处在河南省的中间位置。各单项指数排名前五位的地市，如表 6 - 12 所示。

表 6 - 12　　　　2018 年河南省地市人才竞争力单项指数排名前五地市

排名	人才规模指数	人才结构指数	人才创新指数	人才发展指数	人才效能指数	人才生活指数
1	郑州	郑州	郑州	郑州	郑州	郑州
2	南阳	洛阳	洛阳	洛阳	洛阳	济源
3	洛阳	鹤壁	开封	南阳	南阳	焦作
4	商丘	焦作	新乡	新乡	新乡	三门峡
5	驻马店	新乡	焦作	信阳	焦作	漯河

在人才竞争力的各个方面，郑州市稳居河南省第一位。郑州市属于国家中心城市，是河南省经济发展的引擎，在经济实力和科技创新上都具有其他地市无法比拟的优势。在表 6 - 12 中，洛阳市有四项指标位列第二，一项指标位列第三。洛阳市的优势主要在于人才的聚集和教育的发展。此外，洛阳市的科技贡献与经济支撑指数排名靠前，说明洛阳市非常重视人才，同时对科研的投入力度较大，对经济的推动作用明显。南阳市长期以来是河南省人口第一大市，在人口总量上具有较为明显的优势。近年来，南阳市重视高等教育发展，优化城市环境，对提升人才竞争力效果显著。

从人才规模指数来看，济源市、三门峡市和鹤壁市较低；从人才结构指数来看，驻马店市、周口市、商丘市较低；从人才创新指数来看，周口市、驻马店市和濮阳市较低；从人才发展指数来看，鹤壁市、漯河市、济源市排名靠后；从人才效能指数来看，鹤壁市、安阳市和濮阳市较低；从人才生活指数来看，商丘市、周口市和安阳市较低。

从人才生活指数方面分析，河南省人才发展环境竞争力较好的地市分别是郑州市、济源市、焦作市。郑州市区位优势明显，城市公共设施建设较好，有效地提升了全市的人才发展环境竞争力。近年来，济源市加大了空气污染治理力度，积极提高城市绿化率，规划建设城市公园，有效地改善了城市环境，为人才的生活居住营造了良好的生态环境。焦作市也在积极改善人才环境，加大公共投入力度，对提升人才竞争力具有一定影响作用。

二、中部六省及其省会城市人才竞争力分析

如果河南省要在中部崛起中奋勇争先，郑州市须在国家中心城市中脱颖而出，这都离不开人才的支撑。河南省的人才竞争力强弱，需要与其他省（区、市）的人才竞争力横向对比，才能更好地进行评价，因为竞争力是一种横向对比关系，纵向的对比只能体现出发展阶段。通过横向对比从中得知河南省在人才竞争力提升中需要发力的方向。因为安徽省、湖北省、湖南省、河南省、江西省、山西省在地理位置上均位于中部地区，且在历史发展过程中受地区差异化战略的影响较小，相对于沿海地区等省（区、市），具有更高的可比性。本节计算了安徽省、湖北省、湖南省、河南省、江西省、山西省六个中部省份（见表 6 – 13）及其省会城市（见表 6 – 14）的人才竞争力发展指数并将河南省人才竞争力发展指数、郑州市人才竞争力发展指数与其他省份及其省会城市的相应指数进行对比，从而对河南省、郑州市的人才竞争力进行综合评价。

表 6 – 13　　　　　　2018 年中部六省人才竞争力发展指数

排名	中部六省	人才竞争力综合指数	人才规模指数	人才结构指数	人才创新指数	人才发展指数	人才效能指数	人才生活指数
1	安徽	0.5939	0.7284	0.4614	0.7696	0.4344	0.2346	0.7137
2	湖北	0.4893	0.1688	0.7124	0.4720	0.3322	0.8565	0.5000
3	湖南	0.4182	0.3990	0.6995	0.4458	0.4822	0.3861	0.3037
4	河南	0.3280	0.2434	0.4782	0.2618	0.5702	0.5094	0.1653
5	江西	0.2863	0.2843	0.1974	0.3231	0.1883	0.2617	0.3544
6	山西	0.2634	0.1583	0.4754	0.1505	0.6335	0.0939	0.2297

表 6 – 14　　　　　　　2018 年中部六省的省会城市人才竞争力发展指数

排名	省会城市	人才竞争力综合指数	人才规模指数	人才结构指数	人才创新指数	人才发展指数	人才效能指数	人才生活指数
1	武汉	0.5434	0.3215	0.6367	1.0075	0.7617	0.7929	0.1885
2	郑州	0.4779	0.4393	0.8575	0.3186	0.3956	0.5364	0.5098
3	合肥	0.3971	0.7022	0.7193	0.2731	0.2088	0.2538	0.4200
4	长沙	0.3134	0.3135	0.6144	0.3006	0.2334	0.5185	0.2282
5	南昌	0.2720	0.3901	0.3734	0.2221	0.1028	0.1249	0.3737
6	太原	0.2140	0.2845	0.2719	0.2797	0.1710	0.3641	0.1162

从人才竞争力综合指数来看，中部六省中安徽省、湖北省和湖南省位列前三，这与三省在科技和高等教育方面投入较多密切相关。河南省总人口和地区生产总值均位居中部第一，但人才竞争力综合指数只位居第四位，与经济大省地位极不匹配。这说明，河南省还没有将人口大省转化为人才强省，未来人力资源开发空间较大。

从中部六省的省会城市人才竞争力综合指数来看，武汉市排名第一，郑州市超越合肥市位居第二，但从人才创新指数、人才发展指数和人才效能指数来看，郑州市与武汉市还存在不小差距；从人才规模指数看，郑州市与合肥市也存在较大差距。

（一）人才规模竞争力

如表 6 – 15 所示，河南省的人才规模指数在中部六省中排名第四，郑州市的人才规模指数在中部六省的省会城市中排名第二。河南省地处中部平原，由于其地理优势，自古以来，便因其发达的农业及开阔的地形集聚了大量人口。虽然河南省有着庞大的人口基数，但河南省的人才数量排名并不靠前，且集中在省会郑州市。由于高等教育较为落后，相应的各层次、各领域的人才资源供应显得较为匮乏。因此，未来河南省在高层次人才建设中，如何加强对现有人力资源的培训以促进其向高技能、高层次、紧缺类人才转化，把数量优势转化为质量优势，将是今后人力资源工作的重点。

表 6 – 15　　　　　　2018 年中部六省及其省会城市人才规模指数

排名	中部六省	人才规模指数	排名	省会城市	人才规模指数
1	安徽	0.7284	1	合肥	0.7022
2	湖南	0.3990	2	郑州	0.4393
3	江西	0.2843	3	南昌	0.3901
4	河南	0.2434	4	武汉	0.3215
5	湖北	0.1688	5	长沙	0.3135
6	山西	0.1583	6	太原	0.2845

（二）人才结构竞争力

从表 6 – 16 可知，河南省的人才结构指数在中部六省中排名第三，郑州市的人才结构指数在中部六省的省会城市中排名第一。湖北省具有较高的人才本体竞争力，得益于其充足的人才数量以及较高的人才质量，湖北省的人才队伍建设工作以高层次人才和高技能人才为重点，通过加大培训力度以及资金投入，不断夯实、优化其人才队伍建设成果；在人才储备以及培养上，特别是科技型人才的储备及培养上做得较好。这为湖北省发展战略型新兴产业以及现代服务业等高端产业提供了充足的人才储备。

表 6 – 16　　　　　　2018 年中部六省及其省会城市人才结构指数

排名	中部六省	人才结构指数	排名	省会城市	人才结构指数
1	湖北	0.7124	1	郑州	0.8575
2	湖南	0.6995	2	合肥	0.7193
3	河南	0.4782	3	武汉	0.6367
4	山西	0.4754	4	长沙	0.6144
5	安徽	0.4614	5	南昌	0.3734
6	江西	0.1974	6	太原	0.2719

河南省、山西省的人才结构指数相对较低，人才结构具有优化空间，同时，需要大力发展战略新兴产业及高技术产业，以产业聚集高层次人才，从而不断优化人才结构。郑州市的人才结构指数在中部六省的省会城市中第一，反映了郑州市人才总量充足，人才结构均衡，体现了其人才分配的优势所在。

（三）人才创新竞争力

从表 6 – 17 可知，2018 年河南省的人才创新指数在中部六省中排名第五，郑州市的人才创新指数在中部六省的省会城市中排名第二。

表 6 – 17　　　　　　2018 年中部六省及其省会城市人才创新指数

排名	中部六省	人才创新指数	排名	省会城市	人才创新指数
1	安徽	0.7696	1	武汉	1.0075
2	湖北	0.4720	2	郑州	0.3186
3	湖南	0.4458	3	长沙	0.3006
4	江西	0.3231	4	太原	0.2797
5	河南	0.2618	5	合肥	0.2731
6	山西	0.1505	6	南昌	0.2221

湖北省有"985"大学 2 所，"211"大学 5 所，且根据统计，湖北省拥有普通高等学校的数量为 126 所，无论是在教育资源上还是教学质量上的优势都非常明显。武汉市的专利申请授权数在中部六省的省会城市中最高，这也得益于武汉市在知识产权保护上的重视。

安徽省的创新能力非常高，合肥市整体创新发展不够，需要向河南省学习，通过省会城市带动周边城市的发展，发挥辐射作用。

（四）人才发展竞争力

从人才发展情况角度上来看（见表 6 – 18），2018 年河南省的人才发展指数在中部六省中排名第二，郑州市的人才发展指数在中部六省的省会城市中排名第二。根据《中国统计年鉴》统计，山西省人均教育投入在比较的中部六省中排名第一。湖北省武汉市于 2017 年发布了《关于支持百万大学生留汉创业就业的若干政策措施》，不仅有利于最大化保留及转化本省已有青年人才资源，同时，还有利于吸引外省优秀大学生流向武汉市，为武汉市的人才发展注入更大活力。另外，山西省非常重视人力资源的培养、教育。如果要提高人才发展的质量，地方政府就必须重视教育、重视对人才的培育。

表 6 – 18　　　　　　2018 年中部六省及其省会城市人才发展指数

排名	中部六省	人才发展指数	排名	省会城市	人才发展指数
1	山西	0.6335	1	武汉	0.7617
2	河南	0.5702	2	郑州	0.3956
3	湖南	0.4822	3	长沙	0.2334

排名	中部六省	人才发展指数	排名	省会城市	人才发展指数
4	安徽	0.4344	4	合肥	0.2088
5	湖北	0.3322	5	太原	0.1710
6	江西	0.1883	6	南昌	0.1028

（五）人才效能竞争力

从人才产出角度上来看（见表 6-19），2018 年河南省的人才效能指数在中部六省中排名第二，郑州市的人才效能指数在中部六省的省会城市中排名第二。在人才产出上，湖北省的人才效能指数在中部六省中是最高的，武汉市的人才效能指数在中部六省的省会城市中也是最高的。目前，河南省经济发展程度及人才效能发挥作用还是比较高的。近几年，河南省长期保持地区生产总值的高速增长，虽然有部分基数低的原因，但更重要的原因在于河南省正确的产业政策。这几年，制造业一直是河南省重点发展的产业领域，在此基础上，河南省强调传统产业转型升级，并努力加快培育新型产业。在未来河南省的发展中，如何保持优势以及如何将优势转换为人才优势，将会极大地影响着河南省人才效能的发挥。

表 6-19　　　　　2018 年中部六省及其省会城市人才效能指数

排名	中部六省	人才效能指数	排名	省会城市	人才效能指数
1	湖北	0.8565	1	武汉	0.7929
2	河南	0.5094	2	郑州	0.5364
3	湖南	0.3861	3	长沙	0.5185
4	江西	0.2617	4	太原	0.3641
5	安徽	0.2346	5	合肥	0.2538
6	山西	0.0939	6	南昌	0.1249

（六）人才生活竞争力

表 6-20 显示，河南省的人才生活指数在中部六省中排名第六，郑州市的人才生活指数在中部六省的省会城市中排名第一。环境竞争力是指，在地区间的对比中，相对于人才本体而言，外部环境对人才或者人才队伍的促进力、提

升力的大小。离开优良的外部环境，人才工作极难开展。

表 6 – 20　　　　　　2018 年中部六省及其省会城市人才生活指数

排名	中部六省	人才生活指数	排名	省会城市	人才生活指数
1	安徽	0.7137	1	郑州	0.5098
2	湖北	0.5000	2	合肥	0.4200
3	江西	0.3544	3	南昌	0.3737
4	湖南	0.3037	4	长沙	0.2282
5	山西	0.2297	5	武汉	0.1885
6	河南	0.1653	6	太原	0.1162

　　从人才生活竞争力上来看，安徽省在综合环境的打造上较为均衡，在经济、科技、教育环境上没有明显短板，始终也保持在较高水平。河南省在人才环境的总体评价上较弱，然而，郑州市却在中部六省的省会城市中位列第一，反映了河南省各地市间人才发展环境差异较大的现状。综合环境的打造对吸引人才极为重要，厚此薄彼只会让水桶效应越发明显。因此，未来河南省在发展经济过程中，打造人才软环境的同时，必须加大对科技和教育的投入，实现引育并重，更好地服务地方经济发展。

第五节　小　　结

　　本书在参考国内外城市人才竞争力评价指标体系的基础上，从人才规模指数、人才结构指数、人才创新指数、人才发展指数、人才效能指数、人才生活指数六个方面构建了省（城市）人才竞争力指标体系，用熵值法（计算机自动赋权值）而非专家打分法自动确定各指标的权重，最终计算出河南省各地市、中部六省及其省会城市人才竞争力综合指数和单项指数。从总体上来看，本书通过分析，对比归纳了以下五点。

　　（1）制约河南省在中部崛起中奋勇当先的核心因素是人才。河南省人才竞争力在中部六省中排名第四位；郑州市人才竞争力在中部六省的省会城市中排名第二位。另外，通过道格拉斯函数初步分析发现，尽管河南省人力资本（43.1%）比物质资本（30.7%）对经济增长的边际影响更为显著，但近20

年来，物质资本对河南省经济增长的总体贡献率为 78.6%，而人力资本的总体贡献率仅为 27.2%，说明人力资本对经济增长的总体影响作用较低，河南省人力资源优势还没有充分发挥。"十四五"期间，河南省经济实现高质量发展，需要大力实施人才强省战略，努力从人力资源大省向人才资源强省转变。

（2）建设中原科技城和打造沿黄科创带，是抢占中部未来经济发展制高点的重要抓手。郑州市打造中原科技城，实现高新区、郑东龙子湖和白沙三区联动，从城市人才竞争力指标来看，位列前五的依次是郑州市、洛阳市、新乡市、焦作市、开封市。因此，中原科技城的三区联动，着力打造沿黄科创带具有合理性。"十四五"期间，河南省应以郑州市建设国家中心城市为依托，以建设中原科技城和沿黄科创带为抓手，大力发展数字经济，加快新旧动能转换，协同打造河南省中部经济增长极，实现经济高质量发展。

（3）河南省是典型的单核省域，郑州市在河南省处于"龙头"地位。从河南省的情况来看，郑州市是当之无愧的"龙头"老大，六项指标全部位列河南省第一。这说明，河南省是非常典型的单核省域。因此，要充分发挥郑州市的"龙头"带动作用。不妨以郑州市为核心形成大都市圈，将原先郑州市、开封市、新乡市、焦作市、许昌市五座城市，加上平顶山市和洛阳市扩围到七座城市，打造中原经济核心增长极；在此基础上，将洛阳市、新乡市、许昌市打造成三个区域增长极的引擎。"十四五"期间，如何实现区域协调发展，让河南省人民共享发展成果，是河南省亟须思考的问题。

（4）以洛阳市为中心筹划河南省的西部经济带是实现区域协调发展，打造省域西部增长极的关键。近年来，在《中原城市群发展规划》的基础上，郑州市提出了郑州都市圈 2020~2035 年计划，奋力实现郑州市、开封市、新乡市、许昌市、焦作市的一体化发展。洛阳市作为省域副中心，近期也提出了《洛阳都市圈发展规划（2020~2035）》。建议洛阳市主动作为、积极谋划、省内外联动，打造省内西部城市增长极。河南省内以洛阳市为中心，与南阳市、平顶山市、三门峡市、济源市形成合力；在河南省外，加强与陕西省西安市对接，充分利用西安市在人才、科技方面的资源优势，努力打造河南省西部增长极，是实现区域协调发展的关键。同时，将三门峡市、南阳市和驻马店市区域形成西部绿色发展经济增长带，共同对接黄河流域生态保护与高质量发展国家战略。

（5）以新乡市和许昌市为中心，分别打造河南省北部经济增长极和河南省南部经济增长极，同时规划商丘市、周口市、驻马店市等粮食经济作物发展带，共同对接中部崛起战略。以新乡市（或安阳市）为北部区域中心，打造河南省北部增长极；以许昌市为南部区域中心和东部区域中心打造河南省南部增长极，同时，辅助河南省东部粮食作为经济发展带，共同对接中部崛起国家战略。当前，豫南发展需要核心城市带动，但漯河市、驻马店市、信阳市等都不足以带动区域发展。为此，只能通过多个区域发展规划共同带动豫南城市发展。同时，加强河南省信阳市与湖北省武汉市的交流，充分利用武汉市在科技方面和人才方面的优势，实现区域经济发展。

第七章　河南省人才强省战略测度与评价

第一节　引　言

人才是经济社会发展的第一资源，是指具有一定专业知识或专门技能，进行创造性劳动并对社会做出贡献的人，是人力资源中能力和素质较高的劳动者（国家中长期人才发展规划纲要，2010）。

2001 年，国家"十五"规划提出，"实施人才战略，壮大人才队伍"。[①] 2002 年，国家首次提出"实施人才强国战略"。[②] 2003 年 12 月，中共中央首次召开中央人才工作会议，突出强调了实施人才强国战略是党和国家一项重大而紧迫的任务。2007 年，人才强国战略写进了党的十七大报告。[③] 由此，人才强国战略的实施，进入了全面推进的新阶段。

人才资源不仅对提高一个国家的国际竞争能力具有重要的作用，而且，其对提升区域经济发展水平和综合竞争力也具有明显的作用。在人才强国战略提出后，地方政府结合区域特点和当地实际，也纷纷制定和实施了区域人才发展战略，如人才强省战略、人才强市战略。如今，人才资源逐渐成为经济与社会发展最主要的影响因素（刘传德，2014），是提升地方竞争力和赢得发展主动权的战略选择。随着人才战略在地方的实施和开展，如何评价人才强省（市）的实施效果就显得尤为必要，因为评价可以更好地指导各地方人才建设工作

---

① http://www.gov.cn/test/2006-03/20/content_231460.htm.

② http://www.moe.gov.cn/jyb_xxgk/gk_gbgg/moe_0/moe_8/moe_26/tnull_404.html.

③ http://cpc.people.com.cn/GB/64162/64168/106155/106156/6430009.html.

（孙锐等，2012）。评估地方人才战略的实施效果是较为复杂的工作，关键难点在于建立一套科学的指标体系，以此测度人才强省战略的实现程度，从而进一步汇聚人才资源，在此基础上，引导人才资源规划、开发、配置、使用向科学发展的方向运行（李良成等，2012）。

然而，现有研究在理论上对人才强省战略的分析较为丰富，但在其实施效果评价方面的研究尚待深入。主要不足表现在对人才强国的评估较多，对省级层面的评估较少，在评估过程中，部分指标权重的确定还主要依赖专家分析法，使其存在一定的局限。而且，在评估过程中，尚缺少对处于地理位置相邻或经济发展水平相近的省市实施效果的对比分析，也在一定程度上弱化了人才战略的评估结果对地方开展人才工作的指导作用。为此，本书在现有研究基础上，提出了一个用于指导区域人才强省战略实施工作的评价分析框架，借此初步对河南省人才强省战略的实施效果进行评估，希望为今后的人才强省研究提供一些有益的启示和借鉴。

本章的主要思路是，建立评价人才强省战略实施状况的相关指标体系，利用相关统计年鉴所提供的统计信息，评估河南省人才强省战略的实施效果，发现其存在的问题并提出相应建议，为河南省人才强省战略的实施提供参考。

第二节　人才强省战略测度指标选取的原则

为科学测度人才强省战略的实施效果，在构建人才强省战略实施效果测度指标体系时，需遵循系统优化原则、科学性原则、可获得性原则以及动态连续性原则。

一、系统优化原则

构建人才强省战略实施效果测度指标体系是一项复杂的系统工程，既要反映省区市在人才发展方面的表现，又要客观评估人才发展对于经济发展的贡献。各方面指标相互独立，又相互联系，共同构成一个有机整体。通过对测度总目标的层层分解，形成纵横交错、联系密切的树状指标体系，反映人才强省战略实现的情况。

二、科学性原则

首先，在设定人才强省战略实施效果测度指标时，对指标内涵进行科学界定，避免指标之间出现逻辑混乱、概念模糊等情况；其次，在指标赋值过程中，注意计算方法的科学性，确保指标数值的科学性，从而保证测度结果的科学性。

三、可获得性原则

指标不仅要反映人才强省战略实施效果各个方面的信息，还要保证指标数据的可获得性，数据不可获得的指标，将使评价过程无法继续。本书通过理论分析得出测度指标，但是，部分指标在地方统计数据中缺失，那么，在测度中将不得不舍弃或找出相关指标进行替代。

四、动态连续性原则

人才强省战略推动地区经济发展，存在一定时滞性，其战略实施效果随着时间推移在不断地发展变化。因此，设定的指标不能仅仅反映某一时间点战略实施效果的情况，还需要客观反映战略实施效果未来的发展变化。通过构建动态连续的指标体系，确保人才强省战略实施效果测度结果能够客观、准确地反映实施效果。

第三节　人才强省测度指标的确定

人才强省战略是基于人才强国战略提出的，其实施效果评估的关键在于构建一套科学的测度指标体系。本章采用知网数据库作为文献资料来源，搜索范围包括人才强国战略指标、人才强省战略指标、人才竞争力指标（阳浙江，2007；孙锐等，2012）。通过频度统计法选取相关度较高的文章的评价指标，初步建立人才强省战略测度指标的原始数据库，以此作为指标体系，评估河南省人才强省战略的实施效果。根据指标的选取原则以及人才强省战略的测度内涵，本章将从人才层面、强省层面构建指标体系，具体指标体系，如表7-1所示。

表7-1 人才强省战略实施效果测度指标体系

一级指标	二级指标	三级指标
人才层面	规模指标	人才总量
		人才密度
	结构指标	产业人才需求结构
		产业人才比率
	层次指标	高级人才比率
		学历层次
	动态指标	人才流动率
		境外人才引进
	效益指标	人才效率
强省层面	科技产出	专利授权数量
		科技论文发表
	经济产出	地区经济总产值
		地区财政收入
	居民生活水平	城镇居民恩格尔系数
		农村居民恩格尔系数
		城镇居民人均可支配收入
		农村居民人均可支配收入

一、人才层面

人才强省战略的核心就是人才的发展，人才是强省的先决条件，通过对人才的投入以及对人才的培养来提高地区的人才质量、增加人才储备，从而为强省提供强有力的人才支撑，促进地区经济发展，增强地区综合竞争力。人才的测度主要通过规模、结构、动态、层次及效益五个指标来展现（吴宗杰等，2007；顾薇薇，2009）。其中，规模指标包括人才总量、人才密度等；层次指标包括高级人才比率、大学及以上人才比率等；效益指标包括人才技术创新能力以及人才效率；动态指标包括人才的流动量、境外留学人才的回归率以及境外人才的引进等；结构指标包括第一产业、第二产业、第三产业的人才分布以及各产业的人才比率等。通过对这五个指标的分析展现出地区人才发展状况及其前景，从而对人才强省中的人才现状掌控得更加准确（朱安红等，2012；李晓园等，2004）。

（一）规模指标

规模指标主要反映一个地区的人才规模状况，是人才竞争力的基础。其包括人才总量和人才密度。人才总量是用各类人才规模总量表示的基本指标；人才密度是指，在一定区域内，人才资源在人口资源中所占的比重（王建强等，2009）。

（二）结构指标

结构指标主要反映整个地区的人才结构状况，主要包括产业人才需求结构和产业人才比率。产业结构与产业人才需求结构存在相互依存的关系，产业结构变动引发产业人才需求结构的变动。从业人员在三次产业中所占比例指标，体现了产业升级的要求。

（三）层次指标

层次指标主要反映一个地区的人才质量状况。它主要包括高级人才比率和学历层次。高级人才比率指，院士及正高职称的专家、学者数/人才总量。学历层次主要包括，从业人员拥有研究生、本科、大专、中专学历各自所占比例。

（四）动态指标

动态指标主要反映一个地区的人才流动情况，体现出当地对人才的聚集力，以人才流动率和境外人才引进来表征。人才流动率是指，人才流动总量/人才总数，能够很好地表现某省（区市）对人才的吸引力。面对新一轮科技革命和产业变革的重要时期，对境外高层次人才的需求更加迫切。境外人才引进，体现了一个省（区市）对高层次人才的重视程度。

（五）效益指标

人才总体效能是人才竞争力的集中体现，同时，也可以展现出人才强省战略的实施效果。通过对人才效率分析，对人才强省战略效果进行衡量。人才效率等于人才总量/百万 GDP，该指标是衡量技术人员在经济活动中产出效率的主要指标。

二、强省层面

人才强省战略，人才是前提，强省才是最终目标。强省指标是人才强省战略实施效果的最直接表现。强省要从科技产出、经济产出以及居民生活水平三个指标进行展现。其中，科技产出可以根据专利授权数量和科技论文发表数量的增加等进行衡量；经济产出可以通过地区经济总产值、地区财政性收入进行衡量；衡量一个地区综合竞争力大小，不仅要关注经济水平，还要关注居民生活水平，居民生活水平选取城镇居民恩格尔系数和农村居民恩格尔系数以及城镇居民人均可支配收入、农村居民人均可支配收入作为居民生活水平的三级指标（刘传德，2014；孙锐等，2012；顾薇薇，2009）。

（一）科技产出

人才区别于一般性人力资源的主要因素，是其拥有自主创新能力。随着地区人才数量和人才质量不断提高，人才会通过科研活动提高地区科学技术水平，进而推动地区经济社会的快速发展。在科技产出中，专利授权数量以及科技论文发表数量，反映地区科研水平。

（二）经济产出

经济水平是衡量一个地区发展情况的重要指标，人才因其创造性、创新性特征，成为经济发展的重要影响因素。为此，选取地区经济总产值、地区财政收入作为经济产出的下级指标。

（三）居民生活水平

恩格尔系数用来衡量居民生活水平，其含义是指食品支出总额占个人消费支出总额的比重，计算公式为食物支出金额/总支出金额×100%。城镇居民恩格尔系数的大小，反映了城镇居民生活水平的高低，城镇居民恩格尔系数越低，说明城镇居民生活水平越高，农村居民恩格尔系数同理。而居民人均可支配收入体现了区域经济发展水平，一个区域的城镇居民人均可支配收入和农村居民人均可支配收入越高，说明该区域经济发展水平越高。

第四节　河南省人才强省战略测度指标分析

本章的资料来源是《河南统计年鉴（2019）》《中国统计年鉴（2019）》以及《河南省2018年国民经济和社会发展统计公报》。

一、人才层面

河南省作为人口大省，尽管人力资源十分丰富，但人才的质量和数量与河南省经济社会发展的现实需求仍有较大差距，与国内发达地区的人才质量和人才汇聚方面相比仍处于劣势地位。人力资源"富矿"在手却未能充分释放人才的最大效益，凸显河南省在人力资源开发上潜力巨大。下面，分别从规模指标、结构指标、层次指标、动态指标、效益指标五个指标，具体分析河南省人才强省在人才层面的实施效果。

（一）规模指标

河南省的人口数量庞大，人才数量比例的基数大。2015年，河南省各类人才总量达到978.00万人，"十二五"期间人才强省战略实施成效显著，人才总量居全国前十，其中，享受国务院津贴的专家有2386人。2018年，河南省专业技术人才总量达到430.00万人，技能人才总量达到647.20万人，高技能人才数量达到176.27万人，人才强省战略实施效果更为明显。但总体上讲，河南省高层次人才仍较少，河南省在人才方面存在结构性矛盾。

（二）结构指标

河南省第一产业、第二产业、第三产业的快速发展对人才的吸引力也在增

强，其中，2018 年第一产业、第二产业、第三产业人才需求比重分别为
2.93%、33.32%、63.75%，可以看出第三产业的人才需求超过了第一产业、
第二产业，成为人才需求主力。表 7 - 2 反映了 2010 ~ 2018 年河南省各产业人
才资源分布情况。从中可以看出，第一产业人才比重总体呈现下降趋势，第二
产业人才比重较为稳定，第三产业的人才比重处于缓慢增长的状态。另外，从
表 7 - 2 中也可以看出人才的产业分布不均匀，第一产业与第二产业、第三产
业相比，人才占比相对较高。

表 7 - 2　　　　　　　　2010 ~ 2018 年河南省各产业人才资源分布

产业分类	年份	产业占 GDP 比重（%）	产业人才比重（%）
第一产业	2010	13.5	44.9
	2011	12.4	43.1
	2012	12.1	41.8
	2013	11.9	40.1
	2014	11.4	40.7
	2015	10.8	39.0
	2016	10.1	38.4
	2017	9.3	36.9
	2018	8.9	35.4
第二产业	2010	55.8	29.0
	2011	55.5	29.0
	2012	54.1	30.5
	2013	52.5	31.9
	2014	51.5	30.6
	2015	49.0	30.8
	2016	47.9	30.6
	2017	47.4	31.1
	2018	45.9	30.6
第三产业	2010	30.7	26.1
	2011	32.1	27.0
	2012	33.8	27.7
	2013	35.7	28.0
	2014	37.1	28.7
	2015	40.2	30.2
	2016	42.0	31.0
	2017	43.3	32.0
	2018	45.2	34.0

表 7 – 3 是河南省与部分省市（城市）的产业人才分布情况。从中可以看出，河南省的产业人才分布较为均匀。北京市、上海市以及广东省深圳市的人才分布都主要集中在第三产业，第一产业的人才占比很低。与中部的湖北省、湖南省相比，河南省的第三产业比重依然较低。因此，河南省人才产业配置有待优化。

表 7 – 3　　　　2018 年河南省与部分地区的产业人才分布情况　　　　单位：%

产业	河南	北京	上海	广东省深圳市	湖北	湖南	安徽	江西	山西
第一产业	35.4	3.7	3.0	0.2	19.4	22.8	30.5	29.4	24.6
第二产业	30.6	14.7	30.7	42.3	42.1	39.3	34.8	37.7	44.8
第三产业	34.0	81.6	66.3	57.5	48.5	37.9	34.7	32.9	30.6

（三）层次指标

2018 年，河南省从业人员中大专以上学历占比为 10.25%。其中，大专学历从业人员为 6.6%，比 2017 年增加 0.3%；本科学历人数占比 3.3%，研究生从业人员占比 0.35%，比 2017 年增加 0.08%。在河南省人才资源中，大专学历和本科学历的人才较多，研究生人才相对较少，人才培养层次有待提升。

表 7 – 4 反映了 2018 年河南省与部分省市的人才学历分布情况。从表中可以看出，河南省与其他几个省市一样，中等职业教育人才所占比重大于高等职业教育人才所占比重。北京市、上海市和天津市三个城市的本科学历人才比重最大，之后是专科学历人才。河南省与湖南省、湖北省、安徽省三个省，专科学历人才处于第一位，本科仅次于专科。从整体上来看，河南省高层次人才较少，需要进一步加强对高学历人才的培养，增强河南省的综合竞争力。

表 7 – 4　　　　　2018 年河南省与部分省市的人才学历分布　　　　单位：%

类别	河南省	北京市	上海市	天津市	湖南省	湖北省	安徽省	江西省	山西省
中等职业教育	5.1	7.9	7.2	9.3	7.7	6.2	5.6	5.7	5.5
高等职业教育	1.7	1.8	2.1	1.6	2.2	2.0	2.4	2.1	1.5
专科	9.3	20.3	19.8	16.7	12.9	15.5	10.1	8.9	7.4

续表

类别	河南省	北京市	上海市	天津市	湖南省	湖北省	安徽省	江西省	山西省
本科	6.8	27.9	26.4	20.6	9.8	14.3	7.6	6.2	6.0
研究生	0.9	7.2	6.5	3.8	1.3	1.6	1.1	0.7	0.6

（四）动态指标

人才动态指标是分析地区人才凝聚力表现的一个重要指标，本章采取对河南省境外人才引进以及人才流入流出分析来衡量河南省的人才凝聚力和人才强省战略实施的成效。

据相关数据统计，在 2019 年前三季度，除了金融行业人才在当地流入比例大于当地流出比例以外（行业人才净流入占比为 1.86%，行业人才净流入占比 = 该行业人才净流入人数/该行业人才流动人数×100%），其他行业均有人才流向外地，且流向外地的比例均高于流入本地的比例。2019 年前三季度（见图 7 - 1），在华中地区，河南省、湖北省、湖南省人才流入比例均小于人才流出比例，存在不同程度的人才外流情况。其中，河南省的地区人才外流较为严重，人才净流入占比（地区人才净流入占比 = 该地区人才净流入人数/该地区人才流动人数×100%）为 - 4.75%，反映出河南省在吸引人才方面还面临着严峻考验。

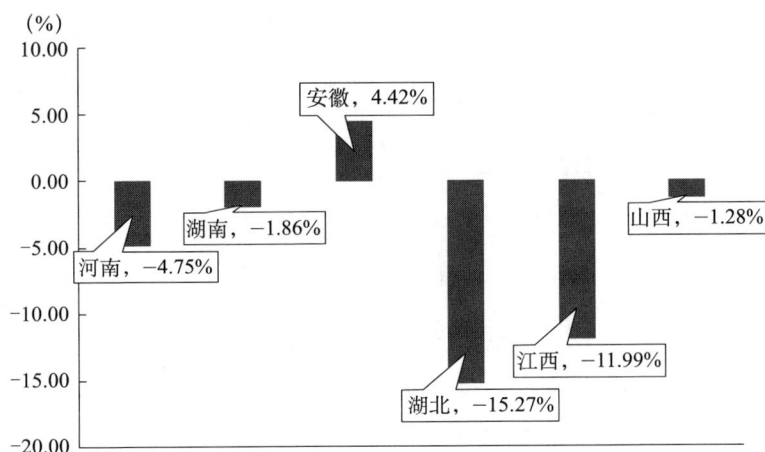

图 7 - 1　2019 年中部六省地区人才净流入情况

2019 年，河南省引进外国专家 2379 人，引进海外留学人才 3978 人。"十二五"时期，河南省引进国外人才和智力工作取得新成效，境外来豫专家总量达 3 万余人次，比"十一五"时期增长 30% 以上。河南省大力推进国际人才合作项目资助计划和高层次人才国际化培养计划，五年共实施引进国外人才项目 858 项，争取国家引智项目资助经费 5113.7 万元，4 名外国专家入选国家"外专千人计划"，38 名外国专家入选国家高端外国专家项目。[①]

目前，河南省共建立 7 个国家级引智示范推广基地（单位），评定省级引进国外智力成果示范推广单位 53 家，初步形成了以国家级基地为主导，以省、市级基地为支撑，三级基地互动的模式，引智成果产业化日益凸显。

（五）效益指标

人才效率是人才竞争力的集中体现，同时，也可以展现出人才强省战略实施效果。数据显示（见表 7-5），2018 年河南省每创造百万元 GDP 需要 0.74 名专业技术人才，与中部其他五省相比，河南省的人才效率相对较低。与发达地区相比，深圳市每创造百万元 GDP 仅需要 0.68 名专业技术人才，上海市仅需 0.36 名专业技术人才。因此，河南省专业技术人才总量不少，但人才效率有待提升，需要加强对其合理开发使用，让人才发挥最大价值。

表 7-5 　　　　　　　　　2018 年河南省与部分地区人才效率比较

地区	地区生产总值（GDP）（亿元）	专业技术人才总量（万人）	人才效率
河南	49935.90	371.00	0.74
广东省深圳市	24221.98	168.26	0.68
上海	36011.82	128.75	0.36
湖北	42021.95	337.63	0.80
湖南	36329.68	296.86	0.82
江西	22716.51	172.06	0.76
安徽	34010.91	301.28	0.89
山西	15958.13	120.15	0.75

---

① http://www.mohrss.gov.cn/SYrlzyhshbzb/dongtaixinwen/dfdt/gzdt/201605/t20160510_ 239697.html.

二、强省层面

人才强省战略最终是为了实现经济强省目标。针对强省的测度指标，本书选取了三个方面的具体指标，分别可以展现出人才强省战略的实施对于河南省的经济、科技以及人民生活水平的改变以及提高。

（一）科技产出

一个地区的科技产出展现了科技人才对该地区所做的贡献，是衡量人才强省战略效果的重要指标。数据显示（见表7–6），2010～2018年河南省专利授权数以及科技论文发表数量整体上处于上升趋势，说明科技人才产出在不断增加。尽管2016年科技论文发表数量与2015年相比有所下降，但其引用数量和高影响力论文表现不俗，显示了科技创新质量在不断提高。工科方面的专利发明，将会提高企业效率或者工业效率，会间接影响社会经济。2010～2018年，河南省的科技产出显示，河南省的人才强省战略在未来还会有很大发展。

表7–6　　　　　　　　　2010～2018年河南省科技产出情况

年份	R&D经费支出（万元）	专利申请数（项）	专利授权数（项）	科技论文发表数量（篇）
2010	2203026	25149	16539	55010
2011	2754872	34076	19259	60082
2012	3232202	43442	26833	60665
2013	3662956	55920	29482	57311
2014	4091120	62434	33366	58919
2015	4442470	74373	47766	63293
2016	5059150	94669	49145	60287
2017	5966561	119243	55407	57544
2018	6886957	154381	82318	63350

（二）经济产出

一省的经济产出可以直观地展示出该省的经济运行状况以及各项政策的实施效果。表7–7显示了2010～2018年河南省地区经济总产值与地区财政收入一直处于增长状态，其中，地区经济总产值的增速低于地区财政收入的增速，地区财政收入占地区经济总产值的比重大体上呈现上升趋势。

表 7 - 7　　　　　　　　2010 ~ 2018 年河南省经济产出指标

年份	地区经济总产值（亿元）	地区财政收入（亿元）	地区财政收入/地区经济总产值（%）
2010	23222. 91	2293. 70	9. 9
2011	27098. 62	2851. 91	10. 5
2012	29797. 13	3282. 48	11. 0
2013	32423. 55	3686. 81	11. 4
2014	35198. 65	4094. 78	11. 6
2015	37278. 20	4426. 96	11. 9
2016	40471. 79	4706. 96	11. 6
2017	44552. 83	5238. 35	11. 8
2018	48055. 86	5875. 82	12. 2

图 7 - 2 是 2010 ~ 2018 年河南省实施人才强省战略以来经济产出变化情况。在"十二五"期间，河南省的地区财政收入占地区经济总产值的比重稳定处于 10.0% 以上，说明经济运行的质量很好，也说明人才强省战略的实施对于经济产出的影响是积极的，呈现正相关关系。

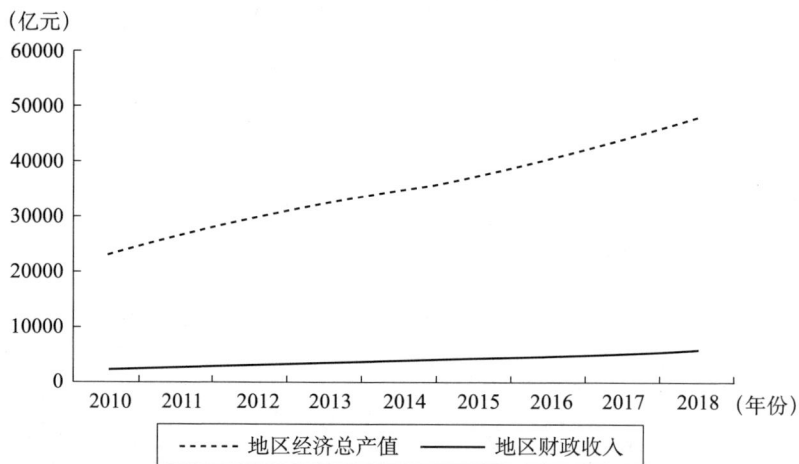

图 7 - 2　2010 ~ 2018 年河南省经济产出变化情况

（三）居民生活水平

居民生活水平直观地反映人民生活的变化情况。资料显示（见表 7 - 8），2010 ~ 2018 年，河南省城镇居民人均可支配收入、农村居民人均纯收入都处于一直上升的状态。从城镇居民恩格尔系数和农村居民恩格尔系数中可以看出，城镇居民恩格尔系数和农村居民恩格尔系数都在逐年下降。恩格尔系数是反映居民富裕程度的指标，逐年下降的趋势直观地反映城镇居民生活水平和农村居民生活水平的提高。这说明，河南省人才强省战略的实施取得了积极成效。其中，需要注意的问题是，城乡之间的差距在拉大，今后在人才强省战略实施方面，可能需要加强对乡村人才的培养，通过乡村人才建设，实施乡村振兴，借此提高农村居民收入。

表7－8　　　　　　　　2010～2018年河南省居民生活水平

年份	城镇居民人均可支配收入（元）	农村居民人均可支配收入（元）	城镇居民恩格尔系数（%）	农村居民恩格尔系数（%）
2010	15930.26	5523.73	33.0	37.2
2011	18194.80	6604.03	34.1	36.1
2012	20442.62	7524.94	33.6	33.8
2013	22398.03	8475.34	33.2	34.4
2014	24391.45	9416.10	29.9	32.3
2015	25575.61	10852.86	29.2	31.3
2016	27232.92	11696.74	28.9	31.0
2017	29557.86	12719.18	26.7	27.1
2018	31874.79	13830.74	25.7	26.7

第五节　结果分析

从总体上来看，河南省实施人才强省战略取得了积极成效，尤其是强省方面的成效更为明显。然而，在人才层面尚存在一些不足，尤其是与国内发达地区相比，即使是与中部六省中的湖北省、湖南省和安徽省，也存在不小差距。这显示了人才资源开发与河南省经济发展的状况存在不匹配的现象，主要存在以下四个方面的问题。

第一，人才总量不少，但高层次人才不足。河南省高层次人才的增长速度低于经济增长速度，这对人才强省战略的实施提出了更高要求，今后，需要在高层次人才的培养与引进方面加大力度。一是加大培育和引进国内高层次人才的力度，通过构建住房、子女上学、医疗保障、载体平台、亲属就业等"一揽子"政策，用事业、用感情、用待遇、用制度吸引高层次人才来豫工作；二是扩大人才激励机制和受惠范围，把对高层次人才的激励范围从学历层次延伸至科研团队、工程技术中心等人才载体和突出贡献专家、高级技师等专业高层次人才队伍。

第二，人才对经济的促进作用显著，但人才使用效率有待提高。一般来说，人才投入和人才环境是影响人才效率的主因，河南省劳动力数量巨大，人才开发潜力巨大，但高等教育投入不足又限制了人才资源的使用效率。在人才成长环境方面，需要在科技环境、经济环境和人文社会环境上下功夫，不断完善人才挖掘与激励机制，提高人才效率，有效改善人才浪费问题。一是大力发展科教事业。要加大教育、科研经费投入，并加强与重点高等院校和科研院所的横向联合，通过联合办学、举办各类研讨班等多种形式，不断提高各类人才的素质。二是改善人才环境。在经济环境方面，通过改善经济运行水平，吸引省内外优秀人才聚集，建设区域人才聚集高地。在科技环境方面，不断加大科技活动财政性支出，制定一系列扶持科研发展政策，改善地区科技环境，为人才发挥效能提供良好的平台。在人文社会环境方面，不断加大地区人文层面建设，提高地区人文素养，从而降低人才引进难度和人才流失率。

第三，人才流出严重，人才流入存在不足。人才流动展现一个地区吸引人才的能力，河南省需要完善和创新人才发展机制，激发人才创造活力，大力开展人才扶持政策，通过优化人才环境来增加河南省对人才的吸引力。一是建立和完善人才激励机制，纳入人才队伍建设的整体规划，制定具体落实措施，使"按智分配"逐步成为按劳分配的重要补充，从而充分调动各类人才尤其是高级人才投身于经济建设主战场的积极性。二是要立足本地实际，在人才引进力度、广度上下功夫，尤其是对高级专门人才及本地经济、社会发展急需的紧缺人才，在住房、工资待遇、社会保障、收益分配、子女就学就业等方面要采取切实可行的优惠政策，增强对高层次人才的吸引力和凝聚力，激励更多优秀人才到河南省发挥聪明才智、建功立业。

第四，第一产业人才和第二产业人才占比过多，产业人才分布有待优化。第一产业对于生产总值的贡献率较低，但是，人才占比却相对较大，造成产业结构与人才分布配置不太合理。人才强省战略的实施，不仅要关注人才投入的总体投入量，还需关注人才资源投资结构，提高人才投资效率。人才资源投资结构取决于地区人才需求结构。优化人才资源投资结构的重点工作，是对地区人才需求进行科学分析。近年来，河南省正处于产业结构调整和转型升级的关键时期，随着工业化进程的深入，制造业的支配地位将有所降低；商业、金融、政府服务等第三产业却会扮演越来越重要的角色，对高素质人才、高技能人才的需求十分迫切。河南省教育发展不平衡，高等教育相对落后，这无疑降低了高技能人才的产出效率。因此，在人才强省战略实施过程中，需要结合河南省人才需求结构，调整不同层次教育投资比重，使人才结构与产业结构协调发展，让人才引进与培养和产业结构优化升级相适应。

第六节　小　　结

人才强省战略实施效果评估是一项复杂的系统工程，本书通过人才层面和强省层面构建了人才强省战略实施效果评估指标体系。人才层面包括规模指标、结构指标、层次指标、动态指标、效益指标；强省层面包括科技产出、经济产出、居民生活水平。基于评价结果我们发现，河南省实施人才强省战略总体成效较为显著，但与国内发达地区和中部六省中的部分省份存在较大差距。在"十四五"时期，河南省应继续加大人才强省战略的实施力度，坚持人才是发展的第一资源，树立大人才观，让引才、育才并重，积极构建全链条育才、海内外引才、全方位用才的人才发展体系，不断推进人才发展体制改革和政策创新，最大限度地释放和增强人才活力，推动河南省经济高质量发展。

第八章 河南省产业人才需求预测分析

近年来，随着区域经济增速放缓及经济结构转型压力加大，为抢占未来经济制高点，各地区纷纷开启"抢人大战"模式。当前，自2017年开始的"抢人大战"纷纷加码。据不完全统计，国内超过50个城市优化原有条件。人才是区域经济高质量发展和竞争力迅速提升最主要的动力，优秀的人才可以在短时间内掌握更加先进的技术，更加科学的方法，从而更加有效地服务于区域发展。可以说，人才资源是区域经济社会发展的第一资源，区域之间的竞争归根结底是人才的竞争。一个地区拥有足够的人才资源，是其经济和社会发展的基础。为此，结合当前产业发展对人才的需求，有必要通过定量模型科学、合理地预测未来产业发展对人才的需求，这对保持产业健康发展、促进经济增长具有重要意义。

然而，据笔者所知，至今尚未有文献从实证角度对河南省第一产业就业人数、第二产业就业人数以及第三产业就业人数做出明确预测。仅有的一些文献主要是针对某一个特定领域进行人力资源需求预测图，如，从微观企业、旅游和外语专业等角度。对三次产业就业人数进行科学、合理地预测，可以帮助政策制定者提前了解今后一段时期内的人才需求，为合理制定人才发展规划和人才强省战略，有效引进产业人才和实施产业结构调整提供参考。

为此，本书从实证分析角度出发，根据2000～2019年河南省第一产业就业人数、第二产业就业人数以及第三产业就业人数，通过构建一阶自回归模型，预测2020～2025年三次产业就业人员数量，以期为政府制定和实施就业人才政策，以及个人就业选择和职业发展提供参考。

第一节 人才需求预测相关研究

人才资源是第一资源，是推动区域经济发展的核心因素。为此，各地纷纷实施区域人才发展战略，而区域一定时期内对人才需求的预测和分析则是实施人才战略的基础和保障。这是因为根据当前的人才需求现状对未来的人才需求情况做出科学合理的预测，可以有效保持区域内的人才需求总量与经济社会发展相适应。为此，为有效保障河南省人才强省战略的实施，有必要对河南省第一产业人才需求情况、第二产业人才需求情况、第三产业人才需求情况进行科学预测，探索出未来 3~5 年内河南省三次产业人才需求量的变化规律，从而针对不同产业的发展情况提前做好人才规划，有利于促进河南省经济持续健康发展。

产业人才需求预测主要包括三个步骤：一是对当今的人才现状，对人才的数量和结构等因素要有清晰了解。针对本书，需要对河南省历年来第一产业就业人数、第二产业就业人数以及第三产业就业人数的数据有一个清晰了解。二是根据过去各个产业的人才规模，运用科学的研究方法预测未来 3~5 年各个产业的就业人数。主要预测方法包括灰色系统预测法、回归分析法、自回归移动平均法等。三是需要对预测结果进行合理性分析和验证，并提出针对性的政策建议。

目前，国内已经有不少学者针对人才需求预测展开了研究。自从邓聚龙教授于 1982 年 3 月提出了灰色系统理论并将其应用于预测分析以后，陆续有众多学者采用这一方法对人才需求进行了预测。赵昕等（2010）使用灰色预测模型 GM（1，1）对海洋从业人员数进行预测。罗梅健等（2011）基于长株潭城市群"两型社会"建设的现状与趋势，运用基于灰色系统理论的组合预测方法，即 GM（1，1）模型和回归模型，从人力资本需求总量和需求结构两个方面进行预测。李君等（2017）认为，GM（1，1）模型可以预测人力资源供给，因为其建模精度高，对自身时间序列以外的影响因素相关性低。马晓旭等（2020）采取回归分析方法，通过构建总体就业的人才需求回归模型，从而预测了未来三年的人才需求。梁淑贞等（2020）认为，ARIMA 模型是一种将回归分析运用在时间序列上，但又与普通最小二乘法不同的精确度较高的预测分析方法，是鲍克斯—詹姆（B-J）方法的发展和改善，运用 ARIMA 模型根据 2000~2017 年科技创新人才数量预测了 2018~2022 年的科技创新人才资源需求数量。胡锐玲、沈陆明（2019）对已有的人才需求量时间序列建模，用 ARIMA 模型进行拟合并预测，得到市场未来三年内的潜在人才需求量。

第二节　预测方法的选择

根据现有的文献资料，目前，有关人才需求预测的方法有很多种，而且，不同的人才需求预测方法有着不同的适用条件和侧重点。

本书采用自回归分析法，根据 2000～2019 年河南省第一产业就业人数、第二产业就业人数、第三产业就业人数预测 2020～2025 年三次产业的就业人数。自回归模型，简称 AR 模型，是统计上一种处理时间序列的方法。它适用于预测与自身前期相关的经济现象，即受自身历史因素影响较大的经济现象。具体原理是假设同一变数各期存在线性关系，用同一变数（X）之前各期，即 X_1 期至 X_{t-1} 期来预测本期 X_t 的表现。从本质上来看，它是线性回归分析，只是不用 X 预测 Y，而是用 X 预测 X（自己），因此，称为自回归。

自回归模型的基本定义为，假设 $X_t = c + \sum_{i=1}^{p} \beta_i X_{t-i} + \varepsilon t$，其中，c 是常数项；$\varepsilon t$ 被假设为平均数等于 0，标准差等于 σ 的随机误差值；σ 被假设为对于任何的 t 都不变。

自回归方法的优点是所需资料不多，可用自身变数数列进行预测，且简单易操作，预测结果也较为准确，但该方法也受到了一定的限制，它要求时间序列必须具有自相关且自相关系数必须大于 0.5，否则，预测结果将会极不准确。本书根据第一产业就业人数、第二产业就业人数以及第三产业就业人数的数据分别计算了其自相关系数，结果均在 0.8 以上。这说明，用自回归方法预测 2020～2025 年河南省三次产业就业人数是合适的。

第三节　数据来源与模型构建

一、样本选取与数据来源

本书选取了 2000～2019 年河南省三次产业就业人数的数据建立一阶自回

归模型，分别以第一产业就业人数、第二产业就业人数以及第三产业就业人数作为被解释变量，其对应的一阶滞后分别作为解释变量，分别构建三个一阶自回归模型，并求得预测方程。2000~2018年河南省三次产业就业人数的资料，主要来源于《河南统计年鉴2019》，由于《河南统计年鉴2020》仍未公布，故2019年的资料来源于《河南省2019年国民经济与社会发展统计公报》。

二、模型构建及回归结果

（一）第一产业就业人数预测

假设第一产业的就业人数为PI_t，其中，t表示年份，那么，第一产业就业人数的一阶滞后即为PI_{t-1}，则构建的第一产业就业人数预测模型为$PI_t = \alpha_1 + \beta_1 PI_{t-1} + \varepsilon_1$。本书运用Stata15.0软件对上述模型进行普通最小二乘法回归，回归结果如表8-1所示，预测方程为$PI_t = 49.727 + 0.959 PI_{t-1}$。

表8-1　　　　　　　　河南省第一产业就业人数自回归模型

第一产业就业人数（PI_t）	系数	标准误	t值	p值	95%，置信区间
PI_{t-1}	0.959	0.03	31.66	0	[0.895，1.023]
常数项	49.727	88.385	0.56	0.581	[-136.75，236.204]

进一步对回归方程进行检验，检验结果如表8-2所示。从回归结果来看，PI_{t-1}的系数在95%的置信水平上是显著的，回归结果可信。因此，第一产业就业人数的预测方程为$PI_t = 49.727 + 0.959 PI_{t-1}$。

表8-2　　　　　　　　　　预测方程检验结果

指标	结果	指标	结果
因变量均值	2826.686	因变量标准差	354.376
可决系数	0.983	样本量	19.000
F检验值	1002.112	p值	0.000
（AIC）检验值	202.190	（BIC）检验值	204.079

（二）第二产业就业人数预测

本书假设第二产业的就业人数为SI_t，其中，t表示年份，第二产业就业人

数的一阶滞后即为 SI_{t-1}，则构建的第二产业就业人数预测模型为 $SI_t = \alpha_2 + \beta_2 PI_{t-1} + \varepsilon_2$。运用 Stata15.0 软件对上述模型进行普通最小二乘法回归，回归结果如表 8 − 3 所示，预测方程为 $SI_t = 154.334 + 0.934SI_{t-1}$。

表 8 − 3　　　　　　　　河南省第二产业就业人数自回归模型

第二产业就业人数 (SI_t)	系数	标准误	t 值	p 值	95% 置信区间
SI_{t-1}	0.934	0.035	26.39	0	[0.86, 1.009]
常数项	154.334	58.389	2.64	0.017	[31.145, 277.524]

　　进一步对回归方程进行检验，检验结果如表 8 − 4 所示。从回归结果来看，SI_{t-1} 的系数在 95% 的置信水平上是显著的，回归结果可信。因此，第二产业就业人数的预测方程为 $SI_t = 154.334 + 0.934SI_{t-1}$。

表 8 − 4　　　　　　　　　预测方程检验结果

指标	结果	指标	结果
因变量均值	1647.904	因变量标准差	395.006
可决系数	0.976	样本量	19.000
F 检验值	696.645	p 值	0.000
（AIC）检验值	213.084	（BIC）检验值	214.973

（三）第三产业就业人数预测

　　本书假设第三产业的就业人数为 TI_t，其中，t 表示年份，第三产业就业人数的一阶滞后即为 TI_{t-1}，则构建的第二产业就业人数预测模型为 $TI_t = \alpha_3 + \beta_3 TI_{t-1} + \varepsilon_3$。运用 Stata15.0 软件对上述模型进行普通最小二乘法回归，回归结果如表 8 − 5 所示，预测方程为 $TI_t = -2.634 + 1.047TI_{t-1}$。

表 8 − 5　　　　　　　　河南省第三产业就业人数自回归模型

第二产业就业人数 (TI_t)	系数	标准误	t 值	p 值	95% 置信区间	显著性
TI_{t-1}	1.047	0.013	79.83	0	[1.019, 1.074]	***
常数项	−2.634	21.024	−0.13	0.902	[−46.991, 41.724]	

　　进一步对回归方程进行检验，检验结果如表 8 − 6 所示。从回归结果来看，

TI_{t-1}的系数在95%的置信水平上是显著的，回归结果可信。因此，第三产业就业人数的预测方程为 $TI_t = -2.634 + 1.047TI_{t-1}$。

表 8 - 6 预测方程检验结果

指标	结果	指标	结果
因变量均值	1625.996	因变量标准差	417.464
可决系数	0.997	样本量	19.000
F 检验值	6373.316	p 值	0.000
（AIC）检验值	173.535	（BIC）检验值	175.424

第四节　预测结果分析

根据第一产业就业人数、第二产业就业人数以及第三产业就业人数预测方程，以2019年的第一产业就业人数、第二产业就业人数以及第三产业就业人数为基期，分别计算得出2020~2025年的三次产业就业人数。具体预测结果，如表8-7所示。

表 8 - 7 　　2020~2025年河南省三次产业就业人数预测　　单位：万人

年份	第一产业就业人数	第二产业就业人数	第三产业就业人数
2020	2233.38	1943.97	2470.72
2021	2191.54	1970.00	2584.21
2022	2151.41	1994.31	2703.03
2023	2112.93	2017.02	2827.44
2024	2076.03	2038.23	2957.70
2025	2040.64	2058.04	3094.08

根据预测结果，从总体上来看，河南省就业人口需求配置与产业发展趋势保持一致，2020~2025年河南省第一产业就业人数呈逐年下降趋势，第二产业就业人数、第三产业就业人数则逐年上升，且第三产业就业人口增速快于第二产业就业人数。这说明，近年来河南省实施的产业结构调整和积极就业政策起到了较好效果。

从第一产业就业人数预测结果来看，2020~2025年河南省第一产业就业人数延续了之前波动中下降的趋势且下降速度较慢。这说明，第一产业的就业人数预测结果从实际数据上来看，是符合产业发展趋势的。第一产业就业人数呈现出下降趋势，主要是因为随着河南省经济发展水平的提高以及产业结构的优化升级，第一产业的比重逐渐下降，导致第一产业就业人数逐渐下降。第一产业就业人数下降速度较慢是因为河南省是一个人口大省，更是一个农业大省，一直以来，农业在河南省都具有举足轻重的地位。因此，河南省三次产业人才需求结构的调整，将是一个长期且缓慢的过程。

从第二产业就业人数的预测结果来看，2020～2025年，河南省第二产业就业人数延续了之前上升的趋势，这说明，第二产业的就业人数预测结果从实际数据上来看是准确的。第二产业就业人数呈现上升趋势，主要是因为随着河南省经济发展水平的提高，河南省的工业化水平也在持续提升，工业化水平的提升必然会提高第二产业的比重并带动第二产业的就业，使第二产业的就业人数呈现上升趋势。

从第三产业就业人数的预测结果来看，2020～2025年河南省第三产业就业人数也延续了之前上升的趋势，且上升速度较快。第三产业就业人数预测结果，从产业发展实际来看是符合现实情况的。第三产业就业人数呈现上升趋势且上升速度较快，主要是因为近年来河南省积极采取各种措施进行产业结构优化调整，大力发展现代服务业，不断地提高第三产业的比重，从而有效地带动了第三产业的就业，使第三产业就业人数持续攀升。

未来河南省应该进一步优化产业结构，通过产业结构的优化调整有效地改善就业结构，进而促进经济高质量发展。大力发展现代服务业等第三产业，进一步提高第三产业的比重，同时，应该积极采取恰当合理的措施，逐步降低第一产业的比重，实现河南省从传统农业大省向经济强省、人才强省转变。

第五节　小　　结

本书采用一阶自回归方法，根据2000～2019年河南省第一产业就业人数、第二产业就业人数以及第三产业就业人数的数据，预测2020～2025年河南省三次产业就业人数。从预测结果来看，就业人口需求符合河南省产业发展趋势，三次产业就业人数需求趋势与三次产业在国民经济总的占比变化趋势保持一致。第一产业就业人口需求逐年下降但降速较慢，第二产业就业人数、第三产业就业人数需求逐年上升且速度较快，第三产业就业需求人数上升速度最快。然而，影响第一产业就业人数、第二产业就业人数以及第三产业就业人数的因素很多，包括经济因素、政治因素、文化因素、制度因素等，甚至还包括一些突发事件，如新冠疫情。本书仅将第一产业就业人数、第二产业就业人数、第三产业的就业人数视为一组时间序列数据，从时间趋势变化规律来预测未来的三次产业就业人数走向。今后需要采用多种方法，考虑多个因素进一步验证模型的有效性，更加准确地预测产业需求人数，为政府就业政策的制定提供基础。

第九章 河南省人力资本对经济增长的影响

近年来，中国经济出现增速放缓和效率下降的现象。河南省经济也是如此，其主要原因是过去高度依赖土地和不可再生资源等一般性生产要素投入的粗放式经济增长方式难以为继，继续依靠加大物质资本投资以及扩大出口来拉动经济增长也变得越来越困难。为扭转中低端产业偏多、资源能源消耗过多等问题，各地都加大了人才、技术、知识、信息等高级要素的投入，努力实现经济的高质量发展。人力资本作为一种特殊的社会资本，具有边际报酬递增和外部性的特点。加大对人力资本的投资，提升人力资本生产率，有利于提升经济增长质量和效益，对实现经济高质量发展具有重要作用。

河南省交通四通八达，在中国区域经济分工发展中发挥着重要作用。目前，河南省经济发展正处于转型升级的关键时期，经济增长由粗放式增长向高质量发展转变，单纯依赖物质资本投资已经不能满足经济高质量增长的需求（董奋义等，2020）。河南省又是中部崛起和中原经济区建设的核心区域，其经济发展特点和作用具有典型性和重要性（阎佳星，2016）。一方面，河南省面临巨大的人口压力和丰富的农村剩余劳动力，如何转移农村劳动力面临较大挑战；另一方面，庞大的人口基数又为河南省经济发展提供了独特的人才资源基础。只要充分发掘人力资源优势，将人口红利转化为人才红利，实现河南省经济高质量发展就不成问题。因此，在当前和今后一段时间，充分发掘人口资源优势，实现从人力资源大省向人才强省转变，对河南省经济社会发展具有重要的现实意义。基于此，有必要探讨河南省人力资本对经济增长的影响作用，在此基础上，进一步分析河南省人力资本优势和不足，以便为今后河南省人力资源开发提供理论基础。

现有研究发现，人力资本存量对经济增长具有明显的正相关性，其存量越大，越能促进经济增长（孙硕等，2016），并且随着经济的发展，人力资本质量对经济增长的影响作用要显著大于人力资本数量对经济增长的影响作用（李北伟等，2018）。陈晓黎（2020）通过人力资本要素对经济增长贡献度的 MRW 模型分析显示，固定资产投入对经济增长的强度低于固定资产投入强度，人力资本要素投入对经济增长的影响强度要大于人力资本的投入强度。这在一定程度上反映了当前中国经济发展中存在的一些典型现象，人力资本的投入强度总体偏低，与经济发达国家存在巨大差距；人力资本与物质资本的配置比不尽合理，人力资本对经济增长的作用还未充分发挥。另一些关于区域人力资本的研究，侧重分析了人口和教育对经济增长的影响（如，刘镜，2013；董烨然，黄晶，2004），几乎很少有研究从人力资源和人力资源工作的整体视角分析人力资本对经济增长的影响。考虑到人力资源开发受多种因素影响，如人口的数量和结构、教育、科技、医疗卫生等，为更全面地分析人力资源开发对经济增长的影响，有必要重新审视人力资源开发的测度指标，为今后人力资源开发提供参考。

为此，本书选取了 2000～2018 年《河南统计年鉴》数据，在人口水平、教育水平、卫生水平、科技水平、生活水平五个方面建立河南省人力资本评价体系，综合衡量人力资源开发水平，通过道格拉斯函数分析人力资本和物质资本对经济增长的作用，测算人力资本和物质资本对河南省经济增长的贡献率，为今后河南省人力资源开发和人才强省战略的实施提供参考。

第一节 人力资本对经济增长的影响

人力资本是一个人具有的能力、技能和知识的综合体现。经济增长离不开人力资本，人力资本通过影响生产、消费、投资及储蓄等直接或间接地刺激经济增长。同时，人力资本的差异，也是导致地区经济发展不平衡的主要原因之一。学者们从不同的理论和政策视角对人力资本的形成、性质、特点、作用以及经济增长中人力资本的激励约束机制等方面进行了广泛而深入的探讨，形成了较为丰富的研究成果。

一、人力资源对区域经济增长的影响

如何对人力资源进行开发，实现区域经济可持续增长对地方政府相关机构的决策者而言是一个极大的挑战，目前，有关研究主要体现在以下两个方面。

（1）人力资源开发的增值效应带动经济发展。关于人力资源开发与经济发展方面的研究，大多数学者认为人力资源开发对于经济发展有促进作用，其核心观点是，人力资源开发水平在很大程度上决定着一个国家或地区的经济和社会发展水平（Khan and Chaudhry，2020；朱承亮、师萍等，2011）。对人力资源实施有效开发，可以提升转变地方经济发展方式并提高经济增长质量（郭志仪、曹建云，2007），开发出充足的人力资源，有利于实现区域经济的可持续发展（Baumgärtner et al.，2015）。

（2）人力资源开发与经济增长的耦合度分析。针对两者之间关系的研究，也是一个研究热点。区域人力资源开发水平与区域经济发展水平存在耦合关系（Bleakley，2016），通过分析区域人力资源开发系统对区域经济建设的影响，有利于更好地促进区域经济发展（马建峰，2014）。当然，有时人力资源开发并不是直接作用于区域经济增长，还可能需要借助中间变量，如，产业结构、产业政策等（扶涛，2016；Lin et al.，2016）。随着信息技术的发展，尤其是大数据时代，如何借助信息技术从微观层面对企业人力资源实施开发以及从宏观层面对区域人才的需求和供给进行预测，也是一个急需研究的课题（王通讯，2016）。

二、人力资本对经济增长的影响机制

人力资本是地区经济增长的基本动力，百特贝耶和尼卡姆（Batabyal and Nijkamp，2016）指出，人力资本投入强度能在相当程度上解释各国或地区之间生产率出现高低差异的问题，进而影响区域经济增长。但是，具体影响路径是什么，现有研究有不同的观点。

（1）直接作用和间接作用。针对人力资本影响经济增长的路径机制，传统理论认为，如，柯世尔和马基尼（Cheshire and Margini，2016）指出，人力资本积累通过改善劳动力供给进而促进经济增长，其影响作用分为直接影响和间接影响两部分。直接影响是指，人力资本通过增加劳动力供给和提升劳动者受教育程度直接提高生产效率，促进经济增长。间接影响是指，人力资本可通过学习、消化和吸收先进技术促进经济产业升级，进而间接拉动经济增长。

（2）对经济欠发达地区而言，进行人力资本投资有助于拉动当地生产效率增长，快速缩小与发达地区间的经济差距。卡达尔和瓦黑德（Qadri and Waheed，1987）以及泰谢尔和查尔斯（Teixeira and Queiros，1994）进一步分析发现，从人力资本的长期投资效果来看，人力资本对经济增长的积极作用非常显著，国家或地区间经济发展水平在很大程度上受人力资本投资影响，发达地区在人力资本构成和投入方面明显优于欠发达地区，其对经济增长的影响作用也更强。柯世尔和马基尼（Cheshire and Margini，2000）指出，人力资本在促进经济增长的同时，也具有积极的外部性。卡达尔和瓦黑德（Qadri and Waheed，2002）研究表明，对发展较差的国家（地区）而言，人力资本投资是其追赶发达国家（地区）的必要条件，只有将更多资源分配到人力资本投资中，才能确保更高的经济增长幅度或缩小与发达国家（地区）日趋扩大的收入增长差距。

第二节　经济增长模型

不少研究人力资本对经济增长影响的学者大多以柯布－道格拉斯生产函数为理论基础，在此基础上构建经济增长理论模型。随着新经济增长理论的发展，劳动力投入逐渐被人力资本存量取代，于是，一种新的生产函数模型诞生了，即有效劳动模型。有效劳动模型将人力资本内化为劳动力的有效劳动，在中性技术条件下生产函数为：

$$Y_t = A_t K_t^{\alpha} H_t^{\beta} e^u \qquad (9-1)$$

在式（9-1）中，Y_t 表示第 t 年综合要素生产率，K_t 表示第 t 年物质资本投入，H_t 表示第 t 年人力资本存量。

式（9-1）左右两侧同时取对数得：

$$\ln Y_t = \ln A_t + \alpha \ln K_t + \beta \ln H_t + u \qquad (9-2)$$

对式（9-2）两边求导得：

$$\frac{\Delta Y_t}{Y_t} = \frac{\Delta A_t}{A_t} + \alpha \frac{\Delta K_t}{K_t} + \beta \frac{\Delta H_t}{H_t} \qquad (9-3)$$

在式（9-3）中，$\frac{\Delta Y_t}{Y_t}$ 表示 t 时期经济增长率；$\frac{\Delta A_t}{A_t}$ 表示综合要素生产率的增长率；$\frac{\Delta K_t}{K_t}$ 表示物质资本投入量增长率；$\frac{\Delta H_t}{H_t}$ 表示人力资本存量增长率；α 表示物质资本投入量边际产出弹性系数；β 表示人力资本存量边际产出弹性系数；$\alpha \frac{\Delta K_t}{K_t}$ 表示 t 时期物质资本对经济增长的贡献份额；$\beta \frac{\Delta H_t}{H_t}$ 表示 t 时期人力资本对经济增长的贡献份额。

第三节　模型数据核算

一、经济总量的核算

综合分析中外文文献的研究成果，经济总量的衡量通常使用国内生产总值、地区生产总值或者人均生产总值。本书采用河南省地区生产总值（Y）来测算河南省经济总量，作为模型中的被解释变量。Y 的资料来源于《河南统计年鉴》，但由于统计年鉴上的数据是名义 GDP，为了消除物价因素的影响，本书对 Y 以 2000 年价格为基期进行了缩减处理，使该序列成为以 2000 年价格为基期的实际 GDP。类似的研究也都采用了这种处理方法（如，卢超，2007；郑非，2009）。具体的缩减方法如下。

（一）计算 GDP 物价指数

GDP 物价指数，也称为 GDP 缩减指数。根据指数体系原理有：

产值指数 = 物量指数 × 价格指数

用式（9-4）表示，即：

$$\frac{\sum P_t Q_t}{\sum P_0 Q_0} = \left(\frac{\sum P_0 Q_t}{\sum P_0 Q_0}\right) \times \left(\frac{\sum P_t Q_t}{\sum P_0 Q_t}\right) \qquad (9-4)$$

在式（9－4）中，P_0、P_t 分别表示基期和报告期的价格，Q_0、Q_t 分别表示基期和报告期的物量。

等式左边的产值指数，是用报告期的名义（GDP）和基期的名义（GDP）相除而得来的，等式右边的第一个指数（物量指数）是统计年鉴给出的按可比价格计算出来的地区生产总值（GDP）指数，第二个指数（即价格指数）就是我们要求的（GDP）物价指数，又称为 GDP 缩减指数。《中国统计年鉴》只给出了按 1978 年价格计算的地区生产总值（GDP）指数和历年的环比指数（物量指数），而没有直接给出以 2000 年为基期的地区生产总值（GDP）指数，因此，需要进一步计算后才能得出：对于 2000 年后的历年物量指数，用报告期与基期（2000 年）之间的历年物量指数的连乘而得出。历年的产值指数（以 2000 年为基期），用历年的名义地区生产总值（GDP）除以 2000 年的名义地区生产总值（GDP）后很容易得出。最后，用历年产值指数除以物量指数，就可以得到历年的地区生产总值（GDP）物价指数，即地区生产总值（GDP）缩减指数。

（二）计算基期的实际地区生产总值（GDP）

本书是以 2000 年为基期，具体计算方法为，用历年的名义地区生产总值（GDP）除以该年的地区生产总值（GDP）缩减指数，就可以得到以 2000 年价格为基期的历年实际地区生产总值（GDP）。计算结果，见表 9－1。

表 9－1　　　　2000～2018 年河南省各类地区生产总值（GDP）指数以及实际地区生产总值（GDP）

年份	名义地区生产总值（GDP）（亿元）	地区生产总值（GDP）环比指数（100%）	产值指数	物量指数	地区生产总值（GDP）缩减指数	2000 年价格实际地区生产总值（GDP）（亿元）
2000	5052.99	109.5	1.00	1.00	1.00	5052.99
2001	5533.01	109.0	1.09	1.09	1.00	5533.01
2002	6035.48	109.5	1.19	1.19	1.00	6035.48
2003	6867.70	110.7	1.36	1.32	1.03	6667.67
2004	8579.42	113.7	1.70	1.50	1.13	7592.41
2005	10621.56	114.3	2.10	1.72	1.22	8706.20
2006	12412.86	114.5	2.46	1.97	1.25	9930.29

续表

年份	名义地区生产总值（GDP）（亿元）	地区生产总值（GDP）环比指数（100%）	产值指数	物量指数	地区生产总值（GDP）缩减指数	2000年价格实际地区生产总值（GDP）（亿元）
2007	15064.73	114.6	2.98	2.25	1.32	11412.67
2008	18068.47	112.0	3.58	2.52	1.42	12724.27
2009	19547.60	111.0	3.87	2.80	1.38	14164.93
2010	23157.64	112.4	4.58	3.15	1.46	15861.4
2011	27007.46	112.0	5.34	3.53	1.52	17768.07
2012	29681.79	110.2	5.87	3.89	1.51	19656.81
2013	32278.04	109.4	6.39	4.24	1.51	21376.19
2014	35026.99	108.9	6.93	4.62	1.50	23351.33
2015	37084.20	108.3	7.34	5.00	1.47	25227.35
2016	40249.23	108.2	7.97	5.41	1.47	27280.43
2017	44552.83	107.8	8.82	5.84	1.51	29505.19
2018	48055.86	107.6	9.51	6.28	1.51	31825.07

二、物质资本的核算

通过梳理物质资本存量估算的相关文献可以发现，中国学者在估算物质资本存量时，大都采用永续盘存法。即某时期期末的固定资本 K，是前一年期末的资本减去当年折旧再加上当年实际价格的投资额。

$$K_t = K_{(t-1)} \times (1 - \delta_{t-1}) + I_t \qquad (9-5)$$

在式（9-5）中，K_t 表示 t 年末的物质资本存量；δ_{t-1} 表示第 t-1 年的物质资本折旧率。本章借鉴张军等（2004）的研究方法，将折旧率确定为 9.6%；I_t 表示 t 年的全社会固定资产投资总额，以 2000 年为基期，用固定资产投资价格指数消除价格对全社会固定资产投资总额的影响，对各年投资总额进行平减，见表 9-2。

表 9-2 　　　　　　　2000～2018 年河南省物质资本存量

年份	固定资产投资总额（亿元）	折旧率（%）	物质资本存量（亿元）
2000	1475.72	9.6	1999.00
2001	1621.50	9.6	3428.60

续表

年份	固定资产投资总额（亿元）	折旧率（%）	物质资本存量（亿元）
2002	1837.08	9.6	4936.53
2003	2246.29	9.6	6708.91
2004	2736.77	9.6	8801.63
2005	3813.03	9.6	11769.71
2006	5063.54	9.6	15703.36
2007	6563.56	9.6	20759.40
2008	7886.37	9.6	26652.86
2009	10687.24	9.6	34781.43
2010	12496.69	9.6	43939.10
2011	12466.74	9.6	52187.68
2012	14899.06	9.6	62076.72
2013	18138.35	9.6	74255.70
2014	21402.54	9.6	88529.70
2015	25403.98	9.6	105434.83
2016	29023.39	9.6	124336.47
2017	29752.97	9.6	142153.14
2018	30515.11	9.6	159021.55

三、人力资本的核算

人力资本指标选取比较困难，既要综合反映人力资本的各方面特征，又要充分考虑数据的可得性，还要尽量避免回归模型中可能出现的多重共线性。为全面衡量人力资本存量，本书在参考国内众多研究成果的基础上（如，卢超，2007；郑非，2009），建立人力资本评价指标体系，在人口水平、教育水平、卫生水平、科技水平、生活水平五个方面建立 15 个指标，总人口、城乡就业人口、劳动力人口能够体现人口水平；普通高等学校在校生人数、普通高等学校生师比、教育经费能够体现教育水平；卫生总费用、卫生技术人员数、医疗卫生机构数能够体现卫生水平；R&D 经费支出、科技活动人员、科技活动产出能够体现科技水平；城镇居民人均可支配收入、农村居民人均可支配收入、城乡居民人民币储蓄存款年底余额能够体现生活水平，指标体系，见表 9－3。

表 9 – 3　　　　　　　　　　　　人力资本评价指标体系

一级指标	二级指标	三级指标
人力资本评价指标体系	人口水平	总人口（万人）X_1
		城乡就业人口（万人）X_2
		劳动力人口（万人）X_3
	教育水平	普通高等学校在校生人数（万人）X_4
		普通高等学校生师比（教师人数 = 1）X_5
		教育经费（亿元）X_6
	卫生水平	卫生总费用（亿元）X_7
		卫生技术人员数（万人）X_8
		医疗卫生机构数（个）X_9
	科技水平	R&D 经费支出（亿元）X_{10}
		科技活动人员（万人）X_{11}
		科技活动产出（亿元）X_{12}
	生活水平	城镇居民人均可支配收入（元）X_{13}
		农村居民人均可支配收入（元）X_{14}
		城乡居民人民币储蓄存款年底余额（亿元）X_{15}

第四节　人力资本对经济增长的实证分析

利用 SPSS 22.0 软件检验人力资本评价指标体系中因子分析的可行性，由表 9 – 4 可知，相关系数矩阵 R 变量间的偏相关性的 KMO 值为 0.798，巴特利特球形度检验的显著性为 0.000。参照凯瑟（Kaiser）给出的是否适合作因子分析的 KMO 标准可知，相关系数矩阵 R 是非单位阵，该样本数据适合作因子分析。

表 9 – 4　　　　　　　　　KMO 值和巴特利特球形度检验

指标	结果
KMO 值	0.798
巴特利特球形度检验	908.835
近似卡方	105.000
自由度显著性	0.000

我们对各指标进行了因子分析，矩阵 R 的特征值、特征值的贡献率和累计贡献率，即各指标对人力资本的影响程度。相关系数矩阵中的基本分析和测算，如表 9 - 5 所示。

表 9 - 5　　　　　　　　　相关系数矩阵中的基本分析和测算

成分	初始特征值			提取载荷平方和			旋转载荷平方和		
	矩阵 R 的特征值	方差贡献比（%）	累计贡献率（%）	矩阵 R 的特征值	方差贡献比（%）	累计贡献率（%）	矩阵 R 的特征值	方差贡献比（%）	累计贡献率（%）
1	12. 964	86. 427	86. 427	12. 964	86. 427	86. 427	12. 942	86. 279	86. 279
2	1. 541	10. 276	96. 703	1. 541	10. 276	96. 703	1. 564	10. 424	96. 703
3	0. 379	2. 525	99. 228						
4	0. 055	0. 364	99. 593						
5	0. 031	0. 204	99. 796						
6	0. 015	0. 103	99. 899						
7	0. 006	0. 040	99. 940						
8	0. 004	0. 028	99. 968						
9	0. 002	0. 013	99. 981						
10	0. 001	0. 009	99. 990						
11	0. 001	0. 004	99. 994						
12	0. 000	0. 003	99. 997						
13	0. 000	0. 002	99. 999						
14	0. 000	0. 001	100. 000						
15	0. 000	0. 000	100. 000						

根据表 9 - 5 得出的矩阵 R 的特征值、方差贡献率和累计贡献率，选择特征值大于 1. 000 的两个公因子，其方差贡献率高达 96. 703%，显示出其对人力资本水平具有很好的描述性。因此，选取 2 个指标来解释 15 个指标。进一步分析，通过最大方差法对公因子进行旋转，从旋转后的因子矩阵可以看出，各变量在不同因子上产生了明显差异的载荷，得出的因子得分矩阵，如表 9 - 6 所示。

表 9 - 6　　　　　　　　　因子得分矩阵

三级指标	主成分	
	1	2
X_1	0. 075	0. 021
X_2	0. 077	- 0. 004

续表

三级指标	主成分	
	1	2
X_3	−0.046	0.621
X_4	0.078	−0.015
X_5	0.067	0.170
X_6	0.032	0.459
X_7	0.078	−0.026
X_8	0.079	−0.049
X_9	0.073	−0.100
X_{10}	0.078	−0.036
X_{11}	0.077	−0.011
X_{12}	0.077	−0.071
X_{13}	0.076	0.033
X_{14}	0.078	−0.023
X_{15}	0.077	−0.019

计算出各主因子的值，结合它们各自的方差贡献率 η_i（$i = 1$、2），采用式（9 − 1）计算人力资本存量。

$$H = \frac{\eta_1 F_1 + \eta_2 F_2}{\eta_1 + \eta_2} \qquad (9 - 6)$$

计算出 2000 ~ 2018 年河南省人力资本存量，结果见表 9 − 7。

表 9 − 7　　　　　　　　　2000 ~ 2018 年河南省人力资本存量

年份	F_1	F_2	H
2000	14599	1091	13142.92
2001	13530	1294	12211.03
2002	14060	1269	12681.21
2003	14468	1286	13047.06
2004	14502	1373	13086.77
2005	15782	1112	14200.66
2006	17633	849	15823.79
2007	18943	940	17002.39
2008	20537	697	18398.37
2009	22899	209	20453.15

续表

年份	F₁	F₂	H
2010	30745	−7175	26657.45
2011	33810	−7776	29327.28
2012	35395	−7772	30741.86
2013	38157	−8492	33128.52
2014	39907	−8903	34645.58
2015	41773	−10043	36187.54
2016	44252	−10432	38357.39
2017	45992	−10988	39849.90
2018	49512	−13083	42764.63

　　根据模型，利用 Stata 软件将经济增长总量 Y、物质资本存量 K 和人力资本存量 H 分别取自然对数并进行 OLS 多元回归分析，得到如下统计结果（见表 9 − 8）。

表 9 − 8　　　　　　　　　　　　线性回归分析结果

lnY	系数	标准误	T 值	P 值	置信区间（95%）	显著性
lnK	0.307	0.025	12.23	0	[0.254, 0.361]	***
lnH	0.431	0.066	6.50	0	[0.290, 0.571]	***
Constant	2.059	0.413	4.99	0	[1.184, 2.935]	***
Mean dependent var		9.505	SD dependent var		0.604	
R-squared		0.998	Number of obs		19.000	
F-test		3927.684	Prob > F		0.000	
Akaike crit. (AIC)		−75.638	Bayesian crit. (BIC)		−72.804	

注：＊表示 p < 0.1、＊＊表示 p < 0.05、＊＊＊表示 p < 0.01 的水平上显著。

　　由表 9 − 8 可以看出，Y 表示经济增长总量、K 表示物质资本存量，与 H 表示的人力资本存量拟合优度比较理想（$R^2 = 0.998$），并且，各变量的检验结果都比较显著。因此，该模型是成立的，其长期协整方程为：

$$\ln Y = \underset{t(12.23)}{0.307\ln K} + \underset{6.50}{0.431\ln H} + \underset{(4.99)}{2.059} \qquad (9-7)$$

$$F = 3927.684$$

进一步可以得出对应的有效劳动模型为：

$$Y_t = A_t K_t^{0.307} H_t^{0.431}$$

河南省作为经济强省和人口大省，人力资本对河南省经济增长的促进作用显著。在其他条件不变的情况下，人力资本每增长 1.000%，促进经济增长的变化率为 0.431%，而物质资本每增长 1.000%，促进经济增长的变化率为 0.307%。可见，人力资本对经济增长的促进作用远超过物质资本的促进作用。为更好地扭转近年来经济增长的下浮趋势，加快河南省新旧动能转换的进程，河南省应更好地发挥人力资本的促进作用。

第五节　边际贡献率分析

2000～2018 年，河南省实际地区生产总值由 2000 年的 5052.99 亿元增长至 2018 年的 31737.86 亿元，年均增长率为 10.74%。物质资本存量由 2000 年的 1999 亿元增长至 2018 年的 159021.55 亿元，年均增长率为 27.52%。人力资本存量由 2000 年的 13142.92 亿元增长至 2018 年的 42764.64 亿元，年均增长率为 6.8%。

柯布－道格拉斯生产函数对数模型的增长速度方程为：

$$\frac{\Delta Y_t}{Y_t} = \frac{\Delta A_t}{A_t} + \alpha\,\frac{\Delta K_t}{K_t} + \beta\,\frac{\Delta H_t}{H_t} \tag{9-8}$$

在式（9-8）中，$\frac{\Delta Y_t}{Y_t}$ 表示经济增长率，$\frac{\Delta K_t}{K_t}$ 表示物质资本的增长率，$\frac{\Delta H_t}{H_t}$ 表示人力资本的增长率。2005～2018 年，河南省物质资本和人力资本对于经济增长的贡献率分别为：

$$物质资本贡献率 = \alpha\,\frac{\dfrac{\Delta K_t}{K_t}}{\dfrac{\Delta Y_t}{Y_t}} = 78.62\% \tag{9-9}$$

$$人力资本贡献率 = \beta\,\frac{\dfrac{\Delta H_t}{H_t}}{\dfrac{\Delta Y_t}{Y_t}} = 27.17\% \tag{9-10}$$

综合来看，2000～2018 年，河南省物质资本对经济增长的年均贡献率为 78.62%，人力资本对经济增长的年均贡献率为 27.17%。物质资本对河南省经济增长的贡献，远远大于人力资本对河南省经济增长的贡献。这说明，河南省经济增长的动力，主要是依靠扩大物质资本投资，属于粗放型经济增长。2001～2018年，河南省物质资本与人力资本的贡献率折线图，见图9－1。河南省人力资本对经济增长的贡献率，基本低于物质资本的贡献率。

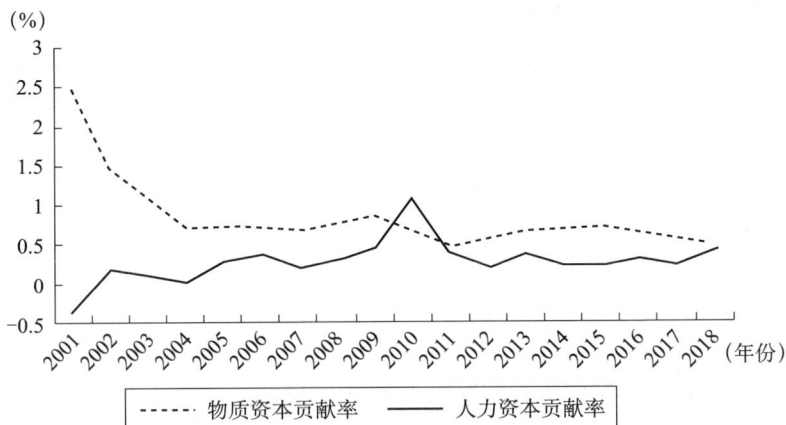

图9－1 2001～2018年河南省物质资本贡献率与人力资本贡献率折线图

第六节 小 结

基于河南省2001～2018年人力资源相关统计数据，采用有效劳动模型，分析了河南省物质资本和人力资本与经济发展的关系，从中得出以下三点结论。

第一，物质资本与人力资本对河南省经济增长均有显著的促进作用，但是，人力资本的促进作用明显高于物质资本对经济增长的促进作用。

第二，物质资本对经济增长的贡献率明显高于人力资本对经济增长的贡献率，说明河南省没有充分发挥人力资本对经济增长的促进作用，存在人力资本利用不充分的现象。

第三，物质资本与人力资本对河南省经济增长尚未形成规模效应，因为物质资本系数与人力资本系数之和小于1，未来需要合理配置两者比例，以便对经济增长形成更好的促进作用。因此，为加强河南省人力资本开发，本书提出以下三条建议。

一是要合理配置物质资本和人力资本的投入比例。物质资本和人力资本都是促进经济发展的重要因素，但只有在合理配置两者比例时，才能使经济得到更好发展。目前，河南省的经济发展主要依靠物质资本，人力资本投入不足，因而适当降低物质资本的配置比例并提高人力资本的配置比例，可以有效地促进河南省经济快速发展。

二是要加大教育投资力度，重视对人才的培养。政府应把教育摆在社会发展的重要位置，注重城市教育投入的同时，协调好偏远乡村和贫困地区的教育投入；企业单位应加大对员工的培训力度，提高职员技能并促进员工知识更新，保持企业发展活力；个人和家庭也应重视教育投入，个人主动发展和提高自身文化层次，有利于河南省人力资本质量提升。

三是优化营商环境，建立健全人才激励机制。完善河南省收入分配制度和福利制度，保证职工福利待遇水平随着经济发展的提高而提高，逐步实现福利制度规范化。建立人才吸引机制，优化人力资本的发展环境。

第十章　中国部分地区招才引智实践及启示

近年来，人才在各地经济转型高质量发展中显得尤为重要。人才资源是未来城市发展中的新鲜血液与核心动力，区域经济的竞争归根结底是人才竞争。正因如此，不少地区都开启了"抢人大战"模式，纷纷抛出各种"橄榄枝"大力吸引高端人才。人才争夺战与新时代背景下中国经济发展的现状密切相关。目前，一线城市、二线城市在经济发展水平和公共服务设施方面优势明显，三线城市、四线城市在这些方面或多或少存在一些不足，由此导致人才资源不断向中心城市聚集，人才资源分布区域不均。各地政府为保持和促进当地经济高质量发展，不得不开启"人才争夺大战"。2017年2月，武汉市开启了"百万大学生留汉创业工程"，拉开了人才争夺战的帷幕。随后，各地区相继出台人才政策大力招揽人才。近期，抢人才大战愈演愈烈，呈现出从一线城市、二线城市转向三线城市、四线城市的趋势。据统计，自2020年以来，全国至少有46座城市出台落户类政策总计不少于70次。

在此背景下，河南省如何制定招才引智政策，转变为人力资源强省就显得尤为迫切。为此，本章通过总结、分析中国部分招才引智的实践和经验，并比较它们之间的异同，希望从中得到一些有益的启示，为河南省招才引智提供参考。如无特别说明，本章的所有表格都是笔者根据相关省市的政府网站的相关数据整理而得。

第一节　中国部分地区招才引智的实践

一、珠三角地区招才引智的实践

珠三角地区是中国经济最活跃、开放程度最高的地区之一。为此，珠三角地区的各市纷纷出台引进人才的相关政策，如表 10-1 所示。通过对这些政策的分析，珠三角地区人才政策呈现以下四个特点。

表 10-1 珠三角地区主要人才政策汇总

地区	政策名称
广东省	《关于深化高校科研体制机制改革的实施意见》
	《国务院关于广东省系统推进全面创新改革试验方案的批复》
	《中共广东省委印发〈关于我省深化人才发展体制机制改革的实施意见〉的通知》
	《关于加快新时代博士和博士后人才创新发展的若干意见》
	《广东省人才发展条例》
	《关于进一步鼓励引导人才向粤东粤西粤北地区和基层一线流动的实施意见》
广东省广州市	《广州市引进人才入户管理办法》
广东省深圳市	《在职人才引进和落户"秒批"工作方案》
	《深圳前海深港现代服务业合作区境外高端人才和紧缺人才个人所得税财政补贴办法》
	《前海深港现代服务业合作区境外高端人才和紧缺人才认定办法》

（一）区域内城市人才一体化进程加快

随着经济社会的协调发展及一体化进程的加快，珠三角区域共同体的形象日益清晰，人才一体化趋势明显。例如，区域内不同城市间在人才资源开发上力求实现资源共享、政策协商、制度衔接和服务贯通，努力实现区域内人才自由流动，推动珠三角区域形成城市人才群。例如，2005 年，珠三角地区的八个城市签署了《珠三角人才资源开发一体化合作协议》，重点推动区域内专业技术资格证书和职业资格证书互认、高层次专家等人才交流信息共享和人才工作合作等。2015 年 3 月，珠三角九个城市共建"人才创新圈"，其目标是形成以广州市和深圳市为"龙头"、以珠三角其他各市为骨干、连通境内外、辐射粤东西北的创新型人才集聚圈。①

（二）高端人才引进与职业技能人才培育并重

长期以来，珠三角地区都非常渴求高端人才，纷纷出台相关政策吸引集聚

---

① 《珠三角人才资源开发一体化合作协议》，http://news.cri.cn/gb/3821/2005/01/28/1245@436588.htm。

海内外优秀人才和创新创业团队。2010 年 10 月，深圳市为吸引海外高层次人才，推出了"孔雀计划"①。对于国内人才，深圳市也相应地推出了与上述激励政策相类似的高层次专业人才认定办法。出台类似政策的，还有广州市、珠海市、佛山市等其他地市。同时，广东省也是制造业大省，珠三角地区非常重视对职业技术人才的培育。2018 年，深圳市出台了《深圳市技能菁英遴选及资助管理办法》，用来筛选职业技能人才；2019 年，广东省出台《广东省人民政府办公厅关于印发广东省职业技能提升行动实施方案（2019～2021 年）》；2020 年 4 月，为加快完善技能人才评价体系，广东省出台了《关于制定广东省职业技能人才认定标准的通知》。

（三）各地人才政策持续发力且亮点纷呈

珠三角地区是中国改革开放最前沿的地方之一，区域内各地市历来重视人才引进，并积极探索人才政策创新。例如，广州市放宽人才入户门槛，针对海外专业人才制订了"岭南精英"计划，该计划的目标是五年内在广州市培养五名院士级别的人才。深圳市前海完善境外高端人才政策，制定了《关于以全要素人才服务加快前海人才集聚发展的若干措施》的文件，促进人才集聚前海创新发展②；佛山市禅城区重视引进设计人才；东莞市打造"十百千万百万"人才工程；珠海市重视博士后人才引进与培养；中山市建立首席技师制度，重视高技能人才队伍建设；肇庆市因地制宜引进医疗人才。

（四）人才政策新趋势不断涌现并引领全国

珠三角地区越来越重视人才发展环境，珠海市、广州市越秀区积极优化人才服务环境；广州市、深圳市、佛山市、江门市通过人才战略与产业战略相互支撑，为人才搭建良好的工作场所。人才政策评估渐成趋势，人才政策实行闭环管理机制，保证人才政策的科学性和有效性。人才政策趋向精准化，并进一步与产业发展深度融合。例如，东莞市先后出台多项政策，着眼于引进和培养

---

① 深圳出台引进海外高层次人才"孔雀计划". http://epaper.gmw.cn/gmrb/html/2010－10/30/nw. D110000gmrb_2010103_3－01. htm.

② 《关于以全要素人 才服务加快前海人才集聚发展的若干措施》. http://qh. sz. gov. cn/sygnan/xxgk/xxgkml/zcfg/zcjd/content/post_6843541. html。

高技能人才和产业技术人才。人才政策与人才需求相结合。例如,《广东省人才发展条例》将人才培养开发作为开篇;珠海市印发的《珠海市企业新型学徒制实施办法》,积极培养企业人才;佛山市南海区以企业为主体,建立人才"培养—评价—晋升"机制,调动人才提升技能的积极性。

二、长三角地区招才引智实践

近年来,为进一步加大对相关行业高水平人才的引进力度,促进其高效汇聚和流动,长三角地区出台了多项政策,如表 10 - 2 所示。通过对这些政策的分析,该地区人才政策有以下四个特点。

表 10 - 2　　　　　　　　　　长三角地区主要城市人才政策汇总

省市	政策名称
江苏	《江苏省省级高层次创新创业人才引进计划专项资金管理办法》
	《"江苏省高层次创新创业人才引进计划"改革实施办法》
	《江苏省政策引导类计划(引进外国人才专项)资金管理办法(试行)》
	《关于促进利用外资稳中提质做好招商安商稳商工作的若干意见》
	《江苏省"333 高层次人才培养工程"改革实施办法》
	《关于加强高层次创业创新人才队伍建设的意见》
浙江	《浙江省大力引进国内外人才的若干规定》
	《关于加快推进技能人才队伍建设的意见》
	《关于支持和鼓励高校科研院所科研人员兼职创新创业的指导意见(试行)》
	《关于深化人才发展体制机制改革支持人才创业创新的意见》
	《进一步加强博士后工作培养高层次创新型青年人才意见》
	《浙江省职业技能提升行动实施方案(2019~2021 年)》
上海	《中国(上海)自由贸易试验区临港新片区境外专业人才执业备案试行管理办法》
	《上海市引进人才申办本市常住户口办法实施细则》
	《上海市人民政府关于深化完善"双特"政策支持临港地区新一轮发展的若干意见》
	《上海市浦江人才计划管理办法》
	《关于深化人才工作体制机制改革促进人才创新创业的实施意见》

资料来源:中国政府网及各地市政府网站、人力资源和社会保障厅官网。

（一）构建长三角联盟推动人才一体化

长三角地区在科创金融、高校联盟、数字出版、文化投资与修复、无人系统、大数据、旅游、建筑、法律等行业，相应地成立了"长三角联盟"。例如，"长三角科创金融联盟"旨在汇聚更优质的资源和人才，打造最强的企业服务平台；"长三角文化产业投资联盟"专注于产业内的资源共享和人才培养；"长三角高校联盟"由复旦大学、上海交通大学、同济大学、华东师范大学、南京大学、东南大学、浙江大学、中国科学技术大学 8 所"985 工程"名校组成，率先实施"交换生"计划和"暑期班"计划，并逐步实施网上选课计划。

（二）引进国际化高端人才与培育产业人才并重

长三角地区早已成为中国经济发展最活跃的区域之一，为保持经济高速发展的可持续性，该地区应不断引进国际化高端人才，并同步培养产业人才。例如，2018 年浙江省提出"万人计划"，重点就是遴选支持"互联网＋"、生命健康和新材料三大科创高地领域的青年创新创业人才。2018 年，江苏省的"双创计划"中，对能够突破关键技术、发展高新产业、带动新兴学科的人才和团队给予顶尖支持。2020 年，《江苏省政策引导类计划（引进外国人才专项）资金管理办法（试行）》的出台，鼓励用人单位引进先进技术，通过技术和产业吸引人才。

（三）人才政策的前瞻性与务实性完美结合

长三角地区的人才政策具有超前性、国际化偏向性及务实性。例如，2015年，上海市《关于深化人才工作体制机制改革促进人才创新创业的实施意见》中提出，可逐步成立人才改革试验区、探索可复制和可推广的离岸产业托管模式，并在此基础上，提出实施更积极有效的海外人才引进政策。2016 年，浙江省引进海外高层次人才的"千人计划"中，明确被引进人才的学术领域及其所应具备的知识技能。2019 年《中国（上海）自由贸易试验区临港新片区海外专业人才执业备案试行管理办法》中的执业对象，就是发展所需产业的相关人才。

（四）人才政策呈现出的主要新趋势

长三角地区的人才政策与以往相比更具人性化，更加注重人才生活环境与工作环境。例如，南京市放宽了落户的年龄限制，且在本地就业参保半年即可落户；上海市在《上海市引进人才申办本市常住户口办法实施细则》中涉及引进人才未成年子女和配偶的随迁随调事项。与此同时，政策中引进形式和福利内容更加丰富，致力于改善人才的生活环境。如多地政府运用论坛和发布会等方式，带着项目寻找目标人才。陆家嘴滨江中心更是汇集多家"龙头"企业携手地方企业推出租房优惠活动，以降低人才招揽成本，并创建了"24小时生活圈"的居住环境，为人才生活提供便利。

三、京津冀地区招才引智实践

随着《京津冀协同发展规划纲要》和《京津冀人才一体化发展规划（2017～2030)》的落实和推进，京津冀地区之间的合作迎来了新的历史机遇。在京津冀地区协同发展的同时，为打造成具有全球竞争力的城市群，三地之间的人才也朝着一体化方向发展。近年来，京津冀地区主要人才政策，如表10-3所示。

表10-3　　　　　　　　　　京津冀地区主要人才政策汇总

省市	政策名称
北京	《关于进一步推进户籍制度改革的实施意见》
	《北京市引进人才管理办法（试行）》
	《知识产权人才"十三五"规划》
	《关于优化人才服务促进科技创新推动高精产业发展的若干措施》
	《北京市科技新星计划管理办法》
	《首都科技领军人才培养工程实施管理办法》
天津	《天津市进一步加快引育高端人才若干措施》
	《天津市引进人才落户实施办法》
	《天津市引进国内外优秀人才来津工作实施办法》
河北	《中共河北省委河北省人民政府关于深化人才发展体制机制改革的实施意见》
	《河北省支持和鼓励事业单位专业技术人员创新创业实施办法》
	《关于实施高层次创新创业人才开发"巨人计划"的意见》
	《河北省"三三三人才工程"实施方案》

资料来源：中国政府网及各地市政府网站、人力资源和社会保障厅官网。

（一）构建京津冀人才一体化协同发展格局

为推进京津冀一体化，人才资源相应也需要一体化、协同化发展，以打破三个地区的人才限制、实现人才自由流动、形成工作合力，达到共赢的效果。在人才政策上，京津冀地区发布了《京津冀人才一体化发展规划（2017～2030年）》，明确以支撑京津冀协同发展战略实施为出发点，大力推进人才一体化发展，打造京津冀协同发展新引擎的总体思路。中共中央发布了《京津冀协同发展规划纲要》。河北省、天津市签署了《外籍人才流动资质互认手续合作协议》。

（二）重视高端国际化人才的聚集

京津冀地区以北京市为核心，天津市和河北省毗邻北京市，汇聚了高端、国际化的人才资源。目前，人工智能、新一代信息技术、生物技术、新能源、新材料、节能环保以及航空航天、高端装备制造等高端的需要专业性知识的新兴产业和支柱产业等成为京津冀地区的"引才大户"。京津冀三个地区结合当地对人才资源的需求，共同发布高端人才引进计划和引进方案，积极引进高端化、专业化、创新创业的人才和国际化人才，并召开相关的高层次人才招聘会，为区域内的人才聚集起到了非常强的推动作用。因国家对京津冀地区集群产业给予了支持，且北京市社会科学院中有的学者也提出国家应加速发展未来产业集群，以进一步刺激三个地区的人才集群效应。

（三）人才政策体现出"试验田"的特征

京津冀地区精心培育人才"试验田"，采用创新管理的观念，以培训为"支点"，撬动人才队伍建设对城市建设所起的非常重要的杠杆作用，探索人才发展渠道，拓宽京津冀地区人才素质能力的提升通道，进一步激发队伍活力，释放人力资源改革的红利。为打造一块适用于人才成长的高产"试验田"，京津冀地区着眼于内部，并有针对性地发力，紧盯自身需求，拓展现有人力资源潜力。京津冀地区的天津市、河北省人才发展不如北京市，京津冀地区正在加大对这两个地区人才的培训力度。《天津市职业技能提升行动实施方案（2019～2021年）》建立并推行终身职业技能培训制度，持续开展职业技能提升行动，全面提升劳动者职业技能水平和就业创业能力。[①]

---

① https://www.163.com/dy/article/EGO7RUSKO514TTJV.html.

（四）人才政策新趋势的主要特征

由北京市、天津市、河北省形成的"京津冀一体化"战略，是疏解北京市非首都功能、推进华北地区协同发展、打造"新首都经济圈"的一个国家战略。中关村国家自主创新示范区试点实施的十项出入境政策，根据中关村创新发展的定位、特点和实际需求量身打造，目标是通过新政策的实施，不断为国家探索出入境管理改革创新的重大举措。

四、中部六省招才引智的实践

近年来，中部六省为吸引人才流入出台了多项政策，如表 10 - 4 所示。这些政策从人才工作、生活的软硬环境出发，对加速人才回流起到了重要作用。

表 10 - 4　　　　　　　　　　中部地区主要人才政策汇总

省份	政策名称
山西	《关于加强新形势下引进外国人才工作的实施意见》
	《山西省高端人才分层标准（试行）》
	《山西省"三晋英才"支持计划实施办法（试行）》
安徽	《安徽省关于支持各类平台引进高层次人才工作实施办法》
	《安徽省关于建立引进海外高层次人才和急需紧缺人才职称评审绿色通道的指导意见》
	《关于进一步吸引优秀人才支持重点产业发展的若干政策（试行）》
	《关于印发安徽青年创业园建设管理办法的通知》
	《进一步加强基层医疗卫生机构人才队伍建设的意见》
江西	《关于支持大学毕业生和技能人才来昌留昌创业就业的实施意见》
	《江西省省级人才发展专项资金管理办法（试行）》
	《中共江西省委关于深化人才发展体制机制改革的实施意见》
河南	《中共河南省委河南省人民政府关于深化人才发展体制机制改革加快人才强省建设的实施意见》
	《河南省高层次人才认定工作实施细则（试行）》
	《河南省人力资源和社会保障厅关于开展2019年百千万人才工程国家级人选推荐工作的通知》
	《河南省人力资源和社会保障厅关于做好2020年全省专业技术人员继续教育工作的通知》

续表

省份	政策名称
湖北	《关于提升人力资源服务业发展质量的若干意见》
	《关于实施博士后人才倍增计划的意见》
	《关于建立完善人才工作体系推动武汉高质量发展的实施意见》
湖南	《关于切实加大工作力度进一步推进引进芙蓉人才行动计划落实落地的方案（2018～2022年）》
	《湖南省人才发展专项资金管理办法》
	《人力资源社会保障部办公厅关于简化优化流动人员人事档案管理服务的通知》
	《进一步加强高技能人才与专业技术人才职业发展贯通的实施意见》

资料来源：中国政府网及各地市政府网站、人力资源和社会保障厅官网。

（一）注重乡土情怀引人聚人

中部地区的经济相对落后，对人才的吸引力不如珠三角地区、长三角地区和京津冀地区。因此，中部地区在引人育人的同时，需要想办法留住高端人才，避免人才不合理地流失。武汉市为此实施了两次"留汉工程"，成立了专门机构解决人才的住房，在建立留人的长效机制上狠下功夫；郑州市在《关于实施"智汇郑州"人才工程加快推进国家中心城市建设的意见》中提出很多措施，留住更多青年才俊；[①] 长沙市出台了"人才新政22条"，计划在五年内投入大量资金吸引大学生留蓉。

（二）寻求高校人力资源管理最佳实践

中部六省的高校，也一直在探索人才培养的最佳方式。一是成立高校联盟。如，河南省支持郑州大学、河南大学等高等院校开展课程互选、学分互认的学习机制，以推动河南省郑州都市圈内"高校图书借阅、科学仪器协作共用"等方面的资源共享。与此同时，2019年，郑州市龙子湖高校圈率先签署了校际课程互选与学分互认的合作框架协议。[②] 二是完善人才激励机制。例如，2016年，安徽省出台的《安徽省关于支持各类平台引进高层次人才工作实施办法》提出重点

[①] 《关于实施"智汇郑州"人才工程加快推进国家中心城市建设的意见》，http://www7. zzu. edu. cn/nsp/info/1151/1126. htm。

[②] 《关于实施"智汇郑州"人才工程加快推进国家中心城市建设的意见》，http://www7. zzu. edu. cn/nsp/info/1151/1126. htm。

支持"引才育才平台"。① 湖北省在 2019 年出台的《关于实施博士后人才倍增计划的意见》中完善了评估体系，为高层次人才营造了更加公平公正的学术环境。②

（三）加大招才引智补贴力度吸引人才

中部六省人口众多，具有天然的人口优势，但在本轮"抢人大战"中似乎优势并不明显，主要是受制于经济发展水平和区位。为解决这一问题，中部六省通过提高福利待遇吸引外来技术人才。例如，安徽省合肥市提出对来合肥市企业工作且符合人才目录的学士、硕士、博士应届毕业生及其他急需紧缺人才，在三年内按月分别给予硕士、博士应届毕业生 3000 元、其他急需紧缺人才 2000 元的生活补贴。河南省、山西省等也采取了类似政策。提高福利待遇能为中部六省在"抢人大战"中增加砝码，吸引优秀人才入驻。

（四）人才政策呈现出新特征

为进一步引进人才、培育人才、留住人才，中部六省在制定人才政策时更加注重对人才落户机制的完善。如，2019 年，武汉市将"投靠落户"分为"子女投靠父母、父母投靠子女、夫妻投靠子女随迁以及投靠亲属"四部分，并在每部分中将年限、人员及条件明细化。与此同时，各地将人才政策与人才需求结合，丰富了引才形式。如，山西省围绕科技、产业重大项目的需求，编制了《山西省急需紧缺人才年度目录》。另外，各地将人才政策评估列入了工作日程，开始着手构建人才评价体系。如河南省放宽了人才落户的限制，除郑州市外其他各地落户基本不受限制。

第二节　河南省招才引智的主要实践

一、招才引智的主要政策文件

河南省内各地市人才竞争也非常激烈，各地市都相应地出台了引报才引智

---

① 《安徽省关于支持各类平台引进高层次人才工作实施办法》，http://www.hfuu.edu.cn/rczx/fb/4b/c6699a64331/page.htm。

② 《关于实施博士后人才倍增计划的意见》，http://www.gov.cn/xinwen/2019－08/31/content_5426037.htm。

优惠政策。表 10 – 5 显示了河南省内 10 个城市出台的人才文件。从这些政策文件来看，他们都在花重金吸引高层次人才、创新创业人才，显示了各地市对高层次人才的强烈渴求。

表 10 – 5　　　　　　　　　　　河南省主要地市出台的人才计划

地市	人才计划	主要目标
郑州	黄河人才计划	实施分层分类、精准有效的人才激励政策。针对高层次人才，在项目引进、人才资助、生活保障等方面推出"全国最优"综合政策，最高给予 1 亿元综合资助
洛阳	河洛英才计划	洛阳将引进 50 个创新创业人才团队，聚集 500 名顶尖及高层次人才，选拔 5000 名社会事业领域专业骨干人才，培育 50000 名高技能人才，全市人才资源总量新增约 50 万人
开封	汴梁英才计划	力争用 5 ~ 10 年，引进 10 名院士或相当层次的顶尖人才，100 名创新创业领军人才，1000 名高层次紧缺人才，在全市范围内引进和培养 10000 名各行业优秀人才，引进外国专家 200 人次左右
商丘	中原英才计划	组织实施"331 创新型人才培养工程"，重点培育 30 名领军人才，成为在国内具有一定知名度或具有省内领先水平的学术权威、技术权威；培育 300 名青年专业技术骨干成为我市学术带头人、技术带头人；培育 1000 名青年专业技术人员后备力量
平顶山	鹰城英才计划	用 3 ~ 5 年全市引进培育 5 ~ 10 个领军型创新创业团队，30 名左右国内外领军人才，200 名左右优秀企业家，1000 名左右高层次专业技术人才，30000 名左右高技能人才，吸引 50000 名左右青年人才，人才总量力争达到 85 万人
信阳	信阳英才计划	力争用 5 年引进、培育 10 个领军型创新创业团队，20 名科技创新创业企业家，300 名（个）高层次创新创业人才（团队）
鹤壁	兴鹤英才计划	用 5 年引进培育 100 名左右具有较强创新创业能力的科技领军人才和高层次创新创业人才，重点引进培育 20 个左右科技创新创业团队
濮阳	濮上英才计划	濮阳市将引进领军型创新创业人才 10 名，高层次创新创业人才 50 名，紧缺型创新创业人才 100 名，各类创新创业团队 50 个，引进科技型、创新型企业家 200 名
许昌	英才计划	到 2021 年，全市新引进创新创业人才（团队）60 个左右，新引进 A、B、C 类高层次人才 80 名左右，新引进 D、E 类高层次人才 500 名左右，柔性引进一批带技术、带项目的顶尖人才、领军人才，科技创新人才、社会事业人才、高级经营管理人才、高技能人才以及乡村人才队伍不断壮大

续表

地市	人才计划	主要目标
周口	英才计划	2018 年开始，用 3~5 年，力争新引进培养 500 名左右高层次创新创业人才，100 名左右"双一流"高校硕士、博士，50 个左右省级以上创新创业平台（院士工作站、博士后科研工作站、企业技术中心、工程研究中心等），20 个左右创新创业人才团队，培养选育 30 名左右企业经营管理名家

资料来源：中国政府网及各地市政府网站、人力资源和社会保障厅官网。

二、招才引智的主要人才计划

河南省三个地市的人才政策力度比较大，即郑州市、洛阳市、开封市。郑州市提出的黄河人才计划指出，"降门槛"招揽全球人才。该计划主要从待遇、住房两个模块吸引人才，以最大诚意面向全球引才，通过"提待遇"留住优秀人才。洛阳市的河洛英才计划，主要对于待遇、住房补贴、配偶就业问题、子女入学、医疗保障、公共文化等方面进行全面解决，让优秀人才没有后顾之忧，专心为洛阳市做贡献。开封市在项目支持、办公用房、国外人才引进方面主动作为，大力吸引优秀人才加盟。

三、招才引智的主要实践活动

河南省通过举办招才引智创新发展大会来吸引优秀人才。"2020 招才引智专项行动"以"广聚天下英才，助力中原出彩"为主题，坚持"高精尖缺"导向，通过创新方式，大力延揽高层次、创新型、引领型人才（团队）。主要包括网上招才引智、招才引智主场活动、省辖市招才引智专场、省外招才引智等四项活动。[1] 招才引智工作将更加注重线上引才聚才。例如，把网上招才引智作为"2020 招才引智专项行动"的重点内容，围绕"云招聘"升级改造大会 3.0 版官网，打造"永不落幕"的招才引智线上平台。为吸引更多优秀毕业生来河南省施展才华、就业创业，河南省曾连续三年举办"圆梦中原"的活动——河南省赴京招聘高校毕业生专项服务活动。河南省为吸引更多卓越的

---

[1] https：//hrss. henan. gov. cn/2020/06 - 23/1749788. html.

青年人才，提出"811青年人才工程"活动，该活动提出学术技术带头人的选拔培养，面向在豫各类企事业单位的专业技术人员。①

第三节　中国部分地区招才引智的特点分析

从中国部分地区的人才政策分析来看，大部分招才引智的优惠政策都会涉及工资待遇、落户条件、补贴标准、科研经费、帽子评选等方面。表 10 − 6 显示了中国部分地区人才政策的相同点和不同点。

表 10 − 6　　　　　　　　中国部分省市招才引智的主要方法

省市	人才计划名称	主要维度
广东	珠江人才计划	工资待遇、住房补贴、科研经费
江苏	双创计划	工资待遇、科研经费、落户条件
浙江	万人计划	工资待遇、住房补贴、科研经费、帽子评选
上海	上海市引进人才申办本市常住户口办法实施细则	落户条件
北京	北京市科技新星计划管理办法	落户条件、科研经费
天津	天津市引进人才落户实施办法	工资待遇、落户条件
河北	巨人计划	工资待遇、落户条件、住房补贴、科研经费、帽子评选、子女配偶
湖南	芙蓉人才行动计划	工资待遇、科研经费
安徽	安徽省关于支持各类平台引进高层次人才工作实施办法	工资待遇、生活补贴、落户条件、住房补贴
江西	江西省省级人才发展专项资金管理办法（试行）	工资待遇、落户条件、住房补贴
山西	三晋英才计划	住房补贴、科研经费、生活补贴
湖北	黄鹤英才计划	工资待遇、住房补贴
河南	黄河人才计划	工资待遇、科研经费

资料来源：中国政府网及各地市政府网站、人力资源和社会保障厅官网。

---

① http：//www.hnskxy.com/sitesources/rsjyc/page_ pc/zcgz/article8b7bad5f1c7d49e592b60d11f0aaa64f.html.

一、中国部分省市招才引智的相同点

(一) 引进人才的主要标准相似程度高

各省市（城市）引进人才呈现四个共同特点：一是学历要求大致相同。中国部分省市地区在大体上都要求本科及以上。北京市、上海市大多要求硕士研究生和博士研究生。杭州市对技能人才有优待。广东省市偏好国际化、创新创业、高技能等年轻人才。二是年龄要求大致相同。从各城市综合来看，45岁是引才的门槛。北京市"三城一区"引进的可放宽至50周岁，个人能力、业绩和贡献特别突出的可进一步放宽年龄限制。浙江省杭州市放宽年龄限制，最高为65周岁。湖北省武汉市对博士、硕士无年龄要求，但对硕士以下学历人才调至40周岁。广东省深圳市对人才年龄的细分更为具体。三是对专业行业的要求相同。各地对于人才引进，总体离不开各地经济发展及各地产业规划，且通常按照本地产业规划来选择人才引进的侧重方向，特别是加大新兴产业的人才引进力度。四是吸引人的待遇也呈现相似特点。中国部分地区都提供购房补贴和人才津贴，并提供一系列与生活、工作相配套的人才待遇。

(二) 区域人才工作的一体化趋势明显

从中国部分地区的人才政策分析来看，人才一体化趋势较为明显，各地区都秉承一体化的理念、在协同发展的框架下展开，核心在于形成能够充分流动的人才资源市场，促进各地经济发展。如珠三角地区、长三角地区、京津冀地区都采取协同化发展、一体化发展的政策。

(三) 引进人才及出台政策日趋精准化

政府出台的相关人才政策日趋精准化，相关政策结合当地实际情况，结合创新创业中亟须解决的重点问题和难点问题对症下药，其目的是为引进人才创造良好的发展环境。目前，人才政策主要偏向于吸引创新型人才和创业型人才。创新型人才主要需要项目扶持、人才评选等类型的支持；创业型人才的发展性政策则需要两方面支持：创业孵化和融资担保。各地的发展性政策具有相似性。例如，创业孵化政策，武汉市有两个具体措施：一是为大学生提供免费的创业场地及孵化服务；二是对入驻科技企业孵化器的企业，按入驻年限给予场地租金补贴。

（四）引进人才政策评估日益受到重视

人才问题为地区经济发展带来了更多机会，各地政府也积极出台优惠政策大力吸引人才。政策是否落实到位，实施效果如何，今后应该如何改进，这些问题都需要通过人才政策落实效果评估来解决。评估人才政策涉及政策是否有足够的吸引力，是否有可持续改进的空间。随着人才引进逐步从重视数量向重视质量转变，更加重视人才引进成本与效益的分析，人才政策评价日益受到政府的重视。相关地区都积极开展人才评价，例如，珠三角地区积极布局人才政策评价。各地区对人才政策进行调研，委托专业机构进行评估，不断改进和完善人才政策的有效性。

二、中国部分省市招才引智的不同点

（一）招才引智的理念略有不同

由于历史原因和经济原因，不同地区在引才、育才理念上仍存在一定差异。长三角地区和珠三角地区正在积极推进区域内人才工作一体化协调发展，并且倾向于吸引国际化人才和高端人才。例如，京津冀地区、珠三角地区、长三角地区各自的人才政策都倾向于一体化，打破一些人才限制的局限性问题，实现内部人才自由流动。2005 年珠三角地区共同签署《珠三角人才资源开发一体化合作协议》；长三角地区推出长三角地区高校联盟的吸引人才政策；京津冀地区推出《京津冀人才一体化发展规划（2017～2030 年)》。中部地区人才引进政策内部竞争较为明显，目前，缺少一体化规划，还没有形成人才联盟，导致相互抢人和恶性竞争时有发生。因此，中部地区需要加强人才交流与合作，在推进区域一体化中凝聚人才工作合力，实现多方共赢。

（二）招才引智的重心有所不同

北京市重视培育青年科技人才和高层次科技人才。2017 年，北京市实施两项人才新政——《北京市科技新星计划管理办法》和《首都科技领军人才培养工程实施管理办法》，旨在全力推动国家科技创新中心建设。上海市重视吸引国际化人才，吸引海外一流高校来沪开展合作办学；鼓励跨国公司在沪建立地区总部或研发中心；争取有影响力的国际组织在沪设立分支机构。广东省深圳市重视人才培养载体建设，推进高水平院校和特色优势学科建设，鼓励高校参照国际同类一流学科专业标准，开展学科专业国际评估或国际认证，在重视引进顶尖国际化人才的同时，积极培养和引进支撑深圳市保持领先发展优势的青年后备人才。

（三）招才引智的人才维度不同

为吸引人才，各地区都会根据人才层次提供相应的政策支持，但支持维度略有不同。北京市主要对创新创业团队、科技创新人才、文化创意人才、体育人才、金融管理人才、其他高技能人才等高端人才按照一次性奖励、落户奖励、创新创业资助的奖励标准进行奖励；广东省深圳市主要对杰出人才、国家级领军人才、地方级领军人才、后备级人才、海外A类/B类/C类人才，按照一次性奖励、创业担保贷款及财政贴息、创业补贴、创业场租补贴的奖励标准进行奖励；浙江省杭州市主要对领军人才、重点人才和优秀人才，按照一次性奖励、住房补贴、购房补贴、创新创业资助的奖励标准进行奖励；陕西省西安市主要对国内外顶尖人才、国家级领军人才、地方级领军人才、产业发展与科技创新类人才和实用类人才按照一次性补贴、创业基金科研经费补助、购房租赁补贴的奖励标准进行补贴。

（四）招才引智的政策维度不同

各地区为了吸引人才，在政策维度上也有不同。一是浙江省杭州市，在住房方面，人才可申请人才公寓，购房租房补贴；在户籍方面，本人及配偶、子女、老人可落户；在子女教育方面，子女入学与本市学生享同等待遇，小升初免试入学，高中招生时酌情照顾录取；在社会保障方面，可参加本市各项社会保险，人才按等级可享受市政府各级保健待遇。二是湖北省武汉市，在住房方面，建设、筹集250万平方米以上大学毕业生保障性住房，让学生低于市场价20%购房；在子女教育方面，义务教育与本市学生享同等待遇；在社会保障方面，享受医保、生育、养老、失业、工伤五个方面的保险，可申请享受每月数百元的社会补贴；在医疗方面，享受相应的医疗保险保障待遇。三是广东省深圳市，在住房方面，为人才提供大额住房补贴，符合条件的领军人才可免租金住房；在户籍方面，本人及配偶和子女可落户；在子女教育方面，减免学杂费、借读费和择校费等费用。在社会保障方面，办理各种社会保险和商业性补充保险，按人才等级实行保健待遇。

第四节　中国部分地区招才引智对河南省的启示

通过对中国部分地区人才政策的分析，我们发现，与发达地区相比，河南省吸引人才力度不够，主要是受经济发展水平、地域限制和高等教育发展水平的制约。同时，通过对中国部分地区招才引智的具体实践和政策的分析，我们也得到了一些有益的启示。

一、积极树立人才工作一体化理念

2017 年，河南省出台的《关于深化人才发展体制机制改革加快人才强省建设的实施意见》中提到，应"全面落实创新、协调、绿色、开放、共享的发展理念，聚天下英才而用之"，并"着力破除束缚人才发展的思想观念和体制机制障碍，健全完善全链条育才。"[①] 为此，河南省可借鉴长三角地区、珠三角地区的经验，加快形成郑洛新都市人才圈或郑州都市人才圈，让人才自由流动。例如，充分发挥郑洛新国家自主创新示范区的人才改革"试验田"作用，或是在河南省的郑州都市圈中的许昌市、焦作市等地创建人才改革试验区，探索人才引进、使用和评价的体制机制，在成熟的基础上进一步推行至省内其他城市。

二、加快推进人才工作法制化建设

相对于发达国家来说，中国关于人才的相关法律、法规尚不够完善，人才

---

① 见河南省科学技术厅网址：https://kjt.henan.gov.cn/2019/02 – 18/1536056.html.

管理更多的是通过行政命令而不是依靠法律法规。对人才培养、管理、使用，过去是以政策为主导，虽然在力度上对人才的生活方面以及工作方面有了保障，但相对于人才需求的多样性来说，灵活性不够，不能满足目前市场上对各行各业人才，特别是高端人才的渴求。我国发达地区人才法律法规的规范性，要强于中部地区。要为人才提供更好的服务、更多保障，吸引更多优秀人才，河南省需要加强人才法律法规方面的力度，在人才引进、使用和有关人才评价、人才流动和社会保障、全球化人才的使用与管理等方面，加强人才的法律法规建设。

三、紧密结合人才引进与产业需求

因才使用，因需使用，引为所用。人才引进需要明确突出需求导向，着眼于经济发展方式转变和产业结构优化升级；需要围绕当地社会发展规划，聚集本地经济发展主导产业需求，开展精准引才；要加强人才链和产业链的连接，实现人才与产业的良性互动。一是要明确扶持人才的目标，详细调查河南省紧缺型人才、创新型人才的分布情况，做到精准引进；二是加快行业创新紧缺型人才的建设步伐，大力引进紧缺型人才和创新型人才，特别是海外高层次人次；三是要大力引进河南省重点产业和新兴产业急需、紧缺的人才。

四、努力做好引才育才留才用才工作

对河南省来说，引才与育才同等重要。首先，要不断创新人才开发机制、使用机制、评价机制、关爱机制及激励机制，不断优化人才引进的相关政策，以实现人才效益和经济发展的双赢局面。其次，要拓宽人才识别的维度和广度。将"德才兼备"作为人才引进与培育的首要原则，完善人才识别机制，加强人才法制建设。再次，要坚持引育并举，按照"缺什么，补什么"的原则，在引进紧缺型人才、专业型人才的同时，注重有针对性地培育一批高层次项目的运作人才和管理人才。最后，要促使企业搭建发挥人才作用的平台，让人才有发展舞台。

五、持续加强人才政策实施效果评估

一分部署，九分落实。人才政策对于吸引人才至关重要，但如何将政策落实到位更为关键。在政策实施过程中，需要对政策效果进行评估，以便调整、改进，促进政策的落实。在实施政策时，必须考虑政策目标与执行手段之间、预期政策目标与实现政策绩效之间的差距，发现问题再提出改进措施。加大政策落地力度，强化对政策执行的问责，有助于提高行政管理部门的政策执行效率和执行能力，为政策持续改进和优化提供便利。

六、不断优化人才发展软环境、硬环境

从人才发展的软环境、硬环境着手，减轻人才后顾之忧。人才发展的硬环境，主要是待遇、住房、子女上学、事业平台等激励；人才发展的软环境，主要是人才氛围、人才政策、人才重视程度等。要持续在人才服务软环境、硬环境上下功夫。优化人才服务硬环境、创造人才"磁吸效应"，搭建合宜的事业平台，让人才在岗位上有归属感，在工作上有成就感，在事业上有荣誉感。要不留余力地为人才提供良好的居住生活环境，为人才提供优质的公共服务，让人才能来之，能安之。

第十一章　人才共享与河南省人力资源优化配置

　　当前，国内正在加紧构建新发展格局，在区域经济处于转型换挡、新旧动能转换的关键时期，各地都使出浑身解数，开启了大规模的"抢人大战"，让地方政府对人才的渴求表现得淋漓尽致。由于区域经济发展不平衡，人才资源分布不均和"孔雀东南飞"的现象将会持续存在，中西部等欠发达地区的人才短缺将是一种长期现象。如何通过人才管理创新解决当前发达地区的人才资源结构性矛盾和破解中西部等欠发达地区高层次人才不足的现实困境，是各级人才管理部门不得不考虑的现实问题。

　　近年来，随着移动互联网等新兴技术的广泛使用和智能终端设备的普及，以共享出行、共享住宿等为代表的共享经济应运而生，并保持着年均40%以上的增长速度。共享经济作为一种新的经济形态不断地渗透到人们生活中衣食住行等诸多领域，深刻地改变着人们的工作模式和消费方式。然而，当前共享经济的主要存在形式还是以物质资源共享为主，例如，主要聚焦在对滴滴打车、共享单车、共享住宿等物质资本共享的研究，对无形资产，尤其是人力资本等共享的研究相对较少，如人才共享。事实上，作为共享的对象不仅可以是物质资本，也可以是人的知识和经验，即人才资源。人才资源背后实质上体现的是人所拥有的知识和技能，对知识和技能的共享在理论上早有探索，具有一定的可行性；从现实政策来看，国家的积极鼓励也让人才共享具有较强的可行性。

　　从理论上来讲，人才共享本质上是人才资源拥有的知识和经验的共享。人才资源通过共享平台进行使用权的有偿让渡，克服了人才资源的时间、空间局限性，使人才资源在更大范围上和更高效率上实现优化配置，在一定程度上缓解了区域人才分布不均和欠发达地区高层次人才资源短缺的现实难题。特别是随着互联网等新兴技术的快速发展和普及，个人对工作方式、用人单位对用工形式的观念都在发生改变，自由职业者越来越受到大家的认可和接受，这也让人才共享成为一种可能。

从政策上来看，国家鼓励专业技术人才兼职创新创业。2017 年 3 月，人力资源和社会保障部发布了《关于支持和鼓励事业单位专业技术人员创新创业的指导意见》，文件明确提出鼓励事业单位选派专业技术人员到企业挂职锻炼、参与项目合作、兼职创新，或在职创办企业、离岗创新创业。人才共享在一定程度上打破了人事管理制度和收入分配制度、人口户籍制度和财产产权制度的体制局限（郭庆松，2007）。从某种意义上来讲，人才共享也是对现行体制内的人事管理制度和收入分配制度进行大胆改革的一种有益尝试。

由于历史原因，长期以来，河南省高等教育相对落后，高科技产业发展相对缓慢，整体上对高层次人才的吸引力有待提升。然而，经济和社会发展的核心是人才资源，高端产业和科创产业的发展更是离不开高层次的创新创业人才。当前，河南省叠加中部崛起和黄河流域高质量发展的双重机遇，在理论上探索如何通过人才管理创新汇聚人才资源，加速构建新发展格局，对河南省具有较强的现实意义。

为此，本章以共享经济为背景，尝试对人才共享的相关问题进行阐述，具体内容包括分析了人才共享的理论基础、探讨了人才共享的作用机制、概括了人才共享的主体和模式、总结了人才共享的相关实践，指出了人才共享中存在的问题，并提出了政策建议，希望能为改善河南省高层次人才短缺的现状及为政府部门人才管理实践提供一定参考。

第一节　人才共享的理论基础

有文献首次提出了共享经济的概念（Felson and Spaeth，1978）。共享经济是指，个人或机构将拥有的闲置资源的使用权有偿让渡给他人，由此创造价值实现共赢的商业模式，其创造价值的基本逻辑是让渡者通过分享闲置资源获取回报，资源利用方以较低的成本获得了闲置资源的使用权而满足了自己的特定需求。共享经济分享的对象，可以是物质资源（如汽车、住宿），也可以是非物质资源（如知识、技能），其存在的前提是分享方有闲置资源，典型特征是只让渡资源的使用权而非所有权，关键在于实现供需双方的有效匹配。

人才共享是指，在人才主体主观同意的前提下，人才主体同时从事多个职位、异地办公，甚至是不按正常时间上班的人才实体的流动，从而实现人才资源的合理利用，为社会发展做出应有贡献。"不求所在，但求所有"体现了人才共享的基本精神；"户口不迁，编制不转，智力流动，来去自由"，则是人才共享的基本规则（赵建慧，2013；夏琛桂，2008）；普惠性、共赢性、开放性、协同性是人才共享的主要特点。从总体上来看，人才共享在共享经济背景下具有明显优势，它打破了人才使用的时空限制，有效地拓宽了选才和用才的视野和渠道，让人才资源跨时空使用成为可能，大大地提高了人才资源的使用效率，实现了"人尽其才、人尽其用"的目标（全永波，2011）。综合分析，人才共享理论主要有五个，人力资本理论、人才发展战略理论、区域经济一体化理论、人才柔性流动理论、资源冗余理论。

一、人力资本理论

1906 年，费雪（Fisher）在其《资本的性质与收入》（*The nature of capital and income*）一书中首次提出了人力资本的概念，并将其纳入经济学的分析框架。1960 年，被称为"人力资本之父"的舒尔茨（Schultz）在美国经济学年会上系统阐述了人力资本的形成方式和形成途径以及教育投资对经济的影响，从此，人力资本理论成为经济学的一个独立分支。人力资本理论的核心思想是，人力资源是第一资源，其对经济发展的推动作用大于物质资本；人力资本的核心是提高人口质量，而教育是提高人力资本质量的主要手段（Schultz，1961）。

人力资本理论是人才共享的基础理论，为人才共享机制的实现提供了理论支撑。人力资本是人身上的各种生产知识、劳动技能与管理技能以及健康素质的存量总和，实质上是对生产者进行普通教育、职业培训等支出及其在接受教育时的机会成本等的总和。人力资本本质上是人才所用的知识和技能等非物质资源，一方面，与物质资源不同，这些资源的分享并不会导致资源的损耗或消失，反而可能会增加其效用；另一方面，人才资源的潜能具有不可探测性，其大小除了受人才本身素质的影响之外，还与外界的合理开发存在密切关系。例如，加大教育、保健等投资，可以有效地提高人力资本。

二、人才发展战略理论

人才发展战略是指，一个国家和地区为实现经济和社会的可持续发展目标，对作为重要战略资源的人才在一定时期内培养、吸引、使用、发掘等工作做出的全局性、长远的规划。它是一个动态调整的过程，其制定过程分为对人才的战略分析、战略选择、战略实施、战略评价和调整四个步骤。

人才发展战略理论对人才共享的实践具有重要的指导作用。从理论上来讲，一个国家和地区要想全面、准确地计算和比较人才资源的效能和潜力，需要对区域内的人才数量、人才质量和人才结构做出准确判断。因为人才作用的发挥不仅与人才数量和人才质量有关，也与宏观人才结构是否合理有关（赵建慧，2013）。恰当的人才发展战略选择，有利于地区构建统一的人才市场和人才标准，为各地区招聘信息互通和人才使用评价提供了指导准则，有利于实现人才的自由流动和人才共享。

三、区域经济一体化理论

区域经济一体化主要是指，为了获得更大利益，地缘相邻的国家和地区自发组织起来，形成新的共同体，使区域资源和区域基础设施建设等形成一体化，从而推动区域经济发展。区域经济一体化的关键在于人才，如何实现人才在区域内的合理流动和共享共用，对区域经济的发展至关重要。人才共享机制可以将人才的作用发挥到最大，使人才各尽其能，依托区域经济的发展情况更好地发挥自身的能量，为区域经济的发展注入新的动力。

四、人才柔性流动理论

人才柔性流动理论是指，人才摆脱传统的国籍、户籍、档案、身份等人事制度的瓶颈制约，从刚性流动到柔性流动，在与其原单位的隶属关系不变的基础上实现人才的集聚与扩散，发挥人才的最优经济效应。该理论摆脱了以往在人才使用中过于关注人事制度的外在形式，让人事管理转移到以智力服务为核心，重点关注人才，人才拥有的知识、技能、创新成果以及人才与其他生产要素的有效结合等，在外在形式上可以遵循"不求所有，但求所用"的流动原则，真正实现人才的无障碍性流动（赵建慧，2013）。人才作为资源要素的一部分，要想让其充分发挥作用，实行人才共享是以让人才在区域内自由流动，有利于降低人才资源在使用、引进过程中的交易费用，减少人才管理各个环节的风险，大幅提高人才使用效率，真正实现双赢的目标。

五、资源冗余理论

冗余资源（slack resouce）是超出实际需要而在组织内部并被个人或小团体控制的资源，是一种过量的、能随意使用的资源。从冗余资源的具体形态上来讲，人力资源冗余是其中一个非常重要的分类，是指由企业控制的，与企业存在直接雇佣关系的组织个体已发挥的知识、技能和能力与其能够发挥的知识、技能和能力之间的差额（方润生、陆振华、王长林等，2009）。从这个意义上来讲，由于人与生俱来的惰性和经济理性，绝大多数组织都存在人力资源冗余，实现人才共享有利于减少人力资源冗余，既可以减轻组织的资源浪费，又可以增加人才本身的收入，有利于充分发挥人才的潜能。

第二节　人才共享机制

人才共享机制是指，在人才共享运行过程中，构成人才共享的基本要素之间的互相影响和相互依赖的关系（张莉娜等，2020）。人才共享机制主要有信息共享机制、人才自由流动机制、区域人才合作培养机制、区域人才共享激励机制四类。

一、信息共享机制

信息共享机制是指，实现区域内与人才培养、吸引、使用、发掘相关信息的共享与利用机制，主要包括人才信息共享机制、政策信息共享机制、社保信息共享机制和信用信息共享机制。人才信息共享机制是指，构建综合性、智能化的区域人才信息资源共享库，实现区域内高层次人才信息的互通发布和实时查询（孙步忠等，2017）。政策信息共享机制，让区域内的人才政策信息共享，克服地方政府之间的信息不对称。社保信息共享机制，目前，社保信息共享已不存在大的障碍，各地基本建立了统一的社保信息共享平台，下一步需要努力解决各地区的社保人员待遇不公的问题。信用信息共享机制的建立，有利于降低人才管理风险，提高人才使用效率。

二、人才自由流动机制

人才自由流动机制是指，借助于制订一套保障人才自由流动的法律法规体系并建立一个统一人才市场平台来实现人才在区域内的双向自由流动（卢敏等，2012）。由于人才资源既可以自由流出，也可以自由流入，这就有效地缓解了人才供需之间的矛盾。人才自由流动机制包括灵活的用工制度、用人单位主体地位、统一开放的人才市场体系。灵活的用人制度是指，要打破户籍、地域、身份、学历、人事关系等制约，为人才合理流动和高效配置提供通道和制度保障。用人单位主体地位是指，用人单位（如国有企业、高校、科研院所等企事业单位和社会组织）在岗位设置、人才招聘和人才使用等环节拥有自主权。统一、开放的人才市场体系，主要包括建立全国性的人才共享网络（如高端人才数据库和高端人才需求库），通过价格发现机制实现人才与用人主体精确匹配、有效对接。

三、人才合作培养机制

人才合作培养是指，以区域内的急需人才、紧缺人才为核心，通过依托区域重要科技创新平台和重大科研项目吸引人才汇聚和人才培养（赵建慧，2013）。人才培养也是构建人才共享机制的重要内容，要防止出现对人才只讲使用、不讲培育的情况。区域内的人才培养要以地方产业需求为导向，统筹产业发展战略与人才培养规划，让区域内政府、高校和用人单位形成合力，重点培养培育关键行业、重要领域和战略性新兴产业人才。推动人才工作一体化发展，统筹考虑人才培养、使用和考评情况，建立区域人才、项目、政策协同机制，深入推进人才政策改革，共同开发区域内人力资源。

四、人才共享激励机制

人才共享激励机制是指，通过特定方法与管理体系，让人才资源和用人主体积极参与人才共享实践并最大化其效果的过程。深入推进人才共享实践，需要建立一套行之有效的人才共享激励机制。一是用人主体要发挥主体作用，积极向标杆企业学习，通过市场化的方式设置岗位、开展人才评价、制定薪酬待遇，在与人才直接对接过程中激发双方的活力（秦寒，2017）；二是用人单位要建立人才引进的服务外包机制，让猎头公司帮助用人单位在市场上精准、高效地寻找人才，提高人才引进工作效率；三是用人单位要建立经济补偿机制，对人才资源所属单位进行合理的经济补偿，有利于激励高层次人才和所在单位积极参与人才共享。

第三节　人才共享主体

《国家中长期人才发展规划纲要（2010～2020年）》中明确指出了人才的三个特征，拥有一定的知识和技能，能进行创造性活动，为物质文明、政治文明、精神文明建设做出积极贡献的人。而人才共享的主体大致可分为四类，专业技术人员（教师、医生、研究人员等）、管理人员、自由职业者以及其他人员（在校大学生、公司职员等）。

一、专业技术人员

一个单位的发展，需要专业技术人员。例如，教师、医生、研究人员等，无论是入职前的考核还是入职后的培训，都会提高人才的专业化技能。一些发达地区的用人单位，如学校、医院甚至是科研院所，还没有很好地利用这些人才，导致人才资源的浪费。然而，一些经济不发达的地区或者名气不大的学校和医院却急需专业技术人员。通过人才共享，专业技术人员在完成本职工作的同时，可以在本单位外的地方发挥其专业技能，有利于人才资源的最大利用。

二、自由职业者

随着移动互联网、云计算等技术的发展和进步，经济发展已由工业化时代步入了数字经济时代，经济的核心由资本变成了人才，以人才为主体的智力资本在经济社会中发挥着越来越重要的作用。高科技与互联网带来的是个体作业能力变得越来越强大，很多工作是依赖个人的技能和知识，这使个人可以成为独立的服务提供商。当个人即可完成一个工作项目时，人们的就业观念发生了转变，他们不愿为老板打工，更愿意自己决定生活与工作的平衡点。因此，当今社会出现了越来越多的自由职业者，为人才共享提供了可能，因为高层次人才拥有了更多选择权，他们可以同时服务于多家用人单位而获取更多经济效益。对用人单位而言，也在一定程度上减轻了人力资源成本，因为以完成任务或众包为核心的人力资源管理模式可以大大减少雇用固定人员的总量。

三、高级管理人员

管理既是科学也是艺术，越是高层次的管理人员，在管理中越需要发挥艺术的作用。可以说，一个企业发展的好坏和管理人员的能力、远见和格局有非常大的关系。然而，目前高水平的管理人员无论在发达地区，还是欠发达地区都是一种稀缺资源，而后者则体现得更为明显。在互联网背景下，通过人才共享，管理人员可以在不同单位任职，既能缓解高层管理人才短缺的现状，又能促使企业管理效率提高，是一件双赢的事情。但需要注意的是，这种兼职行为应该禁止在具有竞争关系的企业间发生，否则，很容易引起争端。

四、其他人员

人才共享的主体，还可以是闲暇时间比较多的在校大学生、一般公司职员等其他人员。通过人才共享机制，一方面，在校大学生可以积累一些实际工作经验，锻炼、提高实践能力；另一方面，也能赚取一定报酬，缓解经济压力并改善生活状况。一般的公司职员在工作之余可以兼职以补贴家用，共享经济平台为人才共享创造了便利。另外一些群体，如退休人员，他们也可以参与人才共享实践，利用丰富的经验和较高的专业技能帮助企业和社会组织解决现实难题，从而实现自身价值。

第四节　人才共享模式

人才共享主要有五种模式，分别是项目式人才共享、租赁式人才共享、外包式人才共享、兼职式人才共享和候鸟式人才共享。

一、项目式人才共享

项目式人才共享是指，基于技术攻关或产品研发等需要，临时由不同单位的科研人才和管理人才组建的项目研发团队，在团队内部实行利益共享和风险共担的运行机制（赵建慧，2013）。项目式人才共享充分发挥了高层次人才的效能，加上形势灵活、利益风险机制合理，有效地打通了产学研之间合作不畅的难题（李艳玲，2008），因而受到了企业、高校和政府部门等的广泛认可和接受。目前，项目式人才共享的主要方式，包括产学研产品与技术合作、技术合作攻关、高信息技术咨询与服务、管理咨询服务等。近年来，项目式人才共享颇为流行，如企业设立的院士工作站、博士后工作站大多属于这种人才共享形式。

二、租赁式人才共享

人才租赁是指，用人单位通过人才租赁机构选聘所需的某种专门人才，并通过这些机构为所聘人才发放薪酬以及办理社会保险、档案管理等人事代理业务的一种用人方式。一般来说，经济越发达的地区，人才租赁业务需求量越大。例如，目前的长三角、珠三角、京津冀等地区人才租赁业务较发达，与之相对应的上海市、北京市、广州市、深圳市等地从事人才租赁的中介机构也相应较多。从行业来看，受季节因素影响较大的行业对相应的技术人员需求较大，如东北的秋收、中原地区的夏粮收割季节，对收割机司机的需求量极大；或是受项目特点等因素影响比较大的行业，如软件开发、礼品行业等，这些行业的租赁人才相对都较多。从工种来看，企业租赁人才的工作性质大多是辅助类工作或执行类工作，比如，行政助理人员、接待、司仪等。

三、外包式人才共享

外包式人才共享是指，用人单位将一些单次性、非核心的管理职能或技术项目剥离出来，外包给专业的服务提供商，由服务提供商根据合同安排人员完成的经济活动。中国幅员辽阔，东中西部由于区位优势的不同导致区域经济发展水平差异较大，由此导致了人才优势和用工成本的差异，这正好为区域人才外包式共享创造了良好的条件。目前，沿海地区的产业积极向中西部地区转移，将一些劳动密集型产业或者非核心业务放在中西部，这就是一种典型的"体力外包"的人才共享。还有一些处于一线城市的互联网技术（IT）企业积极在中西部建立研发中心，或财务管理中心、售后管理中心、人力资源管理中心，这属于"脑力外包"的人才共享模式，这种外包式人才共享的比重正在逐年增加。

四、兼职式人才共享

兼职式人才共享是指，不改变人才主体的个人身份和单位隶属关系，利用业余时间为其他单位提供职务活动的行为。人才开展兼职的前提，是不能侵犯单位知识产权、不能泄露单位商业秘密、不能损害单位和社会公众的经济利益，更不能违背法律和社会公序良俗。兼职式人才共享，最先起源于长三角地区、珠三角地区等的乡镇民营企业对管理人才和技术人才的渴求，由于人事管理体制的原因，一些处于体制内的管理技术人员不愿意辞职到民营企业工作，就产生了兼职式人才共享。管理部门对兼职式人才共享经历了限制、默许和鼓励三个发展阶段，目前，已被国家和社会广泛认可和接受，如国家专门出台政策支持专业技术人员兼职创新创业等，与之相配套的还出现了专门的兼职信息平台（如猪八戒网等）。兼职人员既有体制内的专业技术人员（如高校教师、科研院所科研人员、医生），也有企事业单位的高级专门技术人才和管理人才。

五、候鸟式人才共享

候鸟式人才是人才通过季节性的休养、生活、旅游等方式展开的跨界流动，这些人才具有一定专业知识或专门技能，在不改变其原有人事、档案、户籍、社保等关系的前提下，通过多种方式自愿为流入地经济社会发展服务的区域外人才（海南省，2017）。相比其他人才共享形式，候鸟式的高级人才使用灵活，具有"不迁户口、不转关系、跨国界或地区、来去自由"的典型特征，其人才在共享形式上具有明显的时空特色，空间上的跨区域性和时间上的"季节性"（李艳玲，2008）。针对"候鸟式"海外人才，各地方政府不妨采取"常回家看看"的"候鸟"政策，多打感情牌、温情牌，并积极构建事业发展平台，吸引这些专家、学者、企业家回国为家乡建设贡献聪明才智（夏琛桂，2008）。加快候鸟式海外人才的双向流动，不仅有利于流入地的经济发展和文化交流，也有利于将国内人才引入国际大循环中，便于加快人才国际化进程。

第五节　区域人才共享的探索实践

人才工作与区域经济社会发展紧密相连，各地对人才的培养、使用、引进等政策的实践探索无不围绕本区域的经济社会发展进行。人才共享随着经济的发展而逐步推进，长三角、珠三角、环渤海、京津冀等地区区位优势明显、经济活跃发达，其人才共享的实践活动也较为丰富。总的来说，人才共享实践的发展，经历了一个组织从松散到有序、模式从单一到多样化的过程。第一阶段是以民间自发推动为主的萌芽时期，人才共享多表现为单一而松散的组织形式；第二阶段是以企业联合推动为主的过渡时期，人才共享呈现多样化的态势；第三阶段是以政府引导、市场推动为主的快速发展期，人才共享呈现多样性、有序性的特征。

一、长三角地区

长三角地区是中国经济最活跃的区域之一，其经济发展在国家区域经济发展战略中具有重要地位。为推动一体化，国家和地方先后出台了《长三角城市群发展规划》、G60科创走廊等，这些都为区域内的人才共享创造了条件（盛慧娟，2020）。2003年，长三角地区各地政府共同倡导并发布了《长江三角洲区域人才开发一体化共同宣言》，标志着长三角地区人才开发一体化进入实质性启动阶段。为推动区域人才一体化，长三角地区先后在人事管理人才管理方面推出了一系列创新举措：建立联席会议制度，定期发布区域内人才资源状况的信息资料；建设相互衔接的人事人才政策，积极开展人才合作项目，如公务员互派、专业技术职务认定、高级人才智力资源共享、统一的职业资格考试；积极推动人才资源管理信息共享，在人才招聘、信息咨询、人事代理、业务档案、人才援助、智力输出、创业项目上互通共享信息等。这些人才共享举措对促进区域人才协调发展具有十分重要的借鉴作用。2018 年，上海市与苏、浙、皖三省形成了长三角合作与发展人力资源与社会保障的专题组，通过推进人才互认共享、社会保障互联互通等，共同促进长三角地区人力资源的有效流动和优化配置，提升公共服务便利化水平。

长三角地区在探索人才共享的过程中注重打造完善的信息共享机制，致力于通过人才共享的互联互通，促进其区域人才共享的发展；在共享主体上，主要是专业技术人员和管理人员；在共享模式上，偏向于采用项目式人才共享和候鸟式人才共享。

二、珠三角地区

珠三角地区是中国经济发展和人才流动最为活跃的地区之一。自 20 世纪 90 年代以来，珠三角地区内的经济合作和产业协同日益加强，推动了人才领域的交流和合作。2005 年 1 月，珠三角城市群签订了《珠三角城市群人才资源开发一体化合作协议》，倡导建立珠三角人才资源开发一体化联席会议制度，创建人才信息共享机制和信息联合发布机制，构建统一的人才测评体系以及定期召开人才工作理论与实践研讨会等，希望借此实现区域内人才的流动和共享。随后几年，珠三角城市群在人才政策一体化、破除人才流动壁垒、人才成果共享互惠化等方面取得积极进展，取得了较好的人才区域集聚裂变效应。

珠三角地区在探索人才共享过程中，注重建立信息共享机制和区域人才合作培养机制；在共享主体上，不仅注重专业技术人员和管理人员的共享，也非常注重高校毕业生等主体的共享；在共享模式上，偏向于采用项目式人才共享和租赁式人才共享。

三、京津冀地区

环渤海地区是继长三角地区、珠三角地区后的中国"经济第三增长极",也是人才聚集效应较为显著的区域。京津冀地区是环渤海地区内最大的城市集聚区和经济发展核心带,具有良好的产业基础、高科技水平和技术后备力量。

2003年,山东省开始在青岛市、烟台市、威海市三个沿海城市率先推行人才开发一体化;2005年,京津冀三省市签署《京津冀人才开发一体化合作协议书》。2007年,晋冀鲁三省13市在河北省邯郸市签署了区域人才开发一体化合作协议。2010年,《首都中长期人才发展规划纲要(2010~2020年)》提出,将在京津冀地区推行互认的高层次人才户籍自由流动制度,高层次人才的子女入学和社保享受当地市民同等待遇。2017年,京津冀三地人才工作领导小组联合发布了《京津冀人才一体化发展规划(2017~2030年)》,成为国内首个跨区域和服务国家重大战略的人才发展专项规划(庞丽,2017)。随后,京津冀地区人才一体化发展部际协调小组召开多次会议部署人才一体化工作,极大地推进了京津冀地区人才一体化进程。

以京津冀地区为核心的环渤海地区在人才共享的实践探索过程中,通过搭建人才交流平台完善人才自由流动的机制模式。在共享机制上,较注重建立和完善信息共享平台;在共享主体上,以专业技术人员、经营管理人员、事业单位人员和高校毕业生等为主体;在共享模式上,偏向于采用项目式人才共享、外包式人才共享、租赁式人才共享等人才柔性流动方式。

四、中原城市群

中原城市群以河南省为主体,以郑州市为中心,涉及山东省、河北省、安徽省、山西省五省30座地级市,是中国经济发展的新增长极,是与长江中游城市群南北呼应、共同带动中部地区崛起的核心增长区域和支撑全国经济发展的新空间。2019年1月,位于郑州市龙子湖大学城的华北水利水电大学、河南农业大学、河南理工大学、河南财经政法大学、郑州航空工业管理学院五所高校共同签署了课程互选与学分互认合作框架协议,此后,五所高校将在教育教学资源共享机制、人才培养新模式、新型教学管理制度等多方面展开探索和合作,逐步实行课程互选、学分互认、教师互聘等教育教学资源共享的新型教学管理制度。2020 年 7 月，河南省发布了《郑洛新国家自主创新示范区条例》（2020 年 9 月 1 日起施行）。其中明确指出，要健全自主创新示范区创新人才双向流动机制。国有企事业单位、高等院校和科研机构的专业技术人员，可以按照规定离岗在示范区内创业。2020 年 9 月，河南省中原都市圈建设工作领导小组办公室印发了《2020 年郑州都市圈一体化发展工作要点》指出，支持郑州大学、河南大学、河南理工大学等高等院校开展课程互选、学分互认、教师互聘工作，积极推进都市圈内高校图书借阅、科学仪器协作共用等方面的资源共享。

中原城市群在探索人才共享的过程中加强高校之间的合作，共同探讨新型人才培养、使用与考核的模式和机制；在共享主体上，主要是科技人员、高校教师和学生；在共享模式上，偏向于采用项目式人才共享和兼职式人才共享。该区域内的人才共享探索合作区域范围过小，还未能实现省际联动；河南省层面出台的人才共享措施也较为零散，还未能从省级层面进行系统规划。从整体上来看，中原城市群人才共享实践顶层设计不足，发展较迟缓。

第六节　人才共享存在的问题

在共享经济背景下，尽管理论界和实践领域对人才共享进行了积极探索，人才共享也取得了一定进步，但仍然存在不少问题，包括人才共享主体上市场缺位、人才共享信息滞后，在人才共享方式方面形式胜于实效。究其原因是，地方政府对于人才共享工作大包大揽，企业、市场的作用未能有效发挥，导致人才共享的市场机制未能完全建立；人才共享交流平台的搭建，存在信息分享滞后、信息覆盖范围较小、时效性弱和透明度不高等诸多问题；在人才管理体制机制改革中，顶层设计不足、配套文件不全、责任划分不清等问题，也都阻碍了人才理念和治理体系的更新和升级。

一、人才共享的市场机制没有完全建立

在人才共享中，市场应该在人力资源配置中起决定性作用。一切以市场需

求为导向，尽力满足用人主体单位的人才需求。然而，现实情况是不少地方政府在人才资源共享工作中，没有充分发挥市场机制的主体作用，未能制定有效的政策充分调动人才主体和用人单位的积极性。地方政府的大包大揽严重挫伤了企业的积极性，形成了"中间（地方政府）热两头（企业与人才）冷"的现象，在一定程度上阻碍了人才共享工作的开展。

二、人才共享的信息较为滞后

目前，与其他共享经济形式相比，国内人才共享发展相对迟缓，缺乏统一的信息交流平台、信息更新不及时导致时效性不强，人才信息覆盖范围较小且透明度不高，导致供需双方之间难以高效地形成匹配关系。

三、人才共享方式形式重于内容

一些地方在开展人才资源共享时，往往重形式、轻内容。只注重相互参观与学习的形式与次数，不注重参观学习的内容与质量；只注重开会与交流的规模，不重视开会与交流的效果；只注重签订合作协议的数量，不重视合作协议的可行性与履行效果；只注重签订协议时媒体的宣传与赞扬，不注重对合作过程中存在的困难进行沟通与协调。

四、人才理念和治理体系有待升级

人才管理涉及多个部门，在实践中各地、各部门出台的人才发展改革举措量多面广。一方面，在实际操作中出现了一些部门间协调配合不足，配套落实不到位的治理问题，其中，政策实施细则及其配套文件出台滞后情况较多，有的部门步子较慢，甚至推诿扯皮；另一方面，也存在一些部门条块分割、协调不足甚至"政策自相矛盾"的问题。一些部门和用人单位对文件精神理解不透彻，导致政策实施成效大打折扣。例如，科技人才离岗创业、科技成果转化收益分配、技术入股、股权激励等实施成效还有所不足。有基层反映，当前人才政策计划设计多，核查评估少；正向激励多，负向约束少；引进关注多，培养考虑少等问题都值得关注。

第七节　提升人才共享的政策建议

人才共享是一个充满挑战但又极具研究价值的课题，在具体实践中如何破除人才共享"暗礁"，加快推进人才共享，是我们共同面临的一项战略性任务和亟待解决的课题。

一、健全人才共享的管理体制

在人才共享中，既不能靠政府包办，也不能放任市场发展。一是充分利用市场无形的手，发挥市场机制在人才资源配置中的决定性作用；二是灵活引导政府有形的手加强政府的宏观调控作用，共同促进人力资源合理流动。因此，要明确政府在深化人才共享机制中的职能目标任务，健全政府职能与管理体制，完善政府与市场在人才共享中的功能和定位。

二、完善人才共享信息交流平台

人才共享平台是实现人才共享的基础和关键。一是要构建人才信息平台。健全各类人才数据库，加快人才信息网建设，形成人才动态信息、管理服务于一体的信息交换模式；建立健全人才信息交换机制和发布机制，实现人才信息的互联互通，形成覆盖面广、时效性强的人才共享平台。二是要培育人才中介服务机构。重点培育一些影响大、辐射面广、集聚力强、运行效果好的中介组织，积极开展与人才共享有关的辅助业务（如人才诊断、人才援助、人才租赁、人才信用担保等业务），提高人才服务的社会化水平和专业化水平。

三、加强区域间人才政策衔接协调

做好区域间的人才制度衔接是人才共享顺利实施的制度保障，最重要的是：一要做好区域人才发展政策的顶层设计，加强对区域间户籍管理、人才培养、人才评价、资格互认、劳动报酬、公共服务（如发展环境、子女就学、配偶工作、收入落差、高房价）等方面的政策协调和制度衔接（马凌，2005），打通区域内人才流动、使用、发挥作用中的体制机制障碍，在政策落实上实现无缝衔接，保障人才跨区域合理流动，为人才发展创造良好的发展环境。二是要建立统一的人才安全保障制度，充分发挥人才市场的监管作用，共同营造公平竞争的人才法制环境和人才生态环境。

四、构建多主体协同参与的人才治理体系

在人才治理体系中，党的领导是根本，政府机构、行业部门、产业企业、科技协会等相关主体应充分发挥专长优势。党管人才的目的，是更好地统筹"人才"这个战略资源为经济社会发展服务，更好地为人才成长和发挥作用提供支持和服务。构建人才治理体系就是要坚持党管人才的基本原则，发挥党在人才发展中的核心治理主体作用，强化推动人才发展的战略协同能力和议程协同能力，形成多元参与、有序分工、优势互补、协同高效的新型治理结构。

第八节 小 结

人才是一个国家和地区经济社会发展的第一资源。然而，受经济发展水平、区域位置和历史等原因的影响，人才分布不平衡导致欠发达地区人才短缺成为一种常态。在共享经济背景下，探索人才共享模式和人才共享机制，既是区域经济发展的内在需求，也是区域打破人才管理束缚，从更广视角和更大范围实现人才资源的优化配置，提高人才资源利用效率，缓解人才短缺的有效手段。实现人才共享，既需要人才管理部门具有超前意识，敢于大胆探索，也需要人才不断提高业务技能，以专业能力和业务水平支撑自身成为共享主体，实现用人单位和个人双赢。

第十二章　河南省人力资源开发存在的主要问题及对策

本书先对河南省人力资源基本情况和人力资源工作进行了统计性描述分析；在此基础上，从以上两个方面对中部六省、河南省六地市的基本情况进行分析对比，并从区域人才竞争力（河南省部分地市、中部六省及其省会城市）、人才需求预测以及人力资本对经济增长的影响等多个方面，定量分析了河南省人力资源开发工作及其对河南省经济增长的影响。基于第一章到第九章研究的内容，本章重点分析了河南省人力资源及其工作存在的问题，并对此提出相应的对策措施。

第一节　人口方面的问题和对策

一、人口方面存在的主要问题

总体来看，河南省人口方面存在的突出问题，主要表现在以下三个方面。

（一）人口自然增长率下降，人口总量增速放缓

2016 年，开始实施"全面二孩"政策，当年河南省人口自然增长率达到近 14 年来最高，为 6.15‰。然而，2018 年，河南省人口自然增长率跌到 4.92‰，比 2016 年降低了 1.23‰，二孩政策实施的影响进一步减弱。尽管河南省人口自然增长率高于国家平均水平，但考虑到中国人口总量增速整体进入下降通道，加上育儿、住房、医疗、教育成本居高不下，未来中国人口自然增

长率可能会进一步下降。按当前育龄妇女数量、结构和生育水平测算，可以预计今后一段时期河南省每年的出生人口数量会继续减少。人口增速放缓给河南省经济社会发展带来的影响需要综合分析，提前采取相应措施，减少其带来的不利影响。

（二）性别比例逐年缩小，在年轻一代有扩大趋势

2000～2018 年，河南省男性女性人口数量之间大致相差 300 万人，性别比总体上呈现缓慢下降的趋势，但个别年份较高，如 2010 年、2014 年均达到了 107.5。尽管近年来河南省男女性别比维持在 107 上下，但总体水平仍高于全国平均水平，也接近人口性别比合理区间（104、107）的上限。一个需要引起重视的现象是，从年轻人口性别比分析来看，0～14 岁性别比为 120.6；15～19 岁的性别比高达 130.1；20～24 岁的性别比也达到 110.2，这说明年轻一代性别比问题十分严重。

（三）老年人口加速增长，人口老龄化问题严重

2005～2018 年，河南省老年人口呈现加速增长的趋势，增长速度相对缓慢，老少比例也呈现加速的趋势，且一直高于全国平均水平。

根据国际标准，少儿人口系数小于等于 30.0%，老年人口系数大于等于 7.0%，老少比大于等于 30.0%，即可认为该地区已进入老龄化阶段。2018 年末，河南省少儿人口系数为 21.5%，老年人口系数达到 10.6%，老少比达 49.5%。由此可以看出，河南省老龄化现象相对来说比较严重，有效劳动力存在供给不足。

二、人口方面的相关措施

（一）全面鼓励生育二孩，积极完善生育配套措施

低生育率给社会经济发展带来了一系列问题，尽管国家全面放开二孩政策，但有调查显示，80% 的夫妇有生育意向，但真正敢生的夫妇仅占 30%。为此，在全面鼓励家庭生育二孩的同时，要积极完善配套政策。一是提高女性社会地位，充分保障其就业等基本权益，提高女性生育意愿；

二是发放新生儿津贴、妇女生育津贴，减轻二孩家庭生育负担；三是完善婴幼儿照料服务体系，为育儿提供托养、教育、基础设施等便利，降低育儿成本。

（二）加强生育文明建设，逐步完善社会保障体系

河南省人口性别比总体上处于安全区域上限附近，但年轻一代性别比失衡现象异常严峻，将会对河南省社会经济发展带来广泛而深刻的影响。一是要加大宣传男女平等的思想以及性别失衡的危害，不断提高女性社会地位；二是要从法律上进行规范，严厉打击"非医学需要鉴定胎儿性别、非医学需要终止妊娠手术"的行为；三是加快完善全民尤其是农村社会保障体系，解除民众在如医疗、住房、教育、养老等方面的后顾之忧。

（三）重视老年人才资源开发，充分发挥老年人才作用

老年人是社会的宝贵资源，也是社会财富的创造者和社会发展进步的贡献者。一是要转变观念，将老年人当作人才资源进行开发和管理，从社会负担变成社会的宝贵资源；二是实施全民终身健康促进战略，完善老年人健康管理服务体系，推进老年卫生公共服务资源均等化，提高全民老年期健康水平；三是提升老年人社会参与度，使老年人"老有所为"，开发老年人力资源，将老年人力压力转化为老年人力资源优势，鼓励和支持老年人以正确的方式和合适的途径参与社会治理和社会生活，满足其自我实现的需要，最大限度地发挥老年人力资源效能。

第二节　就业方面的问题和对策

一、就业方面存在的主要问题

总体来看，河南省就业方面存在的主要问题，主要表现在以下三个方面。

（一）城乡就业人口分布不均，就业结构较为不合理

总体来说，河南省城镇就业人口稳中有升，乡村就业人口稳中有降，但幅度都相对较小，总体上，乡村就业人口大于城镇就业人口。2018 年，河南省乡村就业人口是 4675 万人，城镇就业人口是 2017 万人，乡村就业人口比城镇就业人口的 2 倍还多，城乡就业人口分布依旧不均衡。此外，2000～2018 年，河南省第一产业就业人数所占比例较大，第三产业就业人数仍然过少。尽管在此期间有所改善，但 2018 年第一产业就业人数所占比重仍比第三产业就业人数所占比重高 1.4%，这表明河南省城乡产业结构仍有待进一步优化。

（二）就业人员单位分布不均衡，福利待遇存在较大差距

从历年来的数据看，城镇单位就业人员分布不够均衡。2011 年以前，多数就业人员集中在国有单位，2011 年以后有所改变，其他单位的就业人员数超过国有企业就业人员数，但其他单位就业人员数仍然较少。另外，城镇各单位的福利待遇有着较大差距，城镇单位中的联营企业就业人员平均工资显著高于其他单位，而城镇集体单位的工资水平相对较低。

（三）经济增长速度开始放缓，大学生就业面临较大挑战

2015 年，河南省经济增长速度开始放缓，由此给就业带来较大挑战。自 2000 年以来，河南省城镇登记失业率一直稳定在约 3.0%，远远低于 7.0% 的国际失业率警戒线，说明河南省城镇失业率保持在一个相对安全的状态，但不可忽视的是大学生的就业问题。随着国家对教育的重视，大学进行了大批次的扩招，毕业生人数连年上升，加上河南省高等教育存在发展短板，整体上加剧了大学生就业压力。

二、就业方面的相关措施

（一）大力实施城镇化战略，提高城镇人员就业比重

河南省城镇化进程落后于国家平均水平，农村就业人口比重整体过高。为进一步加快农村人口转移，一是要加快城镇化进程，构建中心城市、大县城、

中心镇和幸福村庄"四位一体"的城镇体系；二是大力发展第三产业，发挥吸纳就业的"蓄水池"作用，第三产业具有点多面广、企业众多的特点，对劳动力的吸纳能力最强；三是要加强对农村劳动者转移就业技能培训，提高补贴力度，规范培训过程，真正提高农村转移人口的就业技能。

（二）完善最低工资增长机制，提高低收入人群收入水平

规模庞大的低收入群体，不利于中等收入群体的壮大和"橄榄形"分配格局的形成，对提高经济发展质量带来消极影响。这是因为低收入群体往往没有能力对自身及子女进行充分的人力资本投资。一是要科学评估最低工资水平，根据地域和行业确定最低工资标准，满足低收入群体的基本生活保障；二是要完善最低工资增长机制，充分考虑当地职工平均工资水平、五险一金、就业人口及家庭赡养成本等因素，定期动态调整工资水平，以满足居民的最低消费需求。

（三）创新大学生就业举措，实施积极就业政策

大学生就业压力更加严峻，针对大学生就业问题，应采取三项措施：一是政府及相关部门要建立和完善就业信息网络系统，加强信息资源共享，通过多渠道为毕业生指导就业服务；二是政府各相关部门应认真研究，多途径、多举措深入挖掘就业岗位，联合地方政府和企业，举办多种形式的网络招聘会，增加区域经济发展急需的岗位需求；三是通过宣传改变大学生就业观念，鼓励高校毕业生自主创业、灵活就业，政府和高校应该在资金、技术和管理等方面为大学生创业提供支持。

第三节　国民经济发展方面的问题和对策

一、经济发展方面存在的主要问题

（一）产业结构调整成效显著，但第三产业占比仍过低

自 2000 年以来，河南省产业结构调整取得了显著成效，第一产业产值和

第二产业产值对地区生产总值的拉动作用逐年下降,第三产业对地区生产总值的拉动作用不断上升,并于 2016 年反超第二产业成为对地区生产总值拉动最大的产业。然而,从产业结构来看,河南省第三产业占地区生产总值比重仍然过低。2018 年,全国第三产业占地区生产总值的比重为 52.2%,成为国民经济第一大产业;河南省第三产业仅占地区生产总值的比重为 45.2%,比第二产业比重低 0.7%。

(二)全员劳动生产率持续增长,但增速有待提高

全员劳动生产率是指,地区所有从业者在一定时期内创造的劳动成果与其相适应的劳动消耗量的比值,衡量劳动力要素的投入产出效率。自 2000 年以来,河南省三大产业的全要素生产率都在不断提高,但与全国平均水平对比,2018 年,全国的全员劳动生产率为 107327 元/人,而河南省只有 71411 元/人,显示出河南省全员劳动生产率增长的巨大空间。

(三)城乡居民可支配收入持续增长,但两者差距仍较大

收入是民生之源。收入有保障才有消费和支出,人民才能安居乐业。从 2000 年以来,河南省城镇居民、农村居民人均可支配收入都在逐年提高。但从绝对数上来看,两者之间的差距在不断拉大,基本维持在 2.4 倍左右。过大的城乡居民收入差距,严重阻碍了河南省城乡协调发展,缩小城乡居民可支配收入之间的差距是亟须解决的问题。

二、经济发展方面的相关措施

(一)大力调整产业结构,鼓励发展第三产业

研究表明,河南省物质资本投资、人力资本投资的边际效应递减。因此,应积极调整产业结构,鼓励发展第三产业。第三产业在国民经济中的地位日益重要,发达国家普遍超过 70%。河南省应抓住产业转型机遇,主动调整产业结构,加快传统产业转型升级;大力发展第三产业,加速实现服务业数字化转型,培养数字经济新动力,为实现经济高质量发展贡献力量。

（二）加大教育科技投入，提高全员劳动生产率

加大教育投资力度，重视对人才的培养。政府应把教育摆在社会发展的重要位置，注重城市教育投入的同时，协调好偏远乡村和贫困地区的教育投入；企业单位应加大对员工的培训力度，提高职员技能并促进员工知识更新，保持企业发展活力；个人和家庭也应重视教育投入，不断提升自身文化素质，从而提高全员劳动生产率。

（三）实施城乡居民收入倍增计划，逐渐缩小城乡居民收入水平差距

针对城乡低收入群体，采取分类指导，全面推进，不断提升全体人民的收入水平。一是提高城镇职工工资水平；二是加大惠农支持力度，增加农民的经营性收入和财产性收入；三是建立健全事业单位人员工资正常增长机制，稳步提高机关事业单位人员工资水平；四是增加转移性收入，保障低收入群体基本生活水平。

第四节　教育方面的问题和对策

一、教育方面存在的主要问题

近年来，河南省高等教育取得了不错的成绩。例如，郑州大学排名稳步上升，进入"双一流"建设高校；河南大学成为"双一流"学科建设高校；河南农业大学进入国家首批"2011 计划"建设高校。但总体来说，河南省高等教育还存在以下四方面有待解决的问题。

（一）教育结构不合理，高校综合实力不强

近年来，为满足高学历、高素质、高层次人才的培养需要，河南省加大了高等教育投资并扩大了高校招生规模，人口受教育程度和层次相对不断提高，但是教育结构不太合理。小学在校生人数所占比重较高，而普通高等院校在校

生人数所占比重过低。截至 2018 年底，河南省普通高等院校在校生人数总体为 1870 万人，共有 139 所高等院校，平均每万人可拥有的普通高等院校数量为 0.0743 所。同时期，北京市普通高等院校在校生人数为 194 万人，全市共有 92 所普通高校，平均每万人可拥有 0.47 所普通高校。上海市普通高等院校在校生人数为 191 万人，全市有 64 所普通高校，平均每万人拥有的普通高校数量为 0.34 所。湖北省普通高等院校达到 128 所，并且，"211" 高校和 "985" 高校较多，湖北省普通高等院校在校生人数所占比重与中部地区其他省份相比相对较高。总体来看，虽然河南省高等教育院校数量较多，但人才培养层次和办学质量有待进一步提升。

（二）办学经费十分紧张，部分高校债务过重

近年来，河南省教育投入经费逐年增加，但占地区生产总值的比重以及占财政支出的比重都不高。研究发现，自 20 世纪 90 年代以来，世界各国平均教育经费占 GDP 的比重为 5.20%，而发展中国家平均教育经费占 GDP 的比重为 3.90%。2018 年，河南省教育经费投入占地区生产总值的比重为 3.96%，高于发展中国家的平均水平，但低于世界各国平均水平，也低于我国 4.00% 的平均水平。河南省是人口大省，基础教育经费投入过大，导致高等教育经费投入严重不足。从总体上来看，无论是与北京市、上海市等发达地区相比，还是与中部其他五省做比较，河南省的教育投入水平都不占优势。尤其是在新一轮高校扩招和校区建设方面，部分高校背上了沉重的债务负担，导致办学经费十分紧张，严重影响了学校的后续发展。

（三）高层次领军人才较为稀缺，学科建设成效不够明显

一直以来，河南省的教育规模比较大，但是，与北京市、上海市以及中部其他五省相比，其教育质量并不高。原因在于，河南省人口基数大，在校生人数多，但是师资力量不强，尤其是高层次领军人才较为缺乏。当前，河南省的教育质量，还不能满足经济社会建设对高素质人才的需要。从教育质量指数来看，一方面，近年来，河南省普通高等院校每个教师所负担的学生数量虽然在减少，但是，降速不大。北京市的教育质量从全国来看是最好的，当然，每个普通高等院校教师所负担的学生数量也是最低的。随着 "二胎政策" 的实施，

未来河南省新生儿人数会增加，这意味着，普通高等院校在校生人数还会继续扩大，每个教师负担的学生数量会增加。另一方面，河南省高校学科建设成效不够显著，在全国第四轮学科评估中，河南省高校学科评估成绩表现不佳，仅取得一个 A⁻学科。

（四）高校行政主导过重，大学治理机制有待完善

河南省高校近年来抓住中原崛起的机遇，奋力发展，取得了积极成效，但也存在一些突出问题。例如，行政色彩过浓过重，尊重学术和尊重人才的氛围有待提升；部分高校追求大而全，传统办学特色、优势存在弱化现象；学校治理机制不够健全，尤其是高校治理，普遍存在行政主导过重，学术治理氛围有待提高，对高层次人才不够重视，人才引进和考核机制不够灵活，严重制约了高层次人才的引进、培育和使用。

二、教育方面的相关措施

（一）分层分类发展教育，外引内联提升高校整体实力

高等教育主要培养的是研究型、探索型的技术人才和管理人才，而职业教育主要培养的则是有高级技能的技能型人才。随着经济发展，用人单位对人才的需求是多层次的，坚持高等教育与职业教育并重，实现高等院校和职业院校分层分类发展。同时，也要建立服务地方经济发展需求的人才培养体系，加大高等院校专业设置与地方产业结合度、高等院校服务地方经济的意识，加强产学研合作发展，构建地方院校服务当地经济的运行机制。针对河南省高校整体实力不强的问题，需要从外面引进符合河南省产业特点的高水平研究机构，提升科研实力；同时，加强河南省内行业特色高校与国内对口名校之间的协作，实现资源共享，优势互补，共同发展。但是，河南省高校还是需要依靠自力更生，通过分层分类办学，强化主业，突出特色，在服务好地方经济中做大做强。

（二）创新经费筹措模式，加大高等教育投资

一是河南省应加大对教育经费的投入力度，在积极争取中央财政对教育拨

款以及支持的同时，不断提高财政性教育经费支出占地区生产总值的比重以及一般预算内教育经费支出占财政支出的比例；二是河南省政府要积极引资办学，制定鼓励各种社会力量办学的有效政策，教育主管部门应该扩宽引资办学门路，大力开发更多的社会办学资源，在非义务教育阶段，采用市场化运作机制，引资筹资，通过资本运作，形成多元化教育投资主体，不断做大做强教育；三是继续加强银校合作，鼓励贷款加快学校建设。在政府投入有限的情况下，鼓励学校适度向银行贷款。当然，在采取拨款和贷款相结合方式的基础上，银行对学校贷款可以适当给予优惠，政府也要适当加大贴息力度，以减轻学校负担；四是要创新经费筹措方式，以政策创新推动解决高校办学瓶颈。河南省高校在前期合并大潮中，受原有办学场地限制，纷纷大规模建设新校区，绝大多数高校呈现多区办学格局。一方面，高校因为新建校区背上了沉重的债务负担，严重影响了学校的人才引进和学科建设，制约了学校的后续发展；另一方面，由于多区办学，资源严重浪费，因此，老校区土地快速升值与高校债务急剧膨胀现象并存。建议通过旧校区土地置换等多种方式来化解高校债务，筹措发展资金。

（三）千方百计引进优秀人才，实施人才强校战略

加强高校人才队伍建设，千方百计引进优秀人才，为实现人才强校提供强有力的人才支撑和智力贡献。通过实施更加优惠的政策、更加灵活的方式，吸引高层次人才来河南省工作。一是构筑学科基地。加大投入，加强重点学科、重点实验室、工程技术中心、大学科技园和学位点建设，为高层次人才充分发挥作用创造良好的事业平台；二是建立绿色通道。对从海外归来的具有博士学位的高层次人才，实行一人一策、特事特办；对河南省高校所需要的全日制博士，不受编制限制，专业技术职务可直接聘任；对引进的高层次人才，在工资、住房、福利待遇以及配偶工作、子女入学等方面给予照顾，开辟来豫创业的绿色通道；三是鼓励柔性引进。坚持引人与引智并举，对高层次人才"不求所有""但求所用"，可以"关系不转、户口不迁、来去自由"，不苛求"人事档案"一步到位，变"刚性流动"为"柔性流动"；四是设立特聘教授岗位。在河南省高校省级以上重点学科、工程中心、重点实验室和优势明显的新兴学科中设置特聘教授岗位，吸引海内外中青年杰出人才，培养造就一批具有

国内、国际先进水平的学科带头人，提升河南省高校在全国乃至世界范围内的学术地位和竞争实力。

（四）完善考评机制，落实学术治校机制

完善人才考核评价办法，确立学术治校的治理原则。在追求卓越科研，加快推进高水平研究型大学建设的背景下，深化科研评价改革的核心任务，构建以质量为导向、鼓励多元化发展的学术评价体系。要以服务国家需求、引领学术发展的实质性贡献为标准，以产出具有重大学术价值和实际应用价值的标志性成果为根本任务，同时，积极探索分类评价体系，构建多元学术生态。大学是一个"学术共同体"，学术权力与行政权力的相互分离与相互配合，正是由于大学的学术本质和大学作为"学术共同体"的性质所决定的。但大学就其本质而言，是一个追求学术的机构，构建系统的学术治理体系，确保建立学术治校理念，有效保障学术权力发挥及其追求学术的本质。

第五节　科技方面的问题和对策

一、科技方面存在的主要问题

近年来，河南省以郑州市、洛阳市、新乡市国家自主创新示范区为抓手，不断推进科技管理体制和机制创新，取得了较为明显的成效。但总体来讲，河南省科技发展方面存在以下四个方面的问题。

（一）科技创新投入不足，R&D 经费支出水平较弱

从近年来河南省 R&D 经费支出情况来看，R&D 经费支出规模在不断提高，但 R&D 经费支出的增速波动却较大。与中部其他五省 R&D 经费支出相比，从绝对数来看，河南省总体上处于中上等水平，仅次于湖北省，但与湖北省的差距较大。与北京市、上海市以及深圳市这些发达地区相比，河南省的R&D 经费支出显示出很大差距。但从相对数来看，河南省研发支出投入强度

较低，大幅度低于安徽省水平，也低于国际平均水平。

（二）高层次科技人才数量不足，技术成交额较低

近年来，河南省科技活动人员数量以及 R&D 人员数量处于缓慢增长的状态且增幅越来越小，研发人员整体水平有待提高，显示出河南省科技创新能力亟待加强。在中部六省的技术交易额中，河南省技术交易额为 93.54 亿元，排名第四，位居第一的湖北省高达 661.75 亿元。技术交易额反映的是一个地区的科技创新能力。河南省是人口大省、农业大省，科技产出一直较弱，外加高等教育整体实力不强，经济增速放缓，民生支出增大，这些都整体影响了河南省科技投入强度和创新活动产出水平。

（三）科技创新活动产出水平偏低，发明专利数量较少

2018 年，全国共投入 R&D 经费 19677.9 亿元，R&D 经费投入强度为 2.19%（与国内生产总值之比），河南省投入 R&D 经费 671.5 亿元，投入强度为 1.40%，排名全国 17 位，在中部六省中仅高于山西省，河南省甚至低于东北的辽宁省（1.81%）和西部的陕西省（2.18%）。2018 年，全国发明专利申请量为 154.2 万件，共授权发明专利 43.2 万件，每万人口发明专利拥有量达到 11.5 件。从相对数量来看，2018 年全国每万人口发明专利拥有量最高的为北京市（112.2 件），中部六省只有安徽省进入前十强，河南省为 3.88 件，低于安徽省的 9.83 件。

（四）科研资助体系设置不够合理，资助经费过低且缺乏持续性

以省级项目为例，有河南省哲学社会科学项目；河南省重点研发与推广专用（科技攻关、软科学）项目；河南省自然科学基金项目。河南省教育厅项目，包括河南省高校人文社会科学研究一般项目、河南省高等学校重点科研项目以及河南省教育厅高校青年教师骨干项目，河南省高校科技创新团队和创新人才等种类繁多的项目。但这些项目的普遍特点是，周期短、经费少（人文学科 2 万~3 万元，理工学科 3 万~5 万元为主），甚至有不少属于指导性项目（无经费支持）。造成高校教师疲于申请项目，而不能把精力很好地放在项目研究上。

二、科技方面的相关措施

（一）加大科技投入，健全科研评价体系

国际经验表明，科技投入的强度直接影响该地区的科技发展水平。因此，加强科技投入是河南省发展科技人才不可缺少的一环。在科技创新过程中，由于一些课题是前人从未涉及的领域，需要科研人员进行深入研究和反复实验，才能取得成果。各级政府在兼顾各个行业发展建设的同时，要尽量加强对科研项目的经费支持，通过增加科技创新投入力度，为科技创新提供基础保证。同时，还要建立多元化、多渠道的科技投入体系，政府投资示范，社会广泛参与，不断提高科技投入水平以满足经济发展的需要。此外，河南省在加大科技投入力度的同时，也要优化科技投入的结构比例，均衡各市的科技经费支持，健全科技投入绩效评价体系，将科技经费的作用发挥到最大。

（二）充实科技创新人才储备，加快建设技术转移公共服务平台

科技与教育的发展是息息相关的，只有教育发展上去了，才有利于科技发展。因此，河南省要加大财政资金支持力度，帮助高校完善人才培养计划，在加快高等教育发展的同时提高科技人才储备。改变河南省现有科技人员数量占全国比重低于河南省人口占全国比重，科技创新活动产出水平较低的现状。要加大奖励力度和科研支持幅度，提高科技人员的自主创新能力和科研积极性，创造优势条件吸引大量优秀人才来河南省发展。同时，要加快构建区域技术转移公共服务平台，加大技术转移支持力度，努力实现技术从实验室、研发中心走向市场，走向指导实践的主战场。

（三）加强自主创新能力，提高科技活动产出

河南省自主创新能力相对较弱，与发达地区还存在较大差距。原因在于，政府科技投入较低、高新技术企业研发投入较低、技术改造投入经费不大。对此，首先，政府要在政策上给予科技创新宽松稳定的环境，借鉴发达国家和发达地区的做法，加大财税政策和金融方面的支持力度，鼓励企业、高校进行自主创新，提高他们的科技研发能力；其次，政府还要加大知识产权保护力度，

保护科技创新人员权益，加大扶持研发团队建设，重视高新产业发展；最后，河南省要按照国家创新体系的总体布局，结合河南省自身的学科优势和经济发展实际需要，积极申报"综合性国家科学中心"，面向科技前沿和现代化建设需要，围绕国家战略高技术研究、重大科技计划和重大科学问题，制订科技创新计划，用"两条腿走路"，实现国家创新体系和河南省实际相结合，创建符合河南省特色的自主科技创新体系，提高自主创新能力。

（四）优化科研资助体系，加大资金资助力度

为让科研人员把更多精力放在项目上，并对自己的专业领域形成持续的研究动力，有必要优化资助体系，精简项目类别，提高资助额度和资助周期。对于人文学科，建议参考国家社会科学基金项目和教育部人文社会科学项目资助体系，把河南省哲学社会科学基金项目、软科学、教育厅人文社会科学合并成一个项目类别，形成新的河南省哲学社会科学项目；自然科学，建议参考国家自然科学基金项目的设置体系，优化项目设置。从整体上的改革思路是优化资助体系，精简项目类别，提高资助期限和资助金额。

第六节　医疗卫生方面的问题和对策

一、医疗卫生方面存在的主要问题

总体来说，近年来，尽管河南省加大医疗卫生健康投入，成效显著，但尚存在以下三个方面的问题有待改进。

（一）农村卫生服务基础总体薄弱，城乡医疗水平差距较大

河南省是中国重要的农业大省。农村卫生健康事业基础不牢，医技人员业务素质偏低，临床经验普遍不足；乡村医生的培训管理激励与协调机制不完善，培训教育与使用脱节，乡村医生专业知识更新周期拉长。这显示了河南省农村卫生基础总体较为薄弱。截至 2018 年，河南省拥有 4638 万农村常住人

口，位居全国首位。2000～2018年，河南省农村乡镇卫生院诊疗人次逐年上升，从2000年的4130万次到2018年的10559万次，增长约1.6倍。但出院者平均住院日基本保持平缓增长，病床使用率从2000年的36.9%增长到2018年的63.1%，说明基层医疗服务使用率较低；从妇幼保健方面来看，城市、农村医疗服务存在显著差异。例如，婴儿死亡率，农村比城市高2.0%。这些都显示河南省城乡医疗水平差距较大，卫生资源配置不合理，卫生服务水平在不同地区和不同卫生技术人员之间差异较大。

（二）卫生健康投入体系不健全，人均卫生费用总体较低

2010～2018年，河南省卫生总费用在不断增加，2015年卫生总费用达到3069.82亿元，占地区生产总值比重为6.13%；2018年，卫生总费用大约是2010年的三倍，占地区生产总值比重为6.13%，人均卫生费用增长约三倍。近年来，政府不断加大卫生投入水平，群众看病就医的负担逐渐减轻，卫生机构床位数和卫生技术人员数也都超过了全国平均值，但与中部六省的其他五省相比，依然存在较大差距。归根结底是因为河南省是人口大省，人口基数大，经济基础薄弱，未能有效地建立一个完整、良好的社保投入体系，导致人均卫生费用总体偏低。

（三）高素质专业卫生人员较少，专业技术人员结构有待完善

2018年河南省每万人口医疗卫生机构床位数和每万人口卫生技术员人数在全国平均值附近，在中部六省中的排名居中，说明近年来河南省卫生健康事业在逐步完善，已基本上改善了看病难、床位少、卫生人员缺乏的状况。但与北京市、上海市等发达城市相比较，河南省的每千人口卫生技术人员数仍然与其相差甚多，几乎只有北京市的一半，高素质专业卫生人员较少，专业技术人员结构有待完善。

二、医疗卫生方面存在的相关措施

（一）完善医疗卫生服务体系，全面提升城乡医疗服务质量

河南省的基本省情决定着预防工作的重要性，健康生活方式可以预防和减

少至少一半重大疾病。同时，应加大预防投入和法规建设。加快职工基本医疗保险、城乡居民基本医疗保险制度的整合步伐，用统一的基本医疗保险制度覆盖全民。要不断提高农村居民的基本医疗保险保障水平，进一步提高农民的医疗消费信心和全社会的医疗消费信心，满足群众日益增长的高质量医疗卫生服务的需求。

（二）加大卫生事业经费投入，提升基本公共卫生服务水平

加大卫生事业投入力度，并随着经济的发展逐年增加，将卫生事业费占财政支出的比例调整趋向合理；科学制定卫生事业投入的整体规划，合理制定投入政策，经费投入向农村医院和基层卫生防疫保健机构倾斜；加强中小型医疗卫生机构的软硬件建设；在合理配置资源基础上，调整财政支出结构，加大政府对公共卫生服务、农村卫生服务、社区卫生服务的投入。

（三）加强医疗卫生人才队伍建设，构建适合人才成长的长效机制

为加强河南省医疗卫生人才队伍建设，优化基层卫生人才队伍结构，构建适合人才成长的长效机制，可以从四个方面着手：一是坚持培养与引进并举、管理与激励并重原则，制定实施医疗卫生人才引进政策；二是加大医疗卫生人才培养的投资力度。整合现有人才培养资金，设立人才队伍建设专项资金，专门用于卫生技术人员的引进和培养；三是抓住准入、稳定、教育、培训等关键环节，建立符合河南省实际的卫生人才培养和使用机制；四是保障卫生技术人员的收入等福利待遇，重视人才成长环境，为医疗卫生人员创造较好的工作环境和生活环境。

第七节　文化体育方面的问题和对策

一、文化体育方面存在的主要问题

总体来说，河南省属于文化体育大省，近年来，在文化强省建设的推动

下，河南省文化体育建设成效显著，但也存在一些不容忽视的问题，主要体现在以下三个方面。

（一）居民对文化体育认识不足，文化体育设施有待完善

广大群众的文化体育参与程度仍然偏低、健身意识仍然有待进一步增强。有调研数据显示，中国经常参加体育锻炼的人数比例只有28.2%，参与文化活动的比例也不高，与发达国家相比还存在较大差距。同时，经常参与体育锻炼和文化活动的群众中还存在程度不同的人群差异、地域差异、性别差异和职业差异等。此外，各地组织开展的有些全民健身活动还存在注重形式，不注重实际效果等问题。2010～2018年，河南省健身场所设施数呈波动变化趋势，但总体呈下降趋势，2018年健身场所设施数不到2010年的一半。河南省的健身场地设施建设还不够完备，场地选址和设施使用率等方面存在不少问题，再加上群众保护公共设施的意识较为薄弱，都影响了文化体育设施的保养和维护。

（二）高水平运动员数量较少，体育管理人才不足

从总体上看，河南省体育人才数量不足，质量有待提高，高学历、高层次优秀运动员数量更少。2008～2018年，河南省等级运动员总人数呈波动性变化。2018年，河南省等级运动员总人数在中部六省中最多，达到2300人，但从每千人拥有运动员的数量来看，河南省排名较为靠后。2018年，中部六省每千人拥有运动员的数量排序为，山西省（40人/千人）、湖北省（30人/千人）、安徽省（26人/千人）、河南省（24人/千人）、湖南省（20人/千人）、江西省数据暂无。不仅如此，河南省从事高水平运动的教练员、管理人员、体育教师和裁判员等相关专业人才同样缺少，导致河南省文化体育专业人才队伍较少。部分文化体育管理人才"半路出家"，缺乏专业性的管理知识，也反映了河南省文化体育创新管理人才的严重不足。

（三）文化体育产业产值总体规模偏小，文旅体育产业还未形成合力

河南省属于文化大省、体育大省，还不是文化体育产业强省。河南省文化体育产业目前仍处于起步阶段，发展质量不高、总量偏小，占地区生产总值比

重低于全国平均水平，尚未为支柱性产业。例如，截至 2019 年，"全国文化企业 30 强"，河南省仅有中原出版传媒集团上榜，没有体育类上市公司（只有 13 家新三板文化企业）。同时，在文化体育旅游等产业发展上没有形成合力。例如，承担国际或国内具有影响力的体育盛会或体育赛事较少，难以带动文化旅游等产业协同发展。

二、文化体育方面的相关措施

（一）大力提高居民文化体育意识，积极完善文化体育基础设施

文体事业发展水平是一个地区综合实力和社会文明程度的重要体现。经济越发展，社会越进步，人们对文化体育需求的意识就越强烈。一是各级政府部门要提高对文化体育事业重要性的认识，大力实施全民健身行动，宣传文化体育精神，提高民众文化体育意识，鼓励社会各组织或企业举办各类体育活动，营造全民参与健身的氛围；二是要加大资金投入，推进基本公共体育服务体系建设，努力打造百姓"15 分钟健身圈"，从政策和资金上给予支持，积极完善文化体育基础设施；三是创新体育设施建设和管理模式，鼓励社会力量举办或参与管理运营体育场地设施，推行公共体育设施免费或低收费开放。

（二）加强文化体育人才体系建设，打造高素质文化体育人才

改善当前体育人才落后的面貌，需要大力实施体育人才培养战略。一是实施体育人才资源优先开发战略。政府要科学制定体育人才发展规划，鼓励并引导社会各界参与体育人才资源开发，逐步形成科学、合理的体育人才培养机制。二是树立科学的体育人才发展理念。以体育人才为核心，推动体育事业发展，拓宽体育人才培养渠道，改进体育人才选拔方法，保持体育人才数量和质量同步增长。三是实施"引进来"和"走出去"相结合的人才发展战略。实施"引进来"战略，优化体育人才引进机制，科学合理地引进优秀体育人才；实施"走出去"战略，在相互交流中逐步推动体育人才市场向着多元化模式转变，不断提高体育人才的科学素养。

（三）强化文化体育产业支撑作用，推进文化体育等产业深度融合

文化体育产业是现代服务业的重要内容，对加快地方经济发展和提高地方文化软实力具有重要作用。一是要加大资金投入和人才引进，提高文化体育产品的研发能力，不断推动文化体育产业转型升级；二是要积极打造具有国际影响力的文化体育品牌，坚持品牌培育和提升相结合，将文化资源优势转化为产业优势；三是依托河南省文化体育旅游等资源优势，大力培育以数字文化产业、旅游产业、文化创意等为主的新模式、新业态，推动体育文化旅游产业的深度融合，逐步将河南省从文化体育大省转变为文化体育强省。

第八节　社会保障方面的问题和对策

一、社会保障方面存在的主要问题

总体来说，近年来河南省加大资金投入，推动医疗、工伤、失业、生育保险市级统筹，取得了较为明显的成效。然而，由于河南省人口多、底子薄、城乡差距较大，在社会保障方面还存在一些较为突出的问题。

（一）社会保障总体基础薄弱，农村参保率整体有待提高

近些年，河南省社会保障建设成效显著。河南省在全省 4502 家省、市、县、乡四级定点医疗机构全面实现了城乡居民基本医疗保险、大病保险、困难群众大病补充医疗保险"一站式"结算，在全国率先出台了资助代缴社保费政策，将困难群众全部纳入城乡居民基本养老保险、基本医疗保险覆盖范围。但河南省作为农业大省，人口多、底子薄，社会保障支出多，整体基础较为薄弱。2018 年，国家基本养老保险参保率为 67.5%（9.42 亿人），河南省参保率为 65.0%（7089 万人），比国家参保率低 2.5%。河南省就医紧张问题仍然突出，养老服务特别是农村养老服务发展较缓慢。河南省的养老保险参保率在中部六省中排名靠后，低于全国平均值。尤其是农村地区，居民参与社会保障意识薄弱，参保率有待提高。

（二）城乡社会保障不均衡，农村保障力度相对较低

河南省是农业大省，城镇化进展滞后于全国。在医疗保障领域，优质医疗资源供给不足、城乡社会保障不均衡的现象比较突出。主要原因在于，城乡收入差距过大，2018 年河南省城镇居民可支配收入是农村居民的 3.21 倍。由于社保遵循的一贯原则是"多缴多得，长缴多得"，缴纳时间越长、基数越高，将来享受养老保险的待遇也越高。长期以来，城镇职工的养老保险缴纳费用相对较高，而农村地区养老保险缴纳费用相对较低，导致城乡社保不均衡的问题越发明显。随着近年来住房教育医疗等支出增大，农村居民的社保支出压力进一步增大，进一步凸显农村居民较低的社会保障水平。

（三）养老服务体系不健全，社区养老服务发展滞后

河南省民生领域还有不少薄弱环节，优质教育资源、优质医疗资源供给不足，尤其是育幼养老服务缺口较大。河南省是人口大省，人口老龄化较为严重。2005～2018 年，河南省人口老少比例一直超过 30.0%，且呈现加速增长趋势。根据国际标准，少儿人口系数小于等于 30.0%（河南省为 21.5%），老年人口系数大于等于 7.0%（河南省为 10.6%），老少比大于等于 30.0%（河南省为 49.5%），该地区即可认为已进入老龄化阶段，河南省属于典型的老龄化社会。目前，河南省养老服务能力缺口加大，养老床位较为紧张，社区养老及服务发展缓慢，没有形成较好的社区养老服务体系。

二、社会保障方面的相关措施

（一）扩大社会保障覆盖面，构建全民社保网络体系

当前，中国实行城镇户口和农村户口两种户籍形式，城乡二元结构严重制约了社会保障资源的公平分配。针对农村的社会保障体系建设，一是要完善制度，衔接其断面，逐步建立结构合理、保障充分的城乡一体化社会保障体系；二是加大对农村社会保障支出，创新制度设计，充分考虑农民工流动性强的特点，构建与之相适应的社会保障体系；三是要加大宣传力度，让农村居民认识到参与社保的重要性，让"多缴多得，长缴多得"的理念深入人心，提高农

村居民缴纳社保的积极性。

（二）加大财政资金投入力度，提高农村居民保障水平

一是要加大政府资金投入，增强扶贫力度。要建立科学的社会保障资金分级分担机制，改善城乡资金分配不平衡现象，政府的资金投入应向农村适当倾斜，将社会保障资源有选择地输入农村；二是加快实施乡村振兴，想方设法提高农民收入。打铁还需自身硬，农村经济富裕后，就可以缴纳社保；三是创新资金投入渠道，引导社会资金投入。鼓励保险公司和社会企业开发适合农民的保险产品，为农民提供部分社会保障服务，构建以政府提供为主、社会机构参与、农民个人缴纳为补充的社保服务体系。

（三）构建医养相结合的养老服务，创新社区养老服务新模式

从总体上来看，需要政府合理规划和引导，加大财政资金支持力度，加快养老服务体系构建和服务机构设立。一是要支持社区养老服务设施建设，推进社区嵌入式养老机构建设。为有效地破解当前河南省城镇社区养老机构床位供需矛盾，更好地满足社区老年人特别是失能老人、失智老人离家不离社区的养老需求，加快推进社区嵌入式养老机构建设，为社区老年人提供日托、全托、康复保健等服务。二是要支持智慧健康养老服务应用平台建设。重点推广"居家远程监护、亲情关怀、健康管理、互联网＋生活照护"等智能化养老应用及服务，推动企业和健康养老服务机构将智慧养老应用、智能产品和老年人实际养老服务需求相结合，有效地提升健康养老服务质量效率水平。三是要支持养老服务机构运营。为减轻养老服务机构运营负担，降低运营成本，市县财政可以统筹各类补助资金、失业保险基金和财政安排的其他资金，支持养老服务机构运营发展。

结　　论

当前，河南省叠加中原崛起和黄河流域高质量发展的双重机遇。打造中部高质量增长极，实现在中部崛起中更加出彩，河南省离不开科技创新和教育高质量发展，但归根结底离不开人才支撑。河南省是人力资源大省，但还不是人力资源强省。如何将"人口红利"转化为"人才红利"，是摆在当前和今后一段时间内河南省面前的紧要任务和突出难题。为此，本书对河南省人力资源开发与经济增长问题展开研究，通过纵向对比和横向对比分析了近20年来河南省人力资源开发的主要实践，探讨了人力资源开发与经济增长的关系，希望为河南省相关机构科学决策、合理开发利用人力资源促进经济高质量发展提供理论支撑。

本书以2018年相关区域的统计数据为分析基础，首先，运用描述性统计分析法，纵向分析了河南省人力资源及其工作的基本状况，横向比较了河南省与中部其他五省在人力资源及其工作方面的优势和不足；其次，基于经济评价理论，利用熵值法评估了河南省部分地市、中部六省及其省会城市的人力竞争力，并形成了相应排名，评估了河南省人才强省的实施情况；再次，运用计量经济模型，预测了2020~2025年河南省三次产业的人才需求情况，定量分析了河南省人力资源开发对经济增长的影响作用。最后，分析了国内中国部分地区招才引智的实践和启示，初步从人才共享角度探讨了优化河南省人力资源配置的可行性，指出河南省人力资源开发存在的主要问题，并提出了相应的政策建议。

从总体来看，河南省经济社会发展和人力资源事业成效显著。经济发展总体平稳增长，就业局势保持稳定，城乡居民可支配收入逐年增长。人口性别失衡得到缓和，健康中原行动深入推进，社会保障能力不断增强。基础教育、职业教育发展态势良好，高等教育服务社会经济的能力进一步提升，科技驱动全省创新发展的作用进一步凸显，"第一资源"支撑经济发展的能力进一步增强。城乡公共文化体育服务设施进一步完善，人民群众的获得感、幸福感、安全感进一步增强。但从本书的分析结果来看，还存在一些不容忽视的问题，主要表现在以下九点。

（1）制约河南省在中部崛起中奋勇当先的核心因素是人才。河南省人力资源的优势还没有充分发挥，人才对河南省经济发展的支撑作用还不够强。河南省人才竞争力在中部六省中排名第四位；郑州市人才竞争力在中部六省的省会城市中排名第二位。通过计量经济模型进一步分析发现，2000～2018年，河南省人力资本（0.431%）比物质资本（0.307%）对经济增长的影响更为显著（经济每增长1.000%），但物质资本对河南省经济增长的总体贡献率为78.6%，而人力资本的总体贡献率仅为27.2%。更进一步分析发现，人力资本系数与物质资本系数（两者系数之和为0.738）对经济增长的规模效应尚未充分显示出来，两者结构不协调，导致物质资本投资效率过低且经济增长后劲乏力。对此建议，"十四五"时期，河南省要继续实施人才强省战略，加强对人力资源的开发和利用，合理配置人力资本与物质资本结构，进一步提升人力资本对经济增长的贡献。

（2）人口总量增速放缓，年轻一代中性别失衡严重。河南省人口自然增长率逐年下降，人口总量增长放缓。根据当前育龄妇女数量、结构和生育水平测算，今后一段时期河南省每年的出生人口数量大概率会继续减少。尽管人口性别比例逐年缩小，近年来维持在107上下，但在0～24岁年龄段人口性别失衡严重。例如，从年轻人口性别比分析看，0～14岁性别比为120.6；15～19岁的性别比高达130.1；20～24岁的性别比也达到了110.2。对此提出两点建议：一是全面鼓励生育二孩，积极完善生育配套措施，维持人口合理增长；二是加强生育文明建设，逐步完善社会保障体系，努力扭转人口性别失衡趋势。

（3）城乡就业人口分布不均，大学生就业面临较大挑战。2000～2018年，河南省乡村就业人口长期大幅多于城镇就业人口，两者之比大于2。例如，2018年，河南省乡村就业人口是4675万人，城镇就业人口是2017万人。河南省城镇化进程落后于全国，第一产业就业人数所占比例较大，第三产业就业人数占比过低，导致城乡就业不均。随着经济增速放缓和大学生招生逐年增多，大学生就业面临极大挑战。对此提出两点建议：一是加快城镇化进程，积极调整产业结构，大力发展第三产业，充分发挥第三产业吸纳就业"蓄水池"的作用；二是实施更加积极的大学生就业政策，继续巩固和完善"三支一扶"政策，引导和鼓励大学生面向基层就业。

（4）人口老龄化问题严重，养老服务能力缺口较大。老年人口加速增长，人口老龄化问题严重。2005~2018 年，河南省老年人口呈现出加速增长的趋势。根据国际进入老龄社会的标准，少儿人口系数小于等于 30.0%（河南省为21.5%），老年人口系数大于等于 7.0%（河南省为 10.6%），老少比大于等于30.0%（河南省为 49.5%），河南省属于典型的老龄化社会。河南省养老服务能力缺口较大，社区养老服务体系发展滞后。突出表现在城镇社区养老服务设施极为不足，养老服务社会化、市场化程度不高。对此提出两点建议：一是加大财政资金投入，鼓励、引导社会资本进入养老产业，积极构建医养结合的养老服务体系；二是重视老年人才资源开发，鼓励和支持老年人参与社会治理和社会生活，最大限度地发挥老年人力资源效能。

（5）传统办学特色和优势存在弱化现象，部分高校负债过多，存在财务风险。近年来，河南省教育成效显著，义务教育均衡发展取得新进展，职业教育发展成效显著，部省合建高校实现新突破，教育行业服务于经济社会发展的能力不断提升。但在高校合并大潮中，部分高校追求大而全，传统行业特色高校的办学特色和优势弱化；高校行政色彩普遍过浓、过重，严重影响人才引进、培育和使用；部分高校在新校区建设中背负债务过重，导致办学经费十分紧张，制约了人才引进和学科建设。对此提出两点建议：一是构建以服务地方经济发展为核心、突出行业特色、传统优势的专业设置和人才培养体系，在服务好地方经济中做大做强；二是尊重学术、人才，发挥教授治校作用；三是创新经费筹措方式，减轻高校债务负担，加快化解高校债务风险，以政策创新推动解决高校办学"瓶颈"。

（6）科技创新活动产出较低，科研资助体系设置不够合理。河南省科技投入不足，创新产出较低。2018 年，全国 R&D 经费投入强度为 2.19%（河南省为 1.40%），在全国排名 17 位，在中部六省中仅高于山西省；2018 年，全国发明专利申请量为 154.2 万件，每万人口发明专利拥有量达到 11.5 件，河南省仅为 3.72 件，远低于安徽省的 9.8 件，在中部六省排名中仅高于江西省。2018 年，河南省技术交易额为 935400 万元，在中部六省中排名第四，排名第一的为湖北省。科研项目种类设置繁多、存在重复交叉、低水平研究现象；科研项目资助经费普遍较低，整体资助期限较短，经费使用手续繁杂，使学者疲于申请项目，但由于项目资助经费过低又严重影响其完成质量。对此提出三点建议：一是加大科技资金投入强度，逐步达到国家平均水平，严格科研绩效考核，使科研回归本真；二是加大力度引进高层次科研人才和国家科研平台，提高自主创新能力和科技产出水平；三是优化完善科研资助体系，参照国家自然科学基金项目资助体系和国家社会科学基金项目资助体系，优化科技、教育口的相关项目设置，加大资金支持力度并延长资助期限，尊重科学研究、人才成长规律，让科研人员放开手脚安心做学术。

（7）高层次文化体育人才较为稀缺，文化体育产业产值总体规模偏小。从总体上看，河南省体育人才数量不足，质量有待提高，高学历、高层次优秀运动员数量更少，文化体育管理人才的专业性有待提高。例如，2018 年，河南省运动员总数为 2300 人，每千人拥有量为 24 人，远低于总人口仅为河南省40% 的山西省。河南省文化体育产业目前仍处于起步阶段，发展质量不高、产业产值总量偏小、国际影响力不强。例如，河南省文化传媒上市公司仅有中原传媒一家，至今没有体育类上市公司；较少承担国际或全国具有影响力的体育盛会或赛事。对此有两点建议：一是实施"引进来""走出去"相结合的文化体育人才发展战略，科学制定文化体育人才发展规划，加大文化体育人才发展投入，逐步形成科学合理的文化体育人才引进、培育和使用机制；二是强化文化体育产业支撑作用，大力培育以数字文化产业、旅游产业、文化创意、健康养老等为主的新模式、新业态，推动文化体育旅游健康等产业深度融合，逐步将河南省从文化体育大省转变为文化体育强省，为河南省经济高质量发展提供新动能。

（8）社会保障基础总体较为薄弱，农村保障水平有待提高。河南省作为农业大省，人口多、底子薄，社会保障支出多，整体基础较为薄弱。2018 年，国家基本养老保险参保率为 67.5%（9.42 亿人），河南省参保率为 65%（7089 万人），比国家平均水平低 2.5%。尤其是农村地区，居民参与社会保障的意识较为薄弱，参保率有待提高。主要原因在于，城乡收入差距过大，2018年河南省城镇居民可支配收入是农村居民的 2.3 倍，城乡居民可支配收入均低于国家平均水平。河南省就医紧张问题仍然较为突出，农村养老服务能力严重不足。对此提出两点建议：一是在加大财政资金投入力度的同时，要加大宣传力度，让农村居民认识到参与社保的重要性，让"多缴多得，长缴多得"的理念深入人心，提高农村居民缴纳社保的积极性；二是要加快实施乡村振兴，千方百计提高农民收入。打铁还需自身硬，农村经济富裕、农民收入增加后，农村居民自然愿意缴纳社保。

（9）人才工作一体化进程急需加快，招才引智实施效果有待评估。长三角地区、珠三角地区以及京津冀地区在经济一体化进程中，均在区域范围内积极推进人才工作一体化进程，这对创新人才工作体制机制具有重要作用；同时，珠三角地区还积极对人才工作成效及人才政策实施效果进行专业评估，为后续落实和改进人才工作提供了方向。对此提出两点建议：一是加快郑州市都市圈、郑洛新国家自主创新示范区等区域内人才一体化进程，通过设立人才改革试验区探索人才工作的体制机制创新路径；二是近年来委托专业机构对河南省人事人才政策和招才引智的实施效果进行专业评估，为进一步改进和优化人事人才的政策制定和开展招才引智工作提供参考。

人力资源与社会保障工作牵涉面广、政策性强、群众关注度高，管理难度较大。河南省是人力资源大省，其管理和数据统计难度就更大。尽管本书尽力保证客观、全面地反映 2000～2018 年河南省人力资源及其工作的全貌，但难免存在一些不足。归纳起来主要有以下五个方面。

（1）研究结论可能与当前实际存在一定出入。限于数据来源，本书主要是以 2019 年不同地区统计年鉴（即 2010～2018 年的数据）为基础，其研究结论可能与当前情况存在一定出入，后续研究有待在数据更新后进一步完善。

（2）对河南省人事人才政策等进行定性分析，有待进一步深入。本书以定量分析为主，对河南省部分地区人才政策的分析不够全面和深入，这可能影响了区域人才竞争力的评价结果。因为人事人才制度和政策改革是人力资源开发的重要组成部分，其政策红利对经济增长的影响不容忽视，今后需要展开对河南省各地的人事人才制度和政策措施的定性分析和评估，以便全面、客观地反映各地人力资源开发工作状况。

（3）对人才强省战略实施效果的评估，有待进一步完善。近 20 年来，河南省一直在实施人才强省战略，为高质量发展汇聚了"第一资源"。但实施效果如何，本书对其进行了初步评估。今后，需要通过进一步优化人才强省测度指标体系，加入非定量指标，综合对人才强省战略实施的效果进行评估，为研究区域人才发展战略提供更为具体的思路。

（4）对人才共享模式和机制的探讨，有待进一步深入。河南省是人力资源大省，但还不是人力资源强省。由于科技、高等教育和高端产业方面相对落后，在一定程度上制约了高层次人才的引进。在数字经济时代，借助互联网实现人才共享，可能是解决这一问题的有效途径。今后，需要在人才共享模式、机制以及具体实施途径上深入探讨，既能为河南省解决人才资源的短板提供参考，也可为中西部地区的人力资源开发提供有益借鉴。

（5）未对近年来河南省开展招才引智的实施情况进行评估。河南省自2018年开启了大规模的招才引智活动，至今已连续举办三届。招才引智的实施效果以及对河南省经济社会的影响如何，有待进一步分析和评估。为进一步充实、完善本书，今后有必要建立人才政策动态评估机制，对河南省招才引智的实施情况进行评估，并与相关地区（特别是中部其他五省）的工作进行对比分析。这有利于落实"政策制定前有调研、政策制定中有目标、政策发布前有论证、政策实施中有跟踪、政策实施后有评价"的闭环管理机制。

参考文献

［1］安景文，潘莹雪．山东省人力资本与经济增长关系的实证分析［J］．经济数学，2019，36（4）：60-68．

［2］陈晓黎．人力资本要素对经济增长贡献度的 MRW 模型分析［J］．西南师范大学学报（自然科学版），2020，45（11）：48-52．

［3］程广周．城市人才环境构成与评价指标体系研究［D］．天津：天津大学硕士学位论文，2009．

［4］董奋义，李梦婷．人力资本对经济增长的贡献研究——以河南省为例［J］．郑州航空工业管理学院学报，2020，38（1）：48-58．

［5］董烨然，黄晶．人力资本投资对经济增长的影响——以河南与全国对比为例［J］．经济经纬，2004（6）：87-89．

［6］方润生，陆振华，王长林等．不同类型冗余资源的来源及其特征：基于决策方式视角的实证分析［J］．预测，2009，28（5）：59-64．

［7］冯彬．长三角人才合作：现状与对策研究［D］．上海：华东师范大学硕士学位论文，2006．

［8］扶涛．人力资源开发与产业转型升级的交互影响机理与适配效应研究——基于中国 2010-2015 年数据［J］．湖北社会科学，2016（6）：62-70．

［9］顾薇薇．人才强省的评价指标及影响要素研究——基于江苏省的实证分析［D］．南京：东南大学硕士学位论文，2009．

［10］郭志仪，曹建云．人力资本对中国区域经济增长的影响——岭估计法在多重共线性数据模型中的应用研究［J］．中国人口科学，2007（4）：42-49+95-96．

［11］胡超玲．环渤海地区：人才开发一体化之路有多远？［J］．中国人才，2004（8）：12-15．

[12] 胡勤芝，张迎春．中国人才竞争力水平的时序变化和地区差异分析 [J]．河南科技大学学报（社会科学版），2020，38（6）：55-63．

[13] 胡锐玲，沈陆明．ARIMA 模型在城市人才需求量预测中的应用 [J]．全国流通经济，2019（10）：78-80．

[14] 黎灿辉．城市人才竞争力评价指标体系构建 [D]．杭州：浙江大学硕士学位论文，2010．

[15] 李北伟，毕菲．劳动力数量、人力资本与经济增长动力机制研究 [J]．社会科学战线，2018（1）：246-250

[16] 李君，侯玉珠，陈长瑶．云南产业结构转型背景下人力资源供需预测研究 [J]．西部经济管理论坛，2017，28（3）：44-49，64．

[17] 李良成，杨国栋．我国区域科技人才竞争力评价与分析 [J]．技术经济与管理研究，2013（1）：24-27．

[18] 李林澍．陆路边境口岸城市物流产业人力资源竞争力评价研究 [D]．南宁：广西大学硕士学位论文，2015．

[19] 李前兵，李冉，张效祯．区域人才竞争力研究综述 [J]．现代营销（经营版），2019（12）：14-16．

[20] 李前兵，张效祯，张洋．江苏区域人才竞争力评估指标体系研究 [J]．中外企业家，2019（15）：83-85．

[21] 李婷．人力资本与经济增长的关系研究——基于浙江省的实证分析 [J]．现代经济信息，2016（7）：476-477．

[22] 李晓园，吉宏，舒晓村．中国人才竞争力指标体系构建 [J]．中国人力资源开发，2004（7）：83-85．

[23] 李妍．天津市创新型科技人才竞争力评价研究 [D]．天津：天津大学硕士学位论文，2018．

[24] 李艳玲．陕北能源化工基地科技人才开发管理研究 [D]．西安：西安理工大学，2008．

[25] 连晓毅．福建省境外人才竞争力研究 [D]．厦门：厦门大学硕士学位论文，2018．

[26] 梁淑贞，陈昭．粤港澳大湾区科技创新人才资源的需求预测研究 [J]．当代经济，2020（10）：114-118．

[27] 刘传德. 区域人才强省战略实施效果测度及对策研究 [D]. 淮南：安徽理工大学，2014.

[28] 刘镜. 人力资本、物质资本与河南经济增长研究——基于1978—2010年数据 [J]. 河南工程学院学报（社会科学版），2013，28（4）：20 – 24.

[29] 卢超. 中国人力资本与经济增长之间关系的研究 [D]. 南京：河海大学硕士学位论文，2007.

[30] 卢敏，何伟. "西三角" 经济圈构建中的利益博弈与共赢机制研究 [J]. 中共贵州省委党校学报，2012（1）：90 – 93.

[31] 罗梅健. "两型社会" 建设的人力资本需求预测及其适配性——以长株潭城市群为例 [J]. 系统工程，2011，29（11）：123 – 126.

[32] 马凌. 泛珠三角人力资源整合研究——基于产业结构与人力资源配置关系的研究 [D]. 南昌：华东交通大学硕士论文，2005.

[33] 马明. 基于 AHP – 网络 DEA 模型的本科院校人才竞争力评价研究 [D]. 南京：南京理工大学硕士学位论文，2018.

[34] 马晓旭，段寒冰，胡毅然. 基于回归分析对城市人才需求的预测 [J]. 湖南文理学院学报（自然科学版），2020，32（4）：1 – 6.

[35] 倪鹏飞，岳晓燕. 中国科技人才竞争力地域差异性研究 [J]. 江淮论坛，2010（1）：20 – 24.

[36] 庞丽. 京津冀协同发展背景下人才共享机制的瓶颈因素分析和对策研究 [J]. 中共石家庄市委党校学报，2017，19（2）：45 – 47.

[37] 秦寒. 欠发达地区创新人才共享机制的困惑与出路 [J]. 湖北经济学院学报（人文社会科学版），2017，14（5）：61 – 63.

[38] 全永波. 基于区域海洋管理的人才共享机制构建研究 [J]. 辽宁行政学院学报，2011，13（3）：147 – 148.

[39] 沈春光. 区域科技创新人才竞争力评价与预测研究 [D]. 南京：南京航空航天大学博士学位论文，2011.

[40] 盛慧娟，全永波. 长三角一体化背景下跨区域人才柔性共享机制研究——以中国（浙江）自由贸易试验区为例 [J]. 浙江海洋大学学报（人文科学版），2020，37（3）：48 – 56.

[41] 宋亚静. 区域人才竞争力研究 [D]. 济南：山东大学硕士学位论

文，2007.

　[42] 孙步忠，华杰，曾咏梅．生态功能区建设中的东中部人才共享机制构建研究 [J]．生态经济，2017，33（11）：191－195.

　[43] 孙锐，王通讯，任文硕．我国区域人才强国战略实施评价实证研究 [J]．科研管理，2011，32（4）：113－119.

　[44] 孙硕，马健麋．人力资本对区域经济增长影响分析 [J]．商业经济研究，2016（5）：199－201.

　[45] 王建强，潘华静．河北省区域人才竞争力比较研究 [J]．中国人力资源开发，2009（12）：92－95.

　[46] 王琴梅，方妮．乡村生态旅游促进新型城镇化的实证分析——以西安市长安区为例 [J]．旅游学刊，2017，32（1）：77－88.

　[47] 王士红．人力资本与经济增长关系研究新进展 [J]．经济学动态，2017（8）：124－134.

　[48] 王通讯．人才发展战略论 [M]．北京：中国人事出版社，2013.

　[49] 王通讯．大数据人力资源管理 [专著] [M]．北京：中国人事出版社，2016.

　[50] 王通讯．论人才强国战略的科学内涵 [J]．中国人才，2003（5）：42－44.

　[51] 王玥月．基于多种预测方法的浙江省医护人员需求预测模型研究 [D]．杭州：杭州师范大学硕士学位论文，2019.

　[52] 吴宗杰，李亮．山东省人才资源测度：指标比较与总体评价 [J]．科学与管理，2007（6）：34－36.

　[53] 夏琛桂．我国长三角都市圈人才集聚、扩散与共享的模型和机制研究 [D]．上海：上海交通大学博士学位论文，2008.

　[54] 徐斌，马金．区域经济发展中的人力资源开发与管理研究 [J]．人口学刊，2000（4）：43－45.

　[55] 徐飞，梁帅，王剑锋．科技与经济互动关系的实证研究——主要国家 GDP 增长与诺奖人数的关联性分析 [J]．科学学与科学技术管理，2014，35（3）：3－8.

　[56] 阎佳星．河南省人力资本投资与经济增长的关系研究 [D]．开封：

河南大学硕士学位论文，2016.

[57] 阳浙江，李维平. 关于人才强国战略指标体系设置的思考 [J]. 中国人才，2008 (5)：55 - 57.

[58] 杨河清，吴江. 区域人才竞争力评价指标体系构建的几点思考 [J]. 人口与经济，2006 (4)：37 - 40.

[59] 张帆. 中国的物质资本和人力资本估算 [J]. 经济研究，2000 (8)：65 - 71.

[60] 张莉娜，王来宾. 长三角一体化背景下皖江城市带人才共享机制构建研究 [J]. 长春工程学院学报 (社会科学版)，2020，21 (3)：63 - 66.

[61] 张娜. 需求导向下的广西与西南五省市人才竞争力比较研究 [D]. 南宁：广西民族大学硕士学位论文，2018.

[62] 赵建慧. 内蒙古呼包鄂地区经济一体化进程中的人才共享研究 [D]. 呼和浩特：内蒙古大学硕士学位论文，2013.

[63] 赵昕，李丹. 基于灰色预测模型 GM (1，1) 的海洋人才预测研究 [J]. 海洋开发与管理，2010，27 (1)：36 - 38.

[64] 郑非. 人力资本对我国经济增长贡献的研究 [D]. 厦门：厦门大学硕士学位论文，2009.

[65] 中共海南省委办公厅. 海南省人民政府办公厅印发《关于充分发挥"候鸟型"人才作用的意见》.

[66] 中共中央、国务院. 国家中长期人才发展规划纲要：2010 - 2020 年 [M]. 北京：人民出版社，2010.

[67] 中智现代人力资源管理研究院.《2018 中国城市人才竞争力指数报告》[R]. 2018.

[68] 周丹. 中部地区人才竞争力与高技术产业增长关系研究 [D]. 衡阳：南华大学硕士学位论文，2015.

[69] 周均旭. 产业集群人才吸引力及其影响机制研究 [D]. 武汉：华中科技大学博士学位论文，2009.

[70] 周银珍，鲁耀斌. 区域人力资源管理的系统研究理念 [J]. 经济地理，2008，28 (6)：932 - 935，940.

[71] 朱安红，郭如良，高燕，孔维秀. 中部六省科技人才竞争力评价及

其比较研究 ［J］. 科技管理研究, 2012, 32 (10): 66 – 71.

［72］朱承亮, 师萍, 岳宏志, 韩先锋. 人力资本、人力资本结构与区域经济增长效率 ［J］. 中国软科学, 2011 (2): 110 – 119.

［73］Batabyal A. A. , Nijkamp P. Human Capital Use, Innovation, Patent Protection, and Economic Growth in Multiple Regions ［J］. Economics of Innovation and New Technology, 2013, 22 (2): 113 – 126.

［74］Baumgärtner S. , Drupp M. A. and Quaas M. F. Subsistence, Substitutability, and Sustainability in Consumption ［J］. Environmental and Resource Economics, 2017, 67 (1): 47 – 66.

［75］Bleakley H. Health, Human Capital and Development ［J］. Annu. Rev. Econ. , 2010, 2 (1): 283 – 310.

［76］Cheshire P. , Magrini S. Endogenous Processes in European Regional Growth: Convergence and Policy ［J］. Growth and Change, 2000, 31 (4): 455 – 479.

［77］Felson M. , Spaeth J. L. Community Structure and Collaborative Consumption: A Routine Activity Approach ［J］. American Behavioral Scientist, 1978, 21 (4): 614 – 624.

［78］Khan R. , Chaudhry I. S. Impact of Human Capital on Employment and Economic Growth in Developing Countries ［J］. Review of Economics and Development.

［79］Lin C. H. , Sanders K. and Sun J. M. et al. From Customer-Oriented Strategy to Organizational Financial Performance: the Role of Human Resource Management and Customer-Linking Capability ［J］. British Journal of Management, 2016, 27 (1): 21 – 37.

［80］Qadri F. S. , Waheed A. Human Capital and Economic Growth: A Macroeconomic Model for Pakistan ［J］. Economic Modelling, 2014 (42): 66 – 76.

［81］Schultz, Theodore W. Investment in Human Capital ［J］. The American Economic Review, 1961, 51 (1): 1 – 17.

［82］Teixeira A. A. C. , Queirós A. S. S. Economic Growth, Human Capital, and Structural Change: A Dynamic Panel Data Analysis ［J］. Research Policy, 2016, 45 (8): 1636 – 1648.

后　记

　　本书是在我博士后出站报告研究的基础上拓展而成的。与博士后出站报告相比，全书从整体上扩充了 30% 的内容。在成书之际，我想回顾一下在中国人事科学研究院从事博士后研究的一些心路历程和点滴往事。

　　人生总是充满了各种偶然，从儿时立志成为一名历史学教授，大学却修了会计、博士专攻移动电子政务，到现在成了电商专业的大学教师。在近不惑之年，不经意间又步入了人力资源管理研究领域，开启了一段难忘的探索之旅。期间充满了各种挑战，经历了种种纠结，好在处处现惊喜，时时有收获。

　　在此，要特别感谢我的合作导师余兴安研究员，没有他高屋建瓴的指导、时不时地鞭策和激励，我想这本专著可能就不会呈现在大家眼前。现在依然清楚地记得在入站之时，余老师就对我的出站报告提出了明确的要求，"要做，就做成精品"。尽管内心深处也一直以此为目标，包括 2020 年在新加坡学习期间也撂下狠话，"等我抽出时间一定要好好摸摸河南省人力资源的底。"然而，抽出时间似乎成了最好的托词，更可怕的是脑海里还时不时闪出"差不多就行了"的意念，总是心存侥幸，试图蒙混过关。庆幸每每在不端之念要露出苗头之时，都被余老师及时发现并严厉制止。为此，我要向余老师表示深深的敬意和衷心的感谢！很显然，这本专著与精品的标准还相差甚远，唯有继续加倍努力，方能不负余老师的良苦用心。

　　同时，我也要感谢中国人事科学研究院提供的大力支持，这里是中国人事人才研究的学术圣地，聚集了大批专家学者，让我有机会接受他们的指导，聆听他们的教诲，在经历各种精神洗礼中不断成长进步。感谢这里众多的专家学者给予的莫大关心、帮助和支持，他们包括但不限于原院长王通讯研究员、吴江研究员；副院长柳学智研究员、李建忠研究员、李志更研究员；田永坡研究员、黄梅研究员、吴帅博士和王晓晖博士；感谢博士后工作站管理机构李晓华处长、文娜女士和其他管理部门的领导和老师在日常工作中提供的帮助和支持；感谢潘娜博士和孙美佳博士在研究过程中给予的支持和帮助，希望今后我们继续合作，共同进步。

感谢河南财经政法大学对我从事博士后研究提供的大力支持；感谢电子商务与物流管理学院特别是张韬书记、潘勇院长，在工作和生活方面给予的诸多关心和帮助，帮我解除了不少后顾之忧；感谢学院同事的支持和帮助。感谢研究生宋青青、戴玉、付振飞、李征召、崔嘉欣、付绵绵、李梦珂；本科生陈志华等多位同学在资料收集与整理方面的协助。

最后，感谢我的妻子刘俊苹女士，一直以来，她在繁杂的教学管理工作之余，替我承担了大量照顾孩子和老人的家庭重担，让我安心研究、专心写作。我想，若没有刘老师的辛勤付出，我可能还需要更长的时间，才能完成这项研究工作。

感谢参加博士后出站答辩的各位委员，谢谢你们提出的宝贵建议！感谢中国博士后基金的支持！感谢经济科学出版社王柳松女士在著作出版方面给予的大力支持与辛勤付出，她认真、严谨的专业精神让我感动。

王长林

2021 年 5 月